日日是好読《マイニチアキズニホンヲヨム》

新船海三郎

本の泉社

格闘者ニーチェ
音が語る
ちえもん
海の底から
日本再生の基軸

目次

二〇二〇年

二〇二二年

二〇二二年（前半期）

日日是好読《マイニチアキズニホンヨム》

＊本書は本の泉社ホームページに「先週の本棚」「新船海三郎の気ままな読書」として発表したうち、二〇二〇年から二〇二二年前半までのものを収載している。
＊本文については誤記等、必要な補訂をおこなっている。「です・ます調」と「である調」が混在しているが、初出のままとした。
＊本文中の「弊社」は本の泉社のこと。
＊文末にホームページに公開（通常、毎週月曜日）した日時を記した。
＊書影に付けたデータは、出版社、判型、発行年月、定価（税抜き）としている。

二〇一〇年

言葉は売り逃げの商品でなく

池内 紀『消えた国 追われた人々――東プロシアの旅』

ちくま文庫
2019年12月　1000円

昨年夏、急逝した池内紀さんの懐かしい笑顔が帯にあったので手にとった。この歳になって知らなかったことが多すぎる、とはつねづね思っていたが、またしても、である。東プロシアという国があったなんて、本書を読むまでついぞ知らなかった。

カントもカフカも知っているし、ケストナーもギュンター・グラスも知っている。なのに、彼らの生地が東プロシアだったとは、気にもとめていなかった。それもそのはずで、現在の世界地図のどこを探してもこの国はない。第二次大戦後、ソ連とポーランドに分割領有されてしまったからだ。東プロシアは現在のポーランド北部のバルト海に面したあたり、ロシアの飛び地カリーニングラード州とその北のリトアニアの、それぞれ重なるところに第二次大戦が終わるまで存在していた。

もともとここはドイツ帝国の東端の州というか、国だった。主だった都市はドイツ人がつくったが、リトアニア人がつくった町があれば、ポーランド人、ロシア人がつくった町もあった。人々はゆるやかに住み分けそれぞれの風習や好み、伝統にしたがって生きていた。問題が起こればそれぞれが自治権を行使して解決した。それが第一次大戦の敗北でドイツと切り離され、たとえば軍港ダンツィヒはどこにも所属しない自由都市になった。住民の大半はドイツ人。ヒトラーはこの港を重要視し、「ポーランド回廊」を要求したが、ポーランド政府は拒否、ならば領土でつなげと第二次大戦勃発の口火となった。G・グラスが「ブリキの太鼓」でえがいたところだが、恥ずかしいことに、私の頭のなかからまったく消えてしまっていた。

東プロシアには「狼の巣」と称したナチスの参謀本部が置かれ、一九四四年にヒトラー暗殺未遂事件が起きた。本書によれば一九九二年に、事件を企てたドイツ人の勇気を称えて記念碑が設置されたという。事件はトム・クルーズ主演の映画「ワルキューレ」にもなった。映画は見たはずだが、それがここで起きたこととは頭の片隅にも残っていない。忘れたわけではない。記憶する気持ちが、たぶん無かったのだ。

知らなかったことをさらにあげれば、東プロシアに当時いた二〇〇万のドイツ人の運命もである。一九四五年の年が明けるとソビエト赤軍が東プロシアに攻め入り、住民は兵士五〇万人とともに包囲された。避難するにはすでに遅かった。池内さんはこう書いている。

「すべてが終わったとき、国は消え、追われた人々はもどってこなかった。ながらくなじんだ都市はなく、町や村は名前をかえ、自分の家や店に他人が住んでいるというのに、どうして帰ることができようか」

避難するには、もはやバルト海を通って西側に脱出する以外になくなっていた。折りしもゴーテンハーフェン港に大型客船「グストロフ号」が停泊しており、人々は殺到した。同船は総トン数二万五四八四トン、全長二〇八メートル、乗組員四一七名、船客定員一四六三名をほこる当時としては最大級のクルージング船であった。

一月三〇日、グストロフ号に一万五八二人（うち難民・追放民が八九五六人）が乗り込んだ。出港のあとに別の船から乗り移った人もいるので、最終的に何人が乗船していたのかいまだに分からないという。その夜、グストロフ号はソ連の潜水艦からの魚雷攻撃を受け、乗船者は厳寒のバルト海に投げ出される。

生存者は一二三九人、難民・追放民の生存者は四一七人。一万人近い犠牲者の半数以上が子どもたちだった。だが、この史上最大の海難事故は、ほとんど知られていない。ナチスの悪行と引き換えでもあるかのように、歴史は沈黙している。海難事故の象徴はいつもタイタニック号である。G・グラスが「蟹の横歩き―ヴィルヘルム・グストロフ号事件」で問いかけても、日本では文庫本にはならない（単行本は池内さんの訳で集英社から出ている）。

ドイツ帝国の敗北に伴う、一九〇〇万人の諸国からのドイツ難民・追放民のことも、二〇〇万人の東プロシアの難民・追放民のことも、一万人のグストロフ号の悲劇も、みんなケタ外れのことであることを忘れていいはずがない。すべてをナチス・ヒトラーの所業の蔭に押しやっていい話ではないはずである。

池内さんの怒りと悲しみが惻々と伝わってくる。

池内さんはこんなこともいっている。G・グラスがナチス親衛隊に属していたことを取り上げて〝ノーベル文学賞返還〟とまで騒がれた事件に関してである。グラスは、有無をいわさずに組

二〇二〇年

み込まれた武装親衛隊が戦況の悪化に伴って慌ただしくつくられ、絶望的な戦線に投入されたものであることをＴＶに出て質問に答え、議論し、歴史家も解説した。非難は沈静した。それを振り返ってのことである。

「マスメディアはセンセーショナルに騒ぎ立て、ひたすら煽って、すべてを型どおりにはめ込み、うむをいわさず葬りたがる。そんなマスメディアの特性に対して、一貫した努力がつづけられた。ひろく議論をして、歴史を正確に見直すこと。言葉が売り逃げの商品ではなく、真実に近づく道具であることを実証する――『グラスの場合』が一つのみごとな実例になった」

言葉を「売り逃げの商品」にするのは、多くの場合、政治をふくむある種の「権力」を持つ者たちであることも付け加えておこう。

二〇一三年にみすず書房から出版された文庫版。解説は川本三郎。

2020/01/27

アメリカ帰来のセイタカアワダチソウ

古川真人『背高泡立草』

ことし第一六二回芥川賞の受賞作である。一九八八年まれの作者はなんどか候補にあがっているようで、大学を中退してひたすら作家をめざしてきたらしい。これまでの作品を読んでいないので何ともいえないが、奇を衒わずに主題をひた押しする正攻法のスタイルが気持ちいい。芥川賞が二〇〇枚を超える長編というのはあまり聞かないが、人と風土、そして歴史をとらえていくにはある程度の長さが必要だったのだろう。

話は、福岡のとある島を舞台に展開する。今は都会に住む母・美穂と娘の奈美が島の実家の納屋の周りにはびこっている草刈りに出向くところから始まる。美穂が姉ちゃんと呼ぶ加代子と娘の知香、さらに兄ちゃんと呼ぶ哲雄も合流し、賑やかな草刈りになる。

島には納屋のほかに〈古か家〉と〈新しい方の家〉と呼ぶ二軒の家や物置代わりに使っている建物があり、亡くなった彼らの両親に代わって父親の妹の敬子婆が島での引受人として管理している。美穂は、敬子の実の娘で、子どものできなかった両親が生まれたばかりの美穂をもらい受けて育てた。加代子、哲雄は戸籍上はいとこになるが、姉ちゃん、兄ちゃんと呼んで何の不思議

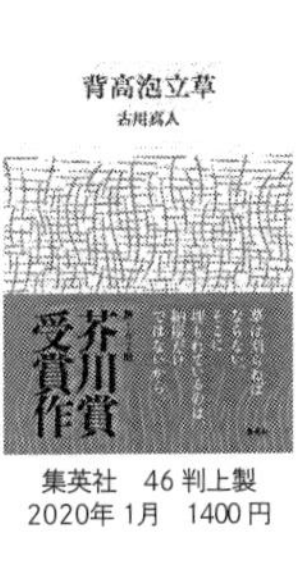

集英社　46判上製
2020年1月　1400円

のない関係でもある。

古来、「家」はそのように子がなければ縁戚の者を養子にして守られてきた。血脈が「家」とともにつながっている。その「家」の草茫々となっている納屋の周りをきれいにしようというわけである。

二〇代の奈美や知香には少々うっとうしい話である。なんで草を刈らなければいけないのか、「別に良いやん、草が生えてたって。誰も使わんっちゃけん」と、くり返し母に問う。

こうして、草刈りの合間合間にその「家」にまつわる話が付け加わる。

アジア太平洋戦争が終わると、徴用されていた朝鮮人工員たちが祖国へと船出したものの難破し、島に打ち上げられたのを助けたこと。「家」はずぶ濡れになった若いムンムンする体臭が充満した。

長崎の高校生がカヌーでたどり着いたこともあった。親しくなった上級生が恐喝事件を起こし、そのグループの一員とみられたことから停学処分を受け、父親からもひどく折檻される。そのうえ、カヌーの一人旅を強いられて、やってきたのである。が、「家」の者たちは深く詮索することもなく、彼を温かく見守った。

そのほかにも、兄姉たちの子ども時代のことや父親が満洲へ行こうとしたことなどが、熱い物語になって展開する。浮かび上がってくるのは、「家」がただそこに建ってきただけでなく、住む人がいて、訪ねてくる人がおり、出て行く人がいる、そのいわば歴史である。そのことが、じわりじわりと伝わってくるにつれ、二〇代の若い孫世代も自分がここでこうして生きていることの意味を感じてくるのである。

「奈美が頭の中で見ているもの、もっとも時の流れを示す眺めこそ、誰も来る者がなくなり、草の中に埋もれた納屋だった。

だがこのとき、もはや屋根まで草に覆われ、何も見えなくなった納屋を見る彼女の耳に、不意に加代子の声が蘇ってくる。『そりゃ、この納屋が吉川のやけんよ。使わんでも、刈らないかんじゃん』」

帯にもとられたこの一文が読む者の心を捉える。

納屋を覆う草の主力は背高泡立草――アメリカからの帰来植物である。あたかも日本を覆うアメリカを語るのかとつい深読みしたくなる。そういえば、カヌーの少年は、鹿児島の「ヘノコ」からきたとウソをついていた。

ようやく作家として独り立ちしたこの作者は、どうして、ちょっとしたくせ者である。

2020/02/03

ひとりひとりの死がないおそろしさ

郷原　宏『岸辺のない海　石原吉郎ノート』

未来社　46判上製
2019年11月　3800円

先週は、郷原宏『岸辺のない海　石原吉郎ノート』、原田マハ『キネマの神様』（文春文庫）、川越宗一『天地に燦たり』（文藝春秋）を読みました。

『キネマの神様』は山田洋次さんの新作映画の原作。撮影の見学に誘われたので読みましたが、全編、映画への思いが溢れ、主人公がギャンブル狂いで借金まみれなのを忘れるほどです。電車の中でしたので、終編は家に帰って一人でこっそり読みました。涙が出ると思ったからで、案の定でした。

『天地に燦たり』は直木賞作家のデビュー作。秀吉の朝鮮侵略から島津の琉球併合の時代に、朝鮮の被差別民（白丁）、島津家の重臣、そして琉球の宰相、彼らの間を走り抜ける琉球の密偵などを配して、物語をすすめます。直木賞受賞作『熱源』もそうでしたが、この作家は権力の横暴や差別にひとかたならない嫌悪と批判を持っています。作中、対明貿易で荒稼ぎするために琉球を支配下に置こうとする島津の侵攻を前に、琉球の宰相が、滅ぼされることが分かっていながらなぜ戦おうとするのかと問われて、こう答える場面があります。

「儂《わし》は遺したいのだ。琉球国が覇の力に屈せぬ勇を持っていた事実を」

ふと、いまの辺野古のたたかいを思いました。まことに、ヤマトの「覇の力に屈せぬ勇」を示してくれています。おそらく、作者も同じ思いではないでしょうか。

朝鮮の白丁である青年が、秀吉軍の殺戮戦に乗じて戸籍を焼却し、解放を叫ぶ場面も印象ぶかいものでした。彼は最後、琉球に渡って島津と戦います。運命は経巡りますが、彼の思いもまたいまにつながっていると、作者は言いたがっている気がしました。

さて、先週の本命は『岸辺のない海　石原吉郎ノート』です。シベリアに八年間抑留された石原は、絶望のなかを「個」として生きぬきました。いや、「個」であることでしか生きれませんでした。それが帰国して詩文にどのように表れたかを、郷原が丹念に追っています。感銘ぶかい文章が多くありましたが、やはり引用されている石原のものが心に残りました。たとえば、アイヒマンの、「百人の死は悲劇だが、百万人の死は統計だ」という言葉を引いて、次のように綴ったものなどは、死の論理と生の論理の対比が鮮やかです。

――ジェノサイド（大量殺戮）という言葉は、私にとってはついに理解できない言葉である。ただ、この言葉のおそろしさだけは実感できる。ジェノサイドのおそろしさは、一時に大量の人間が殺戮されることにあるのではない。そのなかに、ひとりひとりの死がないということが、私にはおそろしいのだ。人間が被害においてついに自立できず、ただ集団であるにすぎないときは、その死においても自立することなく、集団のままであるだろう。死においてただ数であるとき、それは絶望そのものである。人は死において、ひとりひとりその名を呼ばれなければならないものなのだ。(「確認されない死のなかで」)

シベリアの極寒で死んでいった多くもまた、ひとりひとり、とは扱われませんでした。ヒトラーのナチスドイツも、スターリンのソ連も、ここでは区別がつきません。石原は、この「集団」に対して、気が狂うほどの絶望と孤独のなかで、「個」をもって対峙したのです。それが人として生きることでした。私は読みながら、そういう「個」をこそ持ちたいと思ったのでした。

2020/02/24

社会主義かそうでないかなんて

丸橋充拓『江南の発展　南宋まで』

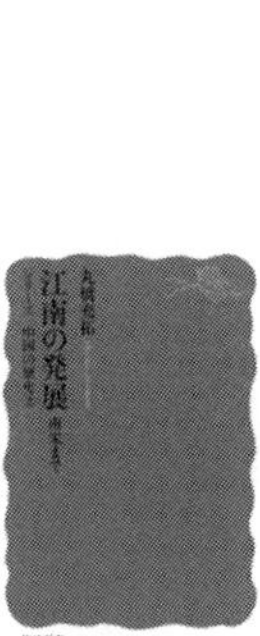
岩波新書
2020年 1月　820円

今年は戦後七五年、私が編集にたずさわっている季刊誌『季論21』で早乙女勝元さんのインタビューを予定していることから、早乙女さんの作品を再読、三読のこのところです。先週も、『秘密』『アウシュビッツと私』『わが子と訪れた死の森収容所』（いずれも自選集、草の根出版会）などを読みました。

『秘密』は江原真二郎主演で映画にもなった、貧しさを背景としたサスペンスですが、作中に、主人公が妹に向かって、後ろ姿は中原ひとみだが前を見ると……、という場面があって、思わず笑ってしまいました。江原真二郎と中原ひとみが結婚したのは一九六〇年。小説が書かれたのはそれ以前ですし、映画化も主演も決まっていないでしょうから、早乙女さんは何か心騒ぎでもしたのでしょうか。折をみて聞いてみましょう。

弊社から三月に、早乙女さん二〇歳のときの純愛小説『美しい橋』が出ます。貧しくも切ない物語に心が洗われます。

大学の先輩で作家の吉村康さんから、夫人の都さんが出版された『句集&エッセイ　比叡の見える村から』（ウインかもがわ）が届きました。

「蜻蛉とり孫を忘れて爺走る」「鬼やんま追つかける夫少年に」などの句を見つけ、さもありなんと思い、また、「夫散歩妻への土筆一握り」「柿熟るる夫の優しさ届けらる」などには、ご夫妻が思い思われつつ過ごされて来た時間の豊穣を想いました。

四季の移ろい、花の香ぐわい、人の心、あるいは、燕の訪れ、木々の芽吹き、風のそよぎ、そして美しく響く音——都さんの句は人の暮らしにそっと寄り添って、ほのぼの、しみじみ、生きるっていいなあと思わされます。

二〇二〇年

先週の一押しは、丸橋充拓『江南の発展　南宋まで』。シリーズ「中国の発展」の第二巻です。中国はいかにして中国になったのか、がこのシリーズの眼目で、従来の中国史とはいささか趣が変わっています。

その点は本書を読んでいただくとして、この巻の冒頭に「南船北馬」をどう解釈するか、があります。長江流域を中心とする「南」は船を使った水上交通、黄河流域を中心とする「北」は馬を用いた陸上交通、というところから年中旅をしている、などの意味に使いますが、著者は、この言葉は単に輸送手段のことをいっているのではなく、気候（湿潤／乾燥）、生業（漁労と水田農業／牧畜と畑作農業）、自然観（自然との調和／自然との対決）、食事（魚介や野菜を多用する蛋白な料理／肉類や油を多用する濃厚な料理）など、環境や生活全般に及んでいると分析しています。

そして、中国は、この南北がつねに対立、あるいは南北のいずれかが中原を支配し全中国の統一を図るとだけ見るのでは狭いといいます。「船の世界」は、実際には中国の南半分にとどまらず、東南アジアからインド洋にまでつながり、「馬の世界」も内陸アジアからロシア・東ヨーロッパあたりにまで及びます。そういう目で中国を見ると、そこは東南アジア海域世界と内陸アジア草原世界とが出合う場所に見えてきます。

著者は、中国を東アジア世界の仲間と考えてしまうと、間違いではないが、中国の四分の一ぐらいしか見ていないことになるのではないか、と指摘します。そう考えると、中国の東南海域や西へぐっと伸ばす視線も、なるほどと思えてきます。そのうえ、そういう地理上の横の広がりにとどまらず、歴史の厚み、積み重ねという縦の交錯もあります。

そんなことを考えると、いまの中国が社会主義かそうでないかは確かに大きな問題でしょうが、あの国はそれをそれほど重大視していないのではないかとも思えてきます。

近年、学生の間では『三国志』に安定した人気があり、『水滸伝』の人気は影を潜めている、と本書にありました。体制が掲げる理念に同調する者たちのサクセスストーリーが前者なら、後者は、体制の理念に疑念を持ち、はみ出し、抗うアウトローの物語です。低成長の時代に「安定」を求める現代日本の若者が前者に惹かれるのは分からなくもありませんが、大学紛争の時代に〝梁山泊〟ならぬ三畳アパートの部屋で〝革命〟を語らった者としては、少し(否だいぶ)淋しい気がします。

(『季論21』は二〇二〇年秋、50号で停刊)
2020/02/10

二〇二〇年

自然への畏敬

『戸川幸夫動物文学（三）』

先週は、引き続き早乙女勝元さんの自選集第9巻（草の根出版会）――「ハノイの街角にて」「ベトナムのダーちゃん」「アンネ・フランク」「ターニャの詩」「南京からの手紙」「重慶からの手紙」「ハルビンからの手紙」「延安からの手紙」と、戸川幸夫動物文学（三）――「三里番屋」「オホーツク老人」「羆風」「左膳鴉」「東京雀」「飴色角と三本指」を読みました。

戸川幸夫の小説に食指が動いたのは、『森繁久弥コレクション』（藤原書店）の月報に、加藤登紀子が「知床旅情」が生まれたきっかけの映画「地の涯に生きるもの」について書いた一文を読んだことからです。森繁が戸川の「オホーツク老人」を読んで映画化を思い立ち、どこも話に乗らなかったので自分で製作したいきさつを述べています。

一九五九年四月に起きた、羅臼のスケトウダラ漁船が嵐に巻き込まれて約五〇隻が沈没した事

新潮文庫
1982年 5月19刷　280円

件が題材ですが、事件の数日後にいまの上皇夫妻の結婚式があり、事件も映画も話題になることはありませんでした。「知床旅情」は、映画の現地撮影が終わったときに森繁が地元の人たちに感謝を込めて元になる歌をうたったといわれます。

羅臼の漁師・彦市老人の生涯をえがいたこの小説は、長男を幼いときに流氷に流されて失い、二男は戦死、妻は急な発病に厳寒のなかを漁師仲間と山を越えて医者に運ぼうとする途次に事切れ、東京で就職していた三男を呼び戻すものの彼のために購入した船の最初の漁でこの事故に遭うという、過疎と貧窮と戦争を知床のきびしい自然に対置させて展開しています。天涯孤独になった老人は、猫たちと知床半島の先近くの番屋守りとして一冬を送ります。

海難事故から一年ほど経った春近く、船で案内されて若い女性がやって来ます。網走の図書館に勤めているという彼女は、心を通わすようになった羅臼の青年の話をします。事故を知り、彼が眺めた知床の海を見たいと来たのです。老人の三男のことでした。老人は、息子にこういう人のいたことを喜びますが、羅臼に行っても親には会うなといいます。親に会ったり家を訪ねて思い出と違っていたら、美しい思い出に傷がつく、その青年はまじめで親孝行で、りっぱな男だった、と語ります。

小説世界は、このエピソードだけがほんわかとした「春」を感じさせますが、あとは全編、「冬」それも「極寒」です。自然の無情、恐ろしさをこれでもかと突きつけ、ほとんど救いがありません。小説を引き立てているのは、冬の番屋を老人と過ごす猫や、流氷に乗ってやってくる尾白鷲、老いた大鷲などですが、それとても、捕食輪廻の世界に置かれています。猫は番屋がネズミに荒らされないために飼っているのですが、そのうちの一匹が氷盤に乗って流されるのを助けようとして、彦市老人は氷の海に転落してしまいます。

　戸川幸夫は「動物文学」を一つのジャンルにした作家です。この巻に収録されている他の作品、たとえば「羆風」、「左膳鳥」、「飴色角と三本指」などには、自然界に勝手に足を踏み入れ、跳梁する人間社会への疑問と批判があります。この作家が人間社会に求めたものは、「共生」というより生きものたちをふくむ自然への畏敬だったように思います。

　早乙女さんの一連のルポは、戦争をくり返してはいけないという警告が大きなモチーフですが、諸作品の発表から三〇〜三五年経た現在に読み返してみると、警告はいっそう現実のものとなっており、いったい私たちはこの間、何をやってきたのだろうと思わされます。戦争をしない――それを絶対とする政権はほんとにできなかったのでしょうか。「野党連合政権」がいわれるだけに、その検証が必要ではないかと思ったりします。

2020/02/24

「宇治十帖」の「の」の字の数

末木文美士『日本思想史』

先週は、末木文美士『日本思想史』をいろいろ考えさせられながら読み、次いで『森繁久彌コレクションⅠ』（藤原書店）に挑みました。しかし、六〇〇頁をこえる大部のものを読み切るには至らず、まだ途中です。

森繁久彌が生まれたのは、大阪の北部・枚方市です。「ひらかた」と読みます。私が高校生時代の三年間を送ったところで、三千坪といわれる森繁邸跡一帯はいまは公園になっています。古刹万年寺ともども、悪どもの遊び場でした。もっとも森繁さんはすぐに引っ越して阪神沿線の鳴尾――阪神タイガースの二軍練習場がある――に移りますが。

自伝は中公文庫で出た折に読んでいましたし、右記のようなことは知っていましたので、最初に「枚方」という地名の出てくることが、といっても数行のことですが、それでも苦い思いの恥ずかしいことばかりがパッと浮かび、頁を開けずにいました。それに通勤電車で読むには重くて……とぐずぐずしていまになった次第。感想は次回以降に。

ともあれ、『日本思想史』です。

岩波新書
2020年1月　880円

二〇二〇年

これはなかなか野心的な思想史です。私は、日本文学思想史として読みました。加藤周一さんが『日本文学史序説』で試みた、通史としての日本文学史を思想としてたどるとどうなるか、を考えさせられたのです。

著者は、わが国では過去の自分たちの思想はまともに考えるべき対象ではなく、思想や哲学といえば西洋から輸入されたものを指し、最新流行の欧米の概念を使って、その口まねのうまい学者が思想家としてもてはやされてきた、と冒頭からけちょんけちょんの問題提起をします。だからここ二、三〇年、欧米の思想界が行き詰まり、輸入すべき思想が枯渇して来ると、誰もが右往左往している。もはや表面だけの格好いい思想ではすまなくなっている、と追い打ちの言葉も辛辣です。

そこで著者は、地に着いたほんとうの思想が不可欠で、自分自身の過去をしっかり踏まえ、そこから必然的に浮き上がってくる思想を学ばないといけない、というわけです。

著者の日本思想史全体を理解しようとする方法論は、王権と神仏を両極に置き、文化や生活がその両極の緊張関係のもとに営まれる、という図式にあります。私が文学思想史として読んだというのは、両極の緊張関係で営まれる文化や生活は、「文学」に映し出されている、ということからなのです。

たとえば「伊勢物語」は、王族の血を引く主人公が帝の妻たちとタブーを犯して交わる色好みの歌物語で、アウトローをも包摂する王権賛美であり、その設定は「源氏物語」にも引き継がれるが、ここでは王権は弱まり代わって仏法が牽引力を発揮する。主要人物は世俗とそれを超えた世界に引き裂かれる。それでも光源氏では二つの世界が危ういところでバランスをとっていたが、「宇治十帖」に至って一気に仏法世界に引き寄せられる……という見方です。それは、そのまま時代の雰囲気の反映だというわけです。

加藤周一さんは、歴史時代の区分から文学史を分けていく従来の文学通史ではなく、文学内在のものの継承をたどりました。江戸の戯作文学や勧善懲悪を否定して近代文学が成立した、などという単純図式でない、文学は文学として受容し否定しつつ積み重ね、そこに時代社会を反映して発展してきたものとして捉えたわけですが、王権と仏法を両極にしてそのあいだを揺れる人民、それを映す文学、としてみると、おもしろい角度が考えられそうです。

学生の頃、「宇治十帖」に出てくる「の」の字を数え、分類したことがあります。国文学とはなんと非生産的な学問か、と当初は思いましたが、助詞の一字にも時代の変化、反映があると、教授は懇々と説きました。かすかな記憶では、主格的使用が増えたのではなかったかと思いますが、それが仏法世界に覆われる反映であったかどうかは分かりません。

2020/03/02

「死」とその向こうへ心を延ばす

黒川　創『暗い林を抜けて』

先週は、『森繁久彌コレクションI　道―自伝』(藤原書店)、富盛菊江『わたしの娘時代』(童心社)、黒川創『暗い林を抜けて』を読みました。

『わたしの娘時代』は七〇年代半ばのもので、再販を検討しました。丸岡秀子、杉村春子、大原富枝、富山妙子の聞き書きです。女性にだけどうして「娘時代」などというものがあるのか――著者の問いは、女性の権利問題が大きな話題になっている今日にも有効でしょうが、如何せん、一時代前の人たち、という感が否めません。ここを工夫しないと新装版は難しい。

森繁さんの文中に、演技に対して自分は富士山を自転車で登るようなつもりでやっているが、漕ぎも登りもしないで、あげくにバスに乗って五合目あたりにさっさと行く者が、やれもっと早くとか漕ぎ方が悪いだとか、勝手なことをいう……、というくだりを発見。批評にたずさわる身としては耳が痛い。心しなければと思った次第。

それにしても、若い日の奔放が次第次第に血となり肉となって役者としての身を大きくさせていくあたり、血筋や育ち方の良さばかりではない、森繁久彌という役者をみずからつくっていく、

新潮社　46判上製
2020年2月　1900円

一筋の意志が貫かれていて爽快です。こんな役者はもう出ないだろうと、つくづく、しみじみ、です。

『暗い林を駆けぬけて』は、生きるとは、を深く考えさせる好著。ガンを告げられ最期が迫っている身で、学生時代から駆け出しの新聞記者時代、雲仙普賢岳の大火砕流、阪神淡路大震災、3・11東日本大震災……、その間の結婚と離婚、新しい家庭をもってもうけたひとり息子。それらを回想し、思いを重ねながら、さまざまな「死」を考えていきます。生きるとは、多くの死を負い、見つめることでもある、とするなら、残された命をどう生きるか——読む者一人ひとりに問います。正答があるわけはありません。ただ、それを考えること、つまり「死」とその向こうへ思いと視線を伸ばすことが、いまを生きるうえでとても大切だと思いました。

人は「心延《ば》え」です。心延えがいつから「心栄え」だの「心映え」などと書かれるようになったのか知りませんが、自分の心の状態をいうのではなく、もっと能動的な、相手を思いやる心働きを形容する言葉です。「死」を思うのもそれでしょう。それぞれの「死」にどう生きたのかを思う心。現代という時代が遠くに置いてきたそれを、呼び戻したいものです。

2021/03/09

たがいに思いを延ばすけなげな愛

小川真利枝『パンと牢獄』

先週、久しぶりに覗いた本屋に小川真利枝さんの『パンと牢獄』が積まれていました。副題に〈チベット政治犯ドゥンドゥップと妻の亡命ノート〉とあります。著者も、ドゥンドゥップ・ワンチェンも、その妻ラモ・ツォもまったく未知の人ですが、最近、ヒマラヤのカンチェンジュンガ縦走を八〇年代半ばに成し遂げた日本山岳会の登山隊長だった鹿野克彦さんの回想記をまとめていたこともあって、チベットの文字が目に飛び込んできました。帯の安田菜津紀さんの言葉も興味を誘いました。

ドゥンドゥップは二〇〇八年の北京オリンピックにさいして、どんな思いを抱いているかをチベット人に問うドキュメンタリー映画「恐怖を乗り越えて」をつくったことで中国当局に逮捕された人物です。六年の拘留ののちも当局の監視は続き、自宅軟禁状態から二〇一七年末、アメリカへの亡命に成功し、先にアメリカへ渡っていた妻や子どもたちと再会します。

この本はしかし、そのスリルや中国の人権抑圧への批判を述べようというのではありません。彼へのインタビュー記も収載しているのですが、中心は、妻が夫を思い、夫もまた妻を思い、子

集英社クリエイティブ
46判並製
2020年 3月　1500 円

どもたちは両親を慕い、親たちもまた子を思う、それぞれがそれぞれに心を延ばしている、そのひたむきで健気な姿です。

ラモ・ツォは貧しい家庭で育ち、早くから家事を助け、弟妹の面倒をみなければならず、話すことは出来ても書くことは出来ませんでした。それが、結婚し、離ればなれを余儀なくされると、インターネットでの通信や手紙を書くために文字を覚え、さらにアメリカに渡ってからは英語を勉強し、自動車の免許も取ります。生活のためです。アメリカで家事代行などをやるにも言葉が重要だからですが、それよりも何よりも、愛情です。夫との遠距離の会話のために、あるいは、英語に堪能になっていく子どもたちに、故郷のチベットを忘れて欲しくないために、彼女はチベットの言葉を話し書くことに懸命なのです。

彼女は、愛おしい者たちとつくっていく家族のためにも、みずからを自立した女性につくりあげていきます。それを自覚してやっていったとは思えませんが、おのずとそこに向かっていったことが大事だと思いました。文化とは?、家族とは?、民族、国、難民、自由、正義……? いろいろと考えさせられます。彼らの生き方に、先週読んだ早乙女勝元さんの近著『ゲルニカ』(新日本出版社)でも紹介されている、「立派に死ぬことは、そうむずかしくない。正しく生きる方がむずかしいのだ」――映画「無防備都市」の神父の最期の言葉を思いました。

2020/03/16

二〇二〇年

タイは頭から腐るのか、腐ってもタイなのか

崔仁勲『広場』

崔仁勲の『広場』が新訳で、しかも新書判の仮フランス装という粋な装丁で出ているのを装丁家の桂川潤さんに紹介され、さっそく買い求めました。訳は吉川凪さんです。

『広場』は、李承晩が四・一九革命で大統領を追われた一九六〇年一〇月に発表された、戦後はじめて南北問題を扱った小説です。日本でも七〇年代はじめに韓国現代文学選集の一つとして出版されてきました。

主人公は、李明俊という若者です。父親がパルチザンとして北へ行ったことから南で様ざまにいじめられ、あまりの辛さに北へ逃げます。まもなく朝鮮戦争がはじまり、明俊は北の軍隊の一員として銃をとります。

南に侵攻すると、かつて自分をいじめた者たちに仕返しをしますが、いったんは南端まで攻め入ったもののアメリカ軍の加担などで押し返され、明俊は捕虜となります。

停戦後、李明俊は捕虜交換のときに、南でも北でもなく、第三国——中立国への出国を希望します。南の誘いにも北の恫喝にも、明俊はただ一言「中立国」とだけ叫びつづけます。やがて、

広場
崔仁勲
僕は生きたかった
生きているという実感を
持ちたかった
クオン　新書判上製
2019年 9月　2000円

第三国に出るために船に乗り、インドへ行こうとしますが、その途次、明俊は海に飛び込んで自殺します。

この小説は、北も南も選べない六〇年代当時の若者の考えを象徴していると見ることができますが、すらすら読めるというわけではありません。キリスト教とスターリン主義を対比してその相似性をいうなど、話の主軸は、「思想」にあります。明俊が「中立国」と叫ぶのには、北も南も、その「思想」が敵とちがっていかに素晴らしいものであるかを言い募るものの、じつはみごとなまでに腐敗している実態を目の当たりにしてきたからです。明俊は、そのどちらかを選ぶことにほとほといやになっているのです。

ですが、なぜ死を選んだのか。おそらく、朝鮮人でありながら祖国に足を踏み入れられない存在になっていくことの悲しみ、やるせなさからでしょう。

ひとつの国、ひとつの民族が分断されるということは、相手を敵として卑小に扱い、味方と自分はこれ見よがしに美化し肥大化させる、そこに虚偽が生まれ、おのずと腐敗する。――タイは頭から腐るのか、腐ってもタイなのか、あるいは、どんな権力も腐敗するものであるのか。けっして読みやすくはないこの小説を読み終え、そんなことが頭をよぎりました。

2022/03/23

もはや思想の問題でなく

辻田真佐憲『古関裕而の昭和史　国民を背負った作曲家』

文春新書
古関裕而の昭和史
国民を背負った作曲家
辻田真佐憲
から「六甲おろし」
「オリンピック・マーチ」まで
日本人の欲望に
応え続けた
ットメーカー
連続テレビ小説「エール」のモデルになった80年の生涯
文春新書
2020年 3月　950円

ＮＨＫ朝の連続小説が今日から「エール」という、作曲家・古関裕而をモデルにしたものに変わります。私は近年の関心が、どうして日本人はあの戦争に巻き込まれていったのか、ごく普通の隣のおじさんが勇んで兵士になり、中国や東アジアで無惨な殺戮をおこなうまでになったのかにあり、先週は辻田真佐憲『古関裕而の昭和史　国民を背負った作曲家』を興味深く読みました。

古関が軍歌のヒットメーカーだったことは知る人ぞ知るところです。彼の作った「勝ってくるぞと勇ましく……」の「露営の歌」は六〇万枚とも一〇〇万枚ともいわれるレコード売上で、軍歌最大のヒット曲です。そのほかにも「若い血潮の予科練の……」の「若鷲の歌」が二三万枚、「あゝ、あの顔で、あの声で……」の「暁に祈る」が四万枚といわれています。蓄音機を持つ家庭がそれほどでもなかった時代の数字ですから、いまのミリオンセラー以上の普及といっていいでしょう。

率先して軍歌を作ったわけではないようですし、今さら戦争責任云々といってもどうにもならないことでしょうが、私の関心は、そのときの古関の心中にあります。本書も引いていますが、戦後の古関の自伝『鐘よ鳴り響け』には、「それでも軍歌や時局歌、ご当地ソングの類が、次から次へと私のところに依頼されてきた。かつて「紺碧の空」（注、早稲田大学応援歌）を手がけた男だから、勢いの上がる曲は得意だろうというのである。私は仕事なのだとわり切って引き受け、時勢の流れにまかせていた」とあります。

率直な吐露といえるでしょう。ですが、「仕事なのだとわり切って引き受け、時勢の流れにまかせて」作ったところに、省みる問題があるのではないでしょうか。古関が自伝その他で軍歌を作ったことを隠さずに述べていることは、少なくない文筆家たちがそれこそ書いたものを改竄したり、消してしまっていることを考えると、態度として立派ともいえます。

ですが、戦後も自衛隊の歌を作っているところを見ると、戦時下の身過ぎ世過ぎは戦後も変わらなかったともいえるでしょう。要するに、曲が作れさえすればなんでもいいという、まるでおもちゃを与えられた子どもが日がな一日それで遊んでいるような〝無邪気さ〟を思います。それでも彼の曲が庶民の口にのぼるのは、短調の何かしら哀切な曲調にあるようです。これはもはや思想の問題でなく、心底に沈んだ情緒、成育の過程で共鳴・共響してきた情動です。

私はやっかいなそれこそが、みんないっしょ、長いものには……、同調圧力などに屈していく、個のなさとなっているのではないかと考えてしまいました。コロナ禍の折り余計そう思います。

2020/03/30

見られることによってはじめて生まれでる

山梨俊夫『絵画逍遥』

水声社　46判上製
2020年1月　3000円

新型コロナに心ざわめく毎日ですが、先週は梁石日『魂の痕《きずあと》』（河出書房新社）、山梨俊夫『絵画逍遥』を読みました。

『魂の痕』は梁さんの実の母親をモデルにした小説ということですが、日本の植民地下の朝鮮半島で、意に沿わぬ、しかもはるか年下の少年に彼女が嫁ぐところから物語は始まります。日本に媚びて財をなそうとする婚家は、彼女を使用人扱いし、やがて跡継ぎを生む存在にしか見ません。たまらずに彼女は故郷を捨て、日本に渡ってきます。

朝鮮人子女が多く働く大阪岸和田の紡績女工から、性的暴行を受けていたたまれず大阪天満、生野と朝鮮人が密集して生きる地域に移り、子どもを抱えながら懸命に働きます。

その半生には、日本の支配とともに朝鮮社会に深く残る階級差別、戦争、〞貧しさ〟で糊塗する粗暴、無頼、そして棄郷、父母との別れ……が深く刻まれています。

この傷跡を時代の不幸にしてはならない――梁石日はひたすらそのことを問いかけてきます。『絵画逍遥』は、なかなか手強い一書です。

たとえば、ジャコメッティの「アネット」という絵について。矢内原忠雄の言葉を引用しています。

「顔を描《か》いてはならない。顔は画面の上で生まれるものでなければならない。つまり、そこにあるものとしてではなく、逆に無いものとして、見られることによってはじめて生まれでるものとして描かれなければならない」

ジャコメッティの「アネット」は人物画ですが、顔がよく分からない絵です。くっきりとえがかれているのでなく、目、鼻、口……はあるのですが、黒く描《か》かれていて、個人として特定されるのを拒否するかのようです。

それを、著者は矢内原の言葉を解説するようにして解いていきます。

ジャコメッティは、日常の先入主を捨て、事物を生まれてはじめて見るように見ることを自分に課し、顔を顔として見る眼差しでは習慣的に美醜や形態のバランスを判断してしまうので、それを捨てる。まして絵を描くことを前提に見ると、顔をえがいた過去の無数の絵が予断として入ってきて、顔が存在の仮面のように人間の存在を覆い隠してしまう。だから、顔をえがきながら顔を描かない。

彼がえがこうとしているのは、先入主を除かれ無名に還された物質的な存在、あるいは実在としての人間なのである。

——という具合です。そうまでして追求したい人間存在とはいったい何なのか、と思ってしまいます。とするなら、ジャコメッティの絵を見ながらその顔を想像する、あるいは顔を画面の上で形づくるのは、見ている私以外ではありません。私は何者であるのか。どんな人間であるのか。絵と交感するに耐えられる人間であるか――

「絵画逍遥」といいつつ、絵を見るとは、つまりは、画家の見つめる先、思う先、感じる先――を想像しつつ、自分を凝視し黙考する以外でないことを語りかけてくるのです。ぶらり旅とはとてもいきませんが、絵を見る楽しさは十分味わえます。

2020/04/06

石坂洋次郎を再評価するこころ

三浦雅士『石坂洋次郎の逆襲』

石坂洋次郎は、小説というより映画の原作者としての方が私には懐かしい。小中学を過ごした大阪市の北東部、淀川が大阪市内に分かれて流れ込む、蕪村のふるさとでもあるそこには、長い商店街があって、学校帰りに寄り道がてらそこを歩くとまず日活に出合う。少し行くと新東宝、商店街を突き抜けて市電の通り手前に東映と、三館も封切館があった。

吉永小百合主演の「青い山脈」を見たのは中学三年の正月だった……そんなこんなを思い出しながら、三浦雅士の『石坂洋次郎の逆襲』を読んだ。冒頭からこんな評価に出くわす。

「石坂には、事実、明朗健全以上に重要な特徴があるのだ。それは、『女を主体として描く』という特徴である。主人公といわずに主体と言うのは、女は主人公であるのみならず、必ず、主体的に男を選び主体的に行動する存在として描かれているからである。…(略)…明朗健全な爽やかさはこの主体的な女性が結果的に醸し出すのであって、逆ではない」

三浦は、石坂が戦前発表した長編小説――『若い人』『美しい暦』『暁の合唱』『何処へ』などすべてが戦後の『青い山脈』と同じ雰囲気をはっきりと漂わせている、という。石坂は、戦後つよ

講談社　46判上製
2020年1月　2700円

くなったのは女と靴下、などといった戦後の風潮に便乗したのではなく、強い女は日本の古くからの伝統であり、それをユーモアも交えて伝えた。それが戦後民主主義の喧伝に見えたとすれば、戦後民主主義なるものは日本古来の伝統だったことになる、少なくとも石坂はそう信じていたにちがいない、という。

そういう目で、あらためて「青い山脈」を思い返すと、新子はもちろんそうだが、芦川いづみの島崎先生も凛としている。芸者の南田洋子も負けていなかった。島崎先生みたいな人がいたらなあと思ったかどうかはともかく、石坂は母系制こそ人間社会の本来の姿だということを、理論としてではなく実感的にえがいたというのである。

母の懐に抱かれている安心感、その喜び——明朗にならないわけがない。男中心を強いられた戦前でさえ、『若い人』に始まり、石坂の作品は映画化を拒まれなかった。戦後もずっと、石坂作品は発表（単行本化）とともに映画になった。映画にならなかったのは、七〇年代に入っての最後の三作、『ある告白』『血液型などこわくない！』『女そして男』である。

なぜか。三浦に言わせると、明朗健全な近親相姦（戸籍上はそうだが生物学的にはそうでない）をえがき、個人とは何か、家族とは何か、社会とは何かという、人間社会へ根底的な問いかけをしたために、もはや読者がついていけなくなった、映画に向いた単純明朗な話ではなかった、ということになる。

いまあらためて石坂、もう一度石坂、という三浦の問題意識は小さくはない。

2020/04/13

「在日韓国人」という呼称

尹健次『「在日」を考える』

いまは「ワン・コリア」とか「在日韓国・朝鮮人」といった言い方が違和感なく受け容れられている。しかし、私などが物心つき始めたころは、「朝鮮人」が一般的だったし、しかしそれは往々、「チョーセン」「チョーセン人」と、侮蔑のカタカナ語で発せられた。私が少年期を過ごした大阪市の北東部にも、彼らの集住する〝朝鮮部落〟があり、クラスのおよそ一割くらいは在日朝鮮人だった。

小中学校合わせて九年もいっしょにいると、どこかで同じクラスになっており、気心の知れた仲だったが、さて彼や彼女たちをどう呼んでいたかと思い返しても、はっきりとした記憶がない。漢字の「朝鮮」と言いたいのだけれども、それがカタカナとどれほど違うのかを考えると、口にしないのが賢明だと判断していたのかもしれない。

そんなことを思い出しながら、尹健次の『「在日」を考える』を読んだ。２０００年に出されたもので、再読である。最近読んだ、私と同世代の作家が少年期から青年期への自己形成をたどった小説に、「在日韓国・朝鮮人」の集住地が近くにあり、彼らへの差別を目の当たりにしながら

平凡社ライブラリー
2001年 1月　1300円

育った、とあることに違和感を覚えたからである。

やはり、「韓国」籍は、法的には一九六五年の日韓基本条約締結後にはじめて登場したもので、「在日」はさらに遅く七〇年代後半以降、日本に住む朝鮮人を指すものとして使われてきたものだった。私は得心しながらも、いささか苦い思いもした。どうして、そんな初歩的なことをチェックできなかったのか。

件の小説は新聞に連載されたものが単行本になったものである。つまり、新聞担当編集者も、単行本編集者も見のがしたのである。書評も出たが、その担当者もチェックしなかったようだ。

くり返せば、この小説は自己形成の物語、ビルディングス・ロマンともいえるものである。自己形成の重要ポイントが朝鮮人差別なのである。しかし、作者は小説世界の肝であるそこをきちんと認識しておらず、誰もそのことを指摘しなかったようだ。作者の善意は疑わない。祖国の分断、在日社会へのその反映、それを乗り超えるものとして、〃一つ〃を願う心、だったのだろう。しかし、歴史の事実とそれとは別のものである。私も書籍の編集にたずさわる一人だから他人事ではない。編集の凡ミスは致命傷になりかねないと肝に銘じた。

ふとしたことから再読した『「在日」を考える』だが、上記のことはともかく、あらためて「在日」社会を考え、初版から二〇年を経てニューカマーもふえている現代、「朝鮮」はどのように彼らのなかにあるのだろうと思った。個であることと民族の一人であること、しかも在日社会のなかでそうであること――日本人としてそれを考えることが大事なのだろう。

2020/04/20

ルドルフ・ヘスのイギリス飛行

吉田喜重『贖罪』

ルドルフ・ヘスといえば、ヒトラーといっしょに国家社会主義ドイツ労働者党（NSDAP、ナチ党）を立ちあげ、副総統を担った人物です。ところが彼は、対ソ戦を前にした一九四一年五月一〇日、単身、ミュンヘンからメッサーシュミット（当時世界最速のジェット戦闘機）を操ってスコットランドへ飛び立ちます。

吉田喜重『贖罪』は、そのヘスの行動を彼の手記の形でたどったものです。吉田は大島渚、篠田正浩とともに松竹ヌーベルバーグの一人として、日本近代批判三部作（「エロス＋虐殺」「煉獄エロイカ」「戒厳令」）などを手がけた映画監督。少年期の疑問——ヘスほどのナチスの重要人物がなぜ敵対するイギリスに降伏するかのような行動をとったのか——を問いつづけてようやく形にしました。

ヘスの行動をヒトラーは「精神異常」としますが、本書は独ソ戦回避のための行動とみています。ヘスは、学生時代の恩師（妻がユダヤ人、息子がいる）との交流を通じて、ナチスのユダヤ人政策（ホロコースト）に疑問を持ち、対ソ戦によるドイツの滅亡を恐れ、イギリスとの和解を求め

文藝春秋　46判上製
2020年4月　3000円

たというのです。足を捻挫したものの不時着に成功したヘスでしたが、頼みとしたイギリス侯爵は、それまでヘスが会談していた人物とは別人でした。捉えられたヘスはニュルンベルク裁判で死刑を逃れ、終身刑者として最も長く生きます。

ナチスの最高幹部にも人種差別への嫌悪を持った人物のいたこと、学問の成果（「地政学」など）はそれを理解し活用する人間よって決まること、戦争が求める敵味方双方の諜報・謀略は人間を深く傷つけること……などを浮かびあがらせます。

延々と続く主語なし文章は、あたかもヘスの苦悩のようです。ですが、昨今のネオナチのヘスへの高い評価とは違う意味で、つまり、人間的な側面をよく見ようという形でのヘスの再評価が何を意味するのか、私にはもう一つよくつかめませんでした。考えあぐねています。

先週は、揚海英の『モンゴル騎兵の現代史　チベットに舞う日本刀』(中公文庫）も読みました。こちらは「ヤルタ会談」によって引き裂かれいまも分断国家としてあるモンゴルへの中国政府の敵視・殲滅政策、また、「夷を以て夷を制す」と現代中国政府の謀略によってチベット制圧に向かうモンゴル騎兵……知らないですませてきた歴史の無惨に、頭をガァーンとやられました。

しかも、モンゴル騎兵のそもそもは満洲国における日本軍式教育にあり、腰の日本刀は彼らの誇りでもあるというのですから、私たちが無関心であっていいはずがないのです。

2020/04/27

オダサクはやっぱり大阪の小説家

斎藤理生『小説家、織田作之助』

大阪大学出版会　46判並製
2020年1月　2300円

先週は、『小説家、織田作之助』をおもしろく読みました。著者は斎藤理生《まさお》という大阪大学の准教授です。

織田作之助は大阪の作家だが、大阪だけの作家ではない、というのが本書のいいたいところですが、まったくと同感しつつも、それでもやっぱりオダサクは大阪の作家、と読後痛感しました。

たとえば本書の第Ⅰ部は「代表作を読む―形式の工夫」となっていて、『夫婦善哉』『世相』『可能性の文学』を微に入り細を穿つように読みこんでいきます。

二〇年の夫婦生活を足早にたどりながら、ふっと緩める時間操作が人情にからむ『夫婦善哉』、戦前と戦後のなにも変わらないようでいて決定的に変わってしまっている大阪の姿を捉えた『世相』、そして、坂田三吉の端歩を突く将棋場面から書き出す、評論そのものをおもしろく読ませる『可能性の文学』と、何をどう書くかだけでなく、読まれるようにいかに書くかに腐心するなど、大阪人らしさが浮き彫りになります。

先行作品を換骨奪胎して自家薬籠のものにするなどは、単なる才能でなく、やはり大阪人的な

二〇二〇年

生活感覚を感じてしまいます。

三六〇頁をこえる大部のものですが、オダサクのファンである私などは、彼の権力嫌いの面などもっと書いて欲しかった気もしました。

自宅で過ごす時間が増え、いささか無聊を託つようでしたら、『笑う子規』（ちくま文庫）がおすすめです。天野祐吉が解説し、南伸坊が絵を付しています。

「生きておらんならんというもあつい事」

天野――伊予弁がわからんという人のために東京弁に翻訳しておく。「生きてなきゃいけねえってのも、けっこう暑いこったねえ」つまり、どっちも簡単に言えば、「暑い！」ってことだ。

もうすぐそんな季節だけれど、暑さを感じられるか。どうぞみなさんお大事に。

2020/05/04

中島みゆきの歌ではないが

南木佳士『根に帰る落葉は』

田畑書店　文庫版上製
2020年3月　1300円

南木佳士の新著『根に帰る落葉は』は、文庫版の上製本、がっちりと厚めの表紙でカバーはありません。田畑書店のポケットスタンダードのシリーズ本です。不思議な落ち着きがあって、信州佐久病院の医師生活をようやく離れて、気の向くままに人生の晩年を過ごす、それでも揺らぎつつの日々の思いを伝えてくれます。

研修医の時にいきなり命を落としていく患者に立ち合い、心が疲れ、それを癒やすように書き始めた小説が思わず芥川賞を受賞し、以来四〇年余の二足のわらじ生活。死を見つめ、だからなおのこと生を見つめ、年振るごとに自分が上州の生まれであること、そこに帰るべきところのあることを見つけていく……たゆたう心を咎めず、ままにあることを望みます。

落葉帰根――どのように葉が散ろうとも、木の根を深くひろくはった大地は、落ちてくる葉をそっと受けとめてくれるだろう。だから安心して生きぬいていいのだと、作家の思いはそこにあるのでしょう。映画「山中静夫氏の尊厳死」が上映されるのと同時の出版です。響き合うものがあります。

中島みゆきの「樹高千丈　落葉帰根」をふと思いましたが、まったく関係ありませんでした。

三木卓の『若き詩人たちの青春』(河出文庫)は、一九五〇年代から六〇年代、日本の戦後詩壇を鮮やかに飾った詩人たち——鮎川信夫、谷川雁、田村隆一、長谷川龍生、黒田三郎、寺山修司、川崎洋……ら同世代と、草野心平、木山捷平、岡本潤……らやや上の世代の相貌、表の姿裏の心を懐かしみ、愛しんでえがき出しています。夜な夜な新宿「ボルガ」に屯《たむろ》し、口角泡を飛ばして議論し、飲む……いまやすっかりなくなってしまった時代の空気がよみがえります。

これら詩人たちに深い影響を持った共産党の文化政策については、もっと検討が必要でしょうが、人も文学も、そういう密接な関係のなかで生まれ、育つものだとあらためて思いました。

コロナ禍とそれに乗じて破壊、殺そうとしているのは、そういう文化、人が人であるために必要な文化なのだと痛感します。

2020/05/11

〈か〉があるのとないのと

井上ひさし『社会とことば』

岩波書店　46版上製
2020年4月　2000円

井上ひさしの発掘エッセイ・コレクションとして第1巻『社会とことば』が出ました（全3巻）。吉里吉里人をめぐるものに始まって、コメの話、憲法、さらに宰相の言語能力、そして「ことば」のさまざま。うなずき、笑い、なるほどと得心し、時間のたつのを忘れます。

そのなかに「〈か〉の問題」という一節があります。もう半世紀近く前の、都はるみが歌った「北の宿から」を話題にしたものです。あるとき新宿のバーで、三つ揃えをビシッと着こなした四十前後の男が歌うのを聞いたそうです。男性は、歌詞の一カ所を改作していました。

あなた変わりは　ないですか／日毎寒さが　つのります
着てはもらえぬ　セーターを／寒さこらえて　編んでます
女ごころの　未練でしょう〈か〉／あなた恋しい　北の宿

男は、「未練でしょう」を「未練でしょうか」と〈か〉を付けたのです。

作詞は阿久悠。彼にはめずらしい七五調ですが、ここだけ破調の七・六です。〈か〉を付けると七・七になり、それはそれで日本人の耳に同調します。ですが、〈か〉を付けると意味が変わってきます。セーターを編むのは未練が断ち切れないから、となってしまいます。阿久悠がここを破調にし、未練でしょう、としたのは、女は自分の未練心を客観的に見つめることができるまでに冷静になり、いわば、通過儀礼的にセーターを編んでいるだけ、となります。

井上ひさしのこの、〈か〉の分析を読みながら、淡谷のり子がこの歌を標的に、〃どうして女は自分を捨てた男のセーターを編まなきゃならないのよ、だから演歌はダメ〃と言っていたのを思い出しました。ちょっと違っていたわけですね。

調べてみると、阿久悠の意図も未練を断ち切る女心にあったそうです。井上ひさしはそれを知ってか知らずか、〈か〉ひとつからの分析。洞察の深さに、さすが、なるほど、と思いました。ことばに神が宿るかどうかはともかく、助詞の一字にも意味があることの重さを痛感します。ことばで心は飾れないことを、どなたかはもうそろそろ分かっていいはずと思うのですが……。

2020/05/18

コロナの後を考える

パオロ・ジョルダーノ『コロナの時代の僕ら』

早川書房　46版上製
2020年 4月　1300円

イタリアの若手作家パオロ・ジョルダーノの『コロナの時代の僕ら』を読みました。今年二月から三月はじめに書いた感染症にまつわる二七本のエッセイをまとめたもので、二七カ国で緊急出版されたとあります。日本語版には著者あとがきとして、「コロナウイルスが過ぎたあとも、僕が忘れたくないこと」が付けられています。

その冒頭はこんな文章です。

――コロナウイルスの「過ぎたあと」、そのうち復興が始まるだろう。だから僕らは、今からもう、よく考えておくべきだ。いったい何に元どおりになってほしくないのかを。

著者は、

――パンデミックは僕らの文明をレントゲンにかけ、かずかずの真実を浮かびあがらせているが、僕らが記憶にとどめぬ限り、それは消えていくだろう、だから、今までと違った思考をしてみるための空間を確保しなくてはいけない、壮大な問いをするために。たとえばこんな問いだ、すべてが終わったとき、本当に僕たちは以前とまったく同じ世界を再現したいのだろうか。――

と問いかけます。

同様のことは、3・11のときにも聞かれましたが、それはなお追求されているとはいえ、どこかへ行ってしまった感がなくもありません。ですから、こんどは必ず、の思いが一入です。

私が一番気になるのは哲学・世界観・歴史観のない専門家と称する人たちの「提言」で、それに便乗して根拠を示さないまま「自粛」という名の強制をおこなう政治のありようです。たちまちに崩壊の危機に陥るわが国の医療体制の脆弱は、一体だれがつくり出したのか。これから長くつづく感染症との共存共生を図るには、そのことの検証も大事でしょう。

ほどなく、この事態をとらえた文学作品も出てくるでしょうが、そもそも、濃密な人間の関係をえがくのが文学ですから、それを断ち切るコロナはどのように扱われるのか。興味津々です。

先週は、クラウス・コルドンの『ベルリン1919』(下、岩波少年文庫)を上に続いて読みました。ドイツ帝国を倒した後にくり広げられたドイツ社会民主党、ドイツ独立社会民主党、スパルタクス団(のちのドイツ共産党)の対立、武力衝突、排除・差別のひどさにあらためて心が痛みました。その対立こそ、ヒトラーを生み、台頭を許したとも思えるからです。

一五歳の少年が主人公ですが、大人にも十分はたらきかけてきます。

2020/05/25

一揆の勝者はだれか

平谷美樹『大一揆』

角川書店　46版上製
2020年3月　1800円

先週は、ベルリン三部作の中にあたる『ベルリン１９３３』（上下、岩波少年文庫）と、江戸期最大の一揆といわれる南部三閉伊一揆を描いた平谷美樹『大一揆』を読みました。

前者は、一九三二年から三三年、ナチが国会の多数を占め、ヒトラーが首相に就任、国会議事堂放火事件を起こして共産党を大弾圧する時期です。前作の主人公ヘレの弟ハンス（一五歳）の目で事態をとらえていきます。

なぜ、ナチの台頭を許したのか——社会民主党と共産党が統一戦線を組んでいれば防げたであろうはずが、双方がそれぞれを「主敵」とし、共産党指導部は具体的な行動方針を示せないでいることから、父親は党を離脱し、ヘレも異論を隠しません。兄を敬愛するハンスは共産青年同盟には加わらず、少年ながらに懸命に考え、行動します。昨日の友がナチの突撃隊に加わって暴行してくるなかを、ユダヤの少女と心を通わし、彼女や家族、ドイツをどうしたら守れるか、必死で摸索します。

少年の純真、ひたむきは、裏返せばヒトラーへの熱狂となり、それを目の当たりにしながら対抗軸を生き方の芯に据えるのは容易ではありません。ハンスにそれがなぜ可能だったのか——読む者の考えどころです。

後者は、すでに歴史ではおなじみの話ですが、ペリーが浦賀に再来したころ、岩手県三陸海岸地方から起きた大一揆——これが並の一揆でなかったのは、「小○」の旗を押し立てて一万六千人もの百姓、漁民の向かった先が南部藩主のいる盛岡でなく、仙台領であったことです。南部藩のひどい搾取、いじめはもうたくさん、仙台領にしてくれと押しかけたのです。

この指揮を執ったのが一揆初参戦の命助。知謀をめぐらし、新参の心中も吐露しながら一揆勢をまとめていく姿がよく描かれています。この小説が歴史小説の枠組みを外しているのは、頭人たちに盛岡藩や武士の考え方などを何かと語りかける浪人を配置したり、一揆勢への加勢を強制された女衆を置いて、彼女が一揆のなんたるかを見てやると同行し、やがて、これは自分の一揆だと思うまでになる変化をもう一つの流れにするなど、想像上の人物を活写しているところにあります。

一揆は、南部・伊達双方の話し合いも進み、一揆勢のみごとな統率と団結もあって、ほとんどの要求を藩がみとめ、一人の犠牲者も出さずに終結します。この点では、勝者はまったく民百姓です。しかしその後、南部藩は小さな一揆が起こるたびに役人を派遣して話し合いをすすめ、藩政改革を行います。藩と領民のこの関係は、戊辰戦争で幕府方についた南部藩が戦後、白石に転封されたとき、三閉伊の人たちもふくめて南部家を盛岡に戻そうと、東京の新政府に嘆願するまでになります。この〝一揆〟も歴史上、特異なものです。

この作者のものを初めて読みましたが、なかなか力のある人だと思いました。作者は「為政者は百姓を侮ってはならない――。／今は昔の物語である」と本書を結んでいます。

ならば私たちは、「今は今」の物語を小説世界にではなく現実に、作り出さなければ……。読後の快い思いは、歴史に在を得た物語を読む楽しみでもあります。

2020/06/01

日日是文学

高橋英夫『五月の読書』

昨年二月に亡くなった高橋英夫さんの単行本未収録のエッセイを集めた『五月の読書』を読みました。高橋さんとは、私のインタビュー集『わが文学の原風景』（小学館、一九九四年）を書評していただいて以来、その書かれるものに親しんできました。読みの深さはもちろんなのですが、読んだあとの何とはないいい感じ、文学作品や作家たちと親しむ愉しさがことばのつかい方ひとつからも伝わってきて、馥郁とさせられるのです。

こんどの本は、Ⅰ本の周辺、Ⅱ芸術と親しむ日々、Ⅲ文人の交流と三部に構成されています。なかでも、「父祖の地に生きた『原日本人』――尾崎一雄」は、しみじみ心に降りたってくる文章です。尾崎一雄を敬愛すること人後に落ちなかった氏のことですから当然とは言え、そういう人ほど肝心のところを見落とし、あるいは文章にすると過褒になったり、気取ったり、遜《へりくだ》ったりするものですが、この文章にはそういう気配はみじんもありません。

たとえば、こういう評言です。

――尾崎氏には原日本人的な根があったから、あの志賀直哉への無類の信従が可能だったのだ、

岩波書店　46版上製
2020年 3月　2700円

というふうに私は考えている。この二人は素質、傾向の点でずいぶん違う面もあったのだが、それを超えて結びついたのは、尾崎氏の内なる「無私」が、志賀直哉の前でこれを開いたということだったろう。さまざまな文学潮流の新奇を競うなかで、古いといわれようと、狭いといわれようと、自分は志賀直哉の弟子だと敢然と胸を張って屈しなかった尾崎氏は、もしかすると日本一の弟子かもしれない。八十歳を過ぎてもその気持ちの純なることに変わりはなかった。——

高橋さんは、こういう尾崎さんが好きでたまらなかったんだろうな、そして、尾崎さんを好きであることが誇らしかったんだろうな、と思わせられます。

尾崎一雄の死を悼むこの文章の最後は、尾崎さんが志賀直哉全集を二組揃えていて、一組は線を引いたりもする読書用、一組は大切に所存用にしているのだと話す姿をとらえています。

——尾崎さんの顔に、私は師への敬愛と本好きの情熱とが一つに重なり合っているのを見る思いがした。

文学の精神のありようを静かに感じとる高橋さんの心がふるえています。三人とも、「日日是文学」、であったのでしょう。高橋さんの息女でエッセイストの真名子さんが巻頭に書いている「庭に咲く花」がいい。なにより父であり評論家・高橋英夫がよく分かるし、高橋さんが愛してやまなかった文学、作家たちへの敬慕が匂い立ってきます。

2020/06/08

二〇二〇年

ゾルゲ事件にかかわった沖縄の青年画家

安田一郎著、安田 宏編『ゾルゲを助けた医者 安田徳太郎と〈悪人〉たち』

安田一郎著、安田宏編『ゾルゲを助けた医者 安田徳太郎と〈悪人〉たち』を興味ぶかく読みました。安田徳太郎は、小林多喜二の死体を検分指揮した人です。江口渙の『作家小林多喜二の死』で書いています。本書は、彼の半生を息子である一郎さんが書き残したものを、その子息宏さんが編集した、いわば、三代の合作です。

一書の成り立ちとして、かなりめずらしいことでしょうし、ちょっと羨ましい気がします。なにより、子が親を思う気持ち、です。尊敬であり、敬慕であるとともに、思想としての親近、です。天皇制権力の巨大さをものともせずに、正しいと思うところを貫く、それでいて、家族や縁者、周りの人たちに優しい、人間としての大きさへの信頼、です。

山本宣治をいとこに、河上肇と親近し、岩田義道は後輩……というなかで、安田は安田らしく道を歩く。孫は父が誇らしくその父を語る姿、文章を大切に扱っています。

私は安田徳太郎が出会った人物のうち、一郎さんが宮城与徳について少なくないページを割いていることに注目しました。

与徳は沖縄出身でサンフランシスコに渡り、画業とともに社会変革の活動をすすめ、仲間の多くがソ連に渡ったのに対して日本に帰国し、日本の侵略戦争を食い止めようと懸命にたたかいます。二重三重の差別に置かれた沖縄青年の、時代に懸命に抗った典型とも言える一人です。が、胸を病み、訪れたのが安田医院です。与徳三十二歳、徳太郎三十八歳のときです。

毎週、診察に訪れては与徳は国際情勢などを話し込み、自分は日ソ戦を食い止めるために帰国したとまで話します。与徳はゾルゲや尾崎秀実などとはかって活動していたのですが、そのころ、ソ連に渡った仲間がスターリンによって処刑されたなど知る由もありませんでした。

それはともあれ、徳太郎が与徳の描いた榛名湖の絵を診察室に飾っていた話が出てきます。与徳の人柄を表すように暗い絵だったが、ほかの西洋画よりも私はこの絵が好きだった、と一郎さんも書いています。その暗さの向こうを見たいと願う与徳の心を、親も子もそこはかとなく感じ取っていたのでしょう。

そんなことをしみじみ考えさせられる評伝でした。

2020/06/15

青土社　46版上製
2020年 3月　2200円

九四歳の作家がたどる七〇年前の教員時代

大城立裕『焼け跡の高校教師』

集英社文庫
2020年 5月　500 円

大城立裕さんは、現役最高齢の作家である。自宅は、首里城と道路を挟んだ反対側の高台。あの火災事故の時、どんな思いで崩れる首里城を見ておられたかと気持ちの萎えを心配していたが、どうも杞憂だったようだ。大城さんは意気軒昂、『焼け跡の高校教師』を出した。何でもＷｅｂ上に配信したものに手を入れたオリジナル文庫である。

大城さんが戦後、二年ほど教員生活を送った野嵩高校時代を振り返ったものだが、大城さん自身が自分の人生のなかでもっとも輝いていた二年間というように、米軍占領下とはいえ、明るい。教師も生徒も前を見てひたむきであり、希望がある。

中心は演劇である。「青い山脈」を脚色し、役を苦心しながら割り振り、上演する。校長役を大城さんがやるが、あとで、「あの校長は貧弱だな」といわれる始末。誰が演技指導をやったのだろうと変な気も回してみたくなるが、それはともあれ、熱い。芝居を通して、もう戦争のない時代になるのだ、そのときに君はどう生きるのか、どんな社会をつくるのか、考えろ、見つめ直せ、と新米教師は全重量をかけてぶつかっていく。

生徒たちは、当然沖縄戦をくぐっているが、予科練で特攻兵を送った者や暴力を振るう父親に秘密で受験し入ってきた者など、さまざま「荒野」を生きぬいてきている。教師は、その彼らに、体験を人生に位置づけ、その意味を自覚せよ、と体に染み入るように、ぶつかって、ぶつかりあって、ひとつの芝居を作り上げていくのである。感動は深い。

先週は、藤原審爾の『秋津温泉』、柴田よしきの『あんの青春　春を待つころ』も読みました。文学とか芸術というものは濃密な人間の関係から生まれるものだとあらためて痛感しました。『あんの青春』に次の一文。

「慢心は怖い。／いつの間にか心に忍びこんで、心を乗っ取る。」

人間の関係が希薄だと、たぶん、こうはならないでしょうし、反対の、慮りも心ばえも生まれないでしょう。コロナ禍にどう日々を過ごせばいいのか、文学は何を書くようになるのか、思いが沈みます。

2020/06/22

『資本論』の目方が分かる作家

野呂邦暢『夕暮の緑の光』

みすず書房　46判上製
2020年4月新装 2800円

久しぶりに神保町を歩きました。白山通りからすずらん通りに入ると「キッチン南海」の閉店を惜しんで行列が出来ています。こうやってまた一軒、老舗というか馴染みの店が消えていくのかと銷沈した気分で東京堂に入ったのですが、そこに、野呂邦暢の随筆集『夕暮の緑の光』がありました。なんで一〇年前の本が？　思ったのですが、新装復刊して四月に発売されたものでした。

編集した岡崎武志も書いていますが、野呂は随筆もまた絶品です。なにより、分かりいい。難しい言葉も論理もありません。大上段に世界を論じることもなければ人生を説くこともありません。それが、読んでいると一つひとつの言葉がしみじみ心の底の方に降りたってくるのです。

どこを開いてもいいのですが、さっと開けると「諫早市立図書館」という題のところでした。諫早図書館は野呂が小説の勉強をしたところ。朝九時の開館とともに広辞苑と世界大思想全集などを借りるのが決まりです。閲覧表を見た館長が、「トマス・アキナスとウバニシャッド聖典の次にカントと論語というのは一体あなたは何を勉強しているのですか」と不思議がったといいます。

それもそのはず、カントだろうとパスカルだろうと、野呂にしてみれば、隣の閲覧者に原稿用紙が見えない衝立になりさえするものなら何でもよかったのです。「もうプラトンを読んでしまって、きょうはモンテスキューですか」といわれても、ヌケヌケとほらを吹くほど面の皮も厚くなっています。そしてこう続けます。

「書くのに疲れると、モンテスキューやマルクスを両手にかかえ上げて運動に専念した。K社の『資本論』よりT社の『資本論』が重かった。本を上げたり下げたりしていると肩の懲りもほぐれる。『世界大思想全集』は衝立がわりにもバーベルにもなるのだった。マルクスよ、許せ」

東京オリンピックが開催された年のことです。野呂は、諫早市立図書館の閲覧統計をとると「思想」の部が飛躍的に増大したはずだ、自分が一ヶ月で一〇〇冊あまり借りだしたから、と言い、こう閉じます。

「お前の作品には思想がないなどと批評されるとき私は何となくあの分厚い本のことを思い浮かべる」

ここを読むと、私には何とも痛快です。「思想」のある作品、あるいはそういう顔をする「人」などいかほどのものか、と野呂は言いたがっているのか、と勝手に思ってしまうからです。『資本論』の目方が分かる作家などそうはいませんが、野呂はバーベルついでに頁も繰ったことでしょう。この随筆集にはマルクスの名が何回か出てきます。思想の親近があったのではないかと、これも勝手に思っています。

2020/06/29

教育は人を創るのだ

浮穴みみ『楡の墓』

双葉社　46判上製
2020年3月　1500円

「明治初期の北海道サッポロ」と帯にあるので、思わず買ってしまいました。浮穴みみという、これまで読んだことのない作者ですが、自分が生まれた地のことは、いくつになっても気になります。その『楡の墓』は、札幌と名づけられた地の開拓をめぐる五編を集めています。一つを除いて書き下ろしです。

いまから一五〇年ほども前の時代をどうとらえてえがくのか。時代小説を読む楽しみは、過去のその時代や人の生き方をうかがい知るとともに、作者がそれを書く気になった現代への観想、考察をたしかめるところにあります。

たとえば、「七月のトリリウム」は、札幌農学校に赴任するクラークの思いをとらえたものです。聖書を使って全人格教教育をしたいというクラークに、開拓長官黒田清隆は反対します。耶蘇の教えであるということとともに、富国強兵をめざす日本に必要な実学優先を考えているからです。クラークの胸中には、前任のマサチューセッツ農科大学が実学至上主義の洗礼を受けたことが甦ります。

明治日本にとって悠長な教養教育は荷が重いのかも知れない。しかも、教養教育はリベラルな気風と切っても切れない、民主主義のシンボルだ。日本という国にそれを受け容れる土壌が整うかどうかは難しい——そう思うクラークは、さらのその思いを延ばします。

——いつか、国家が遮二無二、教養教育を排除しようとするときがくるかもしれない。自ら考え行動できる自主性、主体性のある生徒などいらない、全人格教育など必要ない、と。それは、十年後のことかもしれないし、百年後、百五十年後のことかもしれない。——

こういう件を読むと、この作者が、文化系学部の廃止を言い出した昨今の日本の大学行政を見ていることはあきらかでしょう。

——教育は人を創るのだ。機械を作るのではない。／百年後も百五十年後も、未来永劫それは変わらないのだ。——

クラークの呟きにとどまりません。作者が現代の教育政策に全体重をかけて抗議する叫びでもあります。

2020/07/06

素朴すぎる啓蒙主義の落とし穴

李光洙『無情』

平凡社　B6判変型並製
2020年6月　1800円

李光洙《イグァンス》の『無情』は、朝鮮近代文学最初の長編小説といわれ、日本が併合、統治下に置いた一九一〇年から三・一独立運動の一九一九年の直前までを背景にしています。この六月に平凡社ライブラリーとして、B6判変型のハンディな形で出版されたので購入、再読しました。

日本留学から帰国し、英語教師として前途を嘱望されている李亨植が主人公です。亨植は幼いころに別れた恩師の娘・朴英采に思いを寄せていました。恩師も英采も行方知れずになっていましたが、あるとき、英采が亨植を訪ねてきます。折りしも、亨植は裕福な両班の娘・金善馨の個人教授を頼まれます。アメリカ留学のためということですが、親は善馨と亨植を娶せたいと考えていました。

物語は、英采が獄につながれた父と兄を救いたいと妓生になっていること、それでも亨植を慕って身を売ってはいないことをはじめ、善馨の両親が英采の行方を追う亨植を妓生通いと蔑んで二人を引き離そうとすること、また、東京留学をともにした友やその妹との再会など、その別離、憎悪、愛……を交錯させて展開されます。やがて彼らは、アメリカ留学、音楽家への道、真摯なジャーナリストへ、それぞれ出立し、数年後、帰国します。彼らの学識、経験、思慮……が三・一独立運動へとつながっていくことを暗示して作品は閉じられます。

李光洙は「親日派」でした。創氏改名にも率先して賛成し、香山光郎と名乗りました。アジア太平洋戦争中には、朝鮮人が積極的に戦争に参加するよう呼びかけもしました。二〇〇九年、「親日反民族特別法」により、親日反民族行為者三〇一人の一人に認定されています。

李光洙のなかでは、朝鮮民族の劣位性を日本に頼って克服したいと考えてのことであったのかもしれませんが、はたしてそれは当を得たものであったのでしょうか。

この作品には、直接的な日本支配を示すような表現はありません。しかし、到るところに警察（派出所）が存在し、何かをやろうとすると（たとえば、洪水で立ち往生した列車の乗客や被害をうけた村人のためにコンサートを企画する）、許可を得ないといけないことが点描されています。不気味な監視と統制社会が当時の大韓帝国だったのですが、李光洙はそれを批判の対象とはしていません。

先進的な若者が西洋文化を学び、それを力に国民を啓蒙すれば国家はよくなるという素朴すぎる啓蒙主義の落とし穴に、李光洙ははまり込んでしまったように思えます。長編小説『無情』はその悲劇を裏面で語っているようです。しかしそれもまた、日本の問題であるでしょう。

2020/07/13

不安と恐怖からの怒り

川村　湊『新型コロナウイルス人災記　パンデミックの31日間』

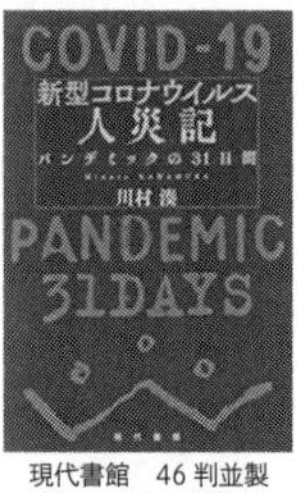

現代書館　46判並製
2020年6月　1600円

川村湊『新型コロナウイルス人災記　パンデミックの31日間』は必見です。何をどう考えればよいか、がよく分かるからです。著者の川村さんは文芸評論家で夫人を亡くされたあと札幌に転居し、妹さんと同居しながら透析治療を続けています。新型コロナウイルスには全くの素人です。そこが本書のミソです。コロナウイルスや感染症、パンデミックなどについて既得の「知識」がありませんから、一から調べ、勉強しながらいったい何が起きているのかを考えます。四月七日の「緊急事態宣言」公示から五月七日、「緊急事態宣言」が延長された翌日までの一ヶ月間の日順の記録ですが、この国の暗部まで深く考えさせてくれます。

二〇二〇年四月三〇日と日付の入った「まえがき」の最終部にこんなことを書いています。

「今般の新型コロナウイルスの災厄が、どこまで我々を苦しめるか、その災厄の規模や概要はまだまだ分かっていない。予想すら困難だ。だが、残念ながら、私たちに分かっているのは、この災厄を人災に変えた者たちがいて、そうした当事者や責任者たちが、一目散にその場から逃げようとし、隠れようとし、ごまかそうとしていることだ（それは事態が収束していないうちに、すでに始まっている）。

〝天災は、忘れた頃にやってくる〟というのは使い古された金言だが、〝人災は、忘れぬうちにやってくる〟（少なくとも、こんな政権が続いているうちは）…後略…」

本書の底に流れているのは怒り、です。

いったい何が起きているのか、どうなるのかが分からない不安があるのは当然としても、日本の場合、国の対策リーダーが何も分かっていない厚労相でないのは幸いとしても、経済を専らとする経産相であることは進行方向がそもそも違うのではないかという疑念を生み、臨床医が一人もいない「専門家会議」なる組織に平気で意見を求める仕組み……、それやこれやの不安があります。くわえて、著者が透析患者であるという、感染するとたちまち命が脅かされるという不安です。「不安は怒りを呼ぶ」と誰かが言っていましたが、その不安を一向に解消しない政治、政治家の怠慢、傲慢が怒りを大きくさせているのです。

「衛生警察」の異名を持つ旧厚生省（戦争動員のために日中戦争直後に設立）の内部に巣喰う既得権墨守の争い、そこに加わる労働省利権、さらに旧軍細菌研究所を受け継ぐ感染症研究所……戦争の影がいまも日本に居座っていることなど、一つのことからたどってたどって暗部を明るみに出してくれます。怒りはそこにも向かっています。

文学者らしい広く深い視野、怒りの大きさにまったく同感、共感です。薄っぺらに嘆いて事をすませる「作家」とは大違い。私たちはいったいどんな国に住んでいるのか、考える大きな示唆にも富んでいます。

二〇二〇年

先週は、ナチスのオーストリア併合の裏面をえがいた『その日の予定――事実にもとづく物語』（岩波書店）も読みましたが、そこに「いちばん大きなカタストロフは、しばしば小さな足音で近づいていくる」とありました。「小さな足音」は、ときに無作為としてあらわれることもあります。ドイツの主要資本家どもがナチス支援を合意する一九三三年二月二〇日の会議から始まるこの物語も一読の価値ありです。

2020/07/20

ベルリンの空に凧は揚がるか

クラウス・コルドン『ベルリン1945　初めての春』

岩波少年文庫 B6判変型並製
2020年7月　1200円

クラウス・コルドン『ベルリン1945　初めての春』（上・下、訳：酒寄進一）、ベルリン三部作の完結編です。主人公は、一二歳のエンネ・ゲープハルト、第一部『ベルリン一九一九　赤い水兵』（上・下）の主人公だったヘレ（ヘルムート・ゲープハルト）の一人娘です。しかし彼女は、父も母も知りません。祖父母をおじいパ、おばあマと呼んで育ってきました。

第三部は、いよいよナチス・ヒトラーの敗北、ソ連赤軍のベルリン進駐です。ナチスのあがきはまったく断末魔ですし、それにもまして米英など連合軍によるベルリン空爆は、市民の生活を脅かします。ナチスの地区責任者が戦況に合わせるかのようにチョビひげを生やし、やがて剃り、こんどは違うひげを伸ばすなど、エンネの目にも大人の狡知が分かります。

そうしたなかで、エンネは父や母のことをはじめ、自分が骨形成不全症とされて少女団に入れないことがなぜなのか、一つひとつ知っていきます。エンネの叔父ハインツの軍からの脱走があり、一二年ものあいだ牢につながれたのち収容所に入れられていた父も帰ってきます。しかし、エンネはその胸に飛び込んでいけません。

第三部は、この父娘の微妙な感情のすれ違いと融和がテーマと言えます。そこには、進駐してきたソ連赤軍の傍若無人、略奪・強姦を目の当たりにして、共産主義への信頼をなくしていく姿も重ねられます。ヒトラーの全体主義もスターリンのそれも、同じに見えてしまうのです。

それでも、ヘレは理想としての共産主義を信じようとします。エンネとのすれ違いの原因もそこにあります。父は娘に凧を贈ります。凧づくりはヘレが子どものころから得意にしてきたことです。ヘレは自分の心を精一杯それに籠めます。凧は、希望です。ベルリンの空に揚げたい——父の心がエンネにしみじみ伝わっていきます。しかし、この物語のあとになりますが、ドイツ、ベルリンの東西分割、ベルリンの壁……エンネやヘレたちの悲劇はなお続きます。凧は揚がるのでしょうか。

考えてみると、一九一九年、第一次大戦の末期、ドイツ水兵の決起から始まったこの三部作は、四五年までずっと戦争だったと言っているようにも思えます。世界史ははたして「戦間期」を持ったのか、日本の場合も含めて検討されていいように思いました。

戦争のことでもう一冊。『ＡＩとカラー化した写真でよみがえる　戦前・戦争』(光文社新書)。一九四五年五月六日に日本橋で学徒動員生がカボチャの種をまく写真を見ながら、しばし呆然。まさか戦後の食糧難に間に合わせようとしたわけではあるまい、悲しすぎて笑うしかない……。

2020/07/27

人間価値の切り捨てに抗う

村上陽一郎編『コロナ後の世界を生きる――私たちの提言』

岩波新書
2020年 7月　900円

新型コロナ感染者数が日々、記録を更新して増えつづけている。いったいどうなるのか、無策というか愚策しか考えつかない政府の対応もあって、不安が募る。国はもっとちゃんとしろ、と言いたくなるが、その気持ちのどこかに、「つよい国家」「力づよいリーダー」を求める心理は働いていないか――村上陽一郎編『コロナ後の世界を生きる――私たちの提言』は、その心理の危険をはじめいろいろなことに気づかせてくれる。

たとえば、このパンデミックにさいして「戦争だ」と叫んだリーダーはいても、「民主主義」を言った人はドイツのメルケル首相ぐらいしかいないこと、民主主義的にこの危機を乗りこえようとする根底の想像力は、世界の一人ひとりとしての人間をめぐる試練であることを自覚させ、国境を超え、今後の世界認識を変えるかもしれないこと、などなど。二四人それぞれの提言は、個別にもつなぎ合わせても、私の考えを深くするうえで大いに参考になった。

巻頭に藤原辰史（京都大学・農業史）の「パンデミックを生きる指針――歴史研究のアプローチ」がある。藤原は、日本は各国と同様、パンデミック後も生き残るに値する国家かどうか、歴史の女神クリオに試されているとして、審判の指標は危機にさいして生まれる学術や芸術、死者数の少なさなどでなく、試されるのは、いかに人間価値の値切りと切り捨てに抗うか、フラストレーションを「魔女」狩りや「弱いもの」への攻撃で晴らすような野蛮に打ち勝つか、であるという。

まったく同感。「Black lives matter」の声がアメリカはもとより世界中で広がっている背景を考えるうえでも重要な視点だと思う。白人警官による黒人殺害がこれほどの抗議につつまれるのはかつてないことだが、そこに、パンデミックを生きる人間への問いかけがあるからだろう。しかし日本では、「命の選別」を公然と言う政治家が出てきている。これが「民度のレベル」(おかしな日本語ですが)だとしたら、この国はいま最も危険なゾーンに入りかけていると言えるのではないだろうか。

黒人差別の問題に関しては、タナハシ・コーツの『世界と僕のあいだに』(慶應義塾大学出版会)がお薦め。父親が息子に宛てた手紙の形で、アメリカという国で黒人として生きる意味を語りかける。最終部で、父は息子に、「白人王国」を夢みるドリーマーとは闘うな、闘って気づかせようなどと思うな、この問題は彼ら自身が気づき、闘おうとしないとダメなんだ、と言う。

まったく、差別は差別される側にではなく差別する側に問題の根が深く広く張り巡らされているのである。でも、否、だからこそ、たたかおう。

2020/08/03

量も質も圧巻

乃南アサ『チーム・オベリベリ』

講談社　46判上製
2020年6月　2300円

十数年前、「北の零年」という映画を見たとき、北海道静内への移住を命じられた主人公たちが船を下りて開拓地へ向かう場面で、細いとはいえ人の踏み歩いた道があったことにがっかりした憶えがある。明治三年に渡道したら道があった、なんて、開拓がそう都合よくいくわけがない。

乃南アサの『チーム・オベリベリ』は、それとはまったく様相が違う。やや時代が下る明治一五年、十勝川をさかのぼる内陸、オベリベリと呼ばれる地に、東京の神学校でいっしょだった、上田藩士の鈴木銃太郎、伊豆の大庄屋の息子・依田勉三、尾張徳川の槍術指南役を父に持つ渡辺勝の三人が晩成社という会社組織をつくって開拓に挑む。これを、銃太郎の妹で、勝と結婚して北海道に渡る鈴木カネを語り手に展開してゆく。カネもまた、横浜共立女学校でキリストの教えを学んだモダンガール。おそらく聖書より重いものを持ったことなどないのではないかと思える彼女が、大部六八〇頁の読みごたえある大長編を、飽きさせないで読者を案内する。

オベリベリへは、もちろん道路などついてはいない。河口のわずかに人が集住してにぎわう町とのあいだを小舟で往還する。木を切り倒して畑地をつくり、倒した木材で掘っ立て小屋の住まいをつくり……というところから始まる。戊辰敗退組によるものから没落士族、東北地方を中心とした貧窮農民たちなどの初期北海道開拓の一つである。他の開拓組と違っているのは、彼らが会社組織をつくって、資本投資（この場合は依田の本家）を受けて挑んでいることだが、凶暴な自然にとっては痛くもかゆくもない。委細かまわず襲ってくる。ことに、収穫寸前のイナゴの大群、それも一度ならず二度三度。喚けど嘆けど、自然は容赦しない。寒さにつよいものを、イナゴが食わないものを、と試行錯誤は続く。その合間にも貧と窮が堂々と分け入ってくる……。

この物語を特徴づけているのは、資本形式を取り入れながらも、そこに地主―小作の古い関係が残ることや、また、随所でもたげる「武士」意識、そして、先住するアイヌへの差別感などをあぶり出していることである。さらに加えれば、開拓民の子らに手習いを教えるうちに学問に関心を持つ少年が出、彼が札幌の農学校に進学するなど、開拓実践と学問との結びつきを誇らしくえがき出していることがある。

本書の物語のうちでは、彼らが成功するかどうかは分からない。しかし、銃太郎がアイヌの娘と結婚して晩成社を離れ、新しい地を拓こうとすることをはじめ、畜産への挑戦、また、帯広への道路建設が始まるなど、一つまた一つと芽吹くうごめきが春を十分に予感させる。構想して一二年、これまでも北海道に熱い視線を注いできた作者の大きな熟成作といえる。

2020/08/10

「戦争」の夏は大岡昇平

大岡昇平『わが復員わが戦後』

いつのころからか、夏八月には大岡昇平を読むようになりました。文学を選んだ者として、大岡さんが背負ってきた戦争と戦後の一端なりともにつながっていたいという思いからですが、世上の喧噪を離れて小説世界にすっぽりと入り込んでいく、楽しみもあります。今年は、『わが復員わが戦後』を読みました。大岡さんの「戦争小説」ものとしてはやや地味なものです。

巻頭の「わが復員」は、南方からの引き揚げ船がおぼろに日本の島影を見つけるところから始まります。列車に乗って神戸三宮、乗り換えて西灘、さらに妻や両親が疎開した明石の大久保へとたどり着きます。この最終部は以下のように綴られています。食卓を囲んでもあまりうれしそうな顔も見せずにいた妻が、二階へ布団を敷きに上がってなかなか下りてきません。妻は、そこで声を押し殺して泣いていたのです。そしてこう続きます。

〈妻と入れ違いに私も上って大の字に寝た。畳の上へ寝るのは一年半ぶりである。背中に当たるのと同じ柔らかい感触の平面が、周りにずっとあるという感じは、まったくいいもんだ。

片づけをすませて上ってきた妻は、横になりながら

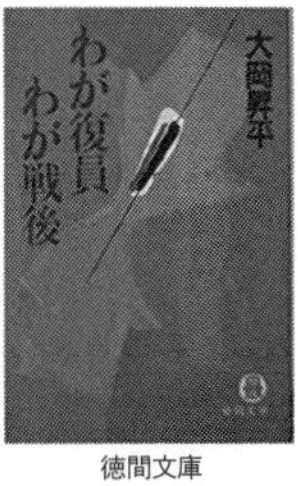

徳間文庫
1985年 8月　360円

「せっかくもう帰って来んと諦めてたのに」といった。

意味のないことをいいなさるな。久しぶりで妻を抱くのは、何となく勝手が悪かった。

「もし帰って来なんだら、どないするつもりやった」

私は今でも妻と話す時は関西弁を使う。友と東京弁で語り、横を向いて妻を関西弁で呼ぶ芸当を、友は珍しがる。

「そりゃ、ひとりで子供育てていくつもりやったけど、一度だけ好きな人こしらえて、抱いてもらうつもりやった」

「危険思想やな」

我々は笑った。〉

小説においてさえ論理が勝りがちの大岡さんの文章が、この作品ではまったく叙情的です。しみじみ、帰ってきてよかった、の思いがあふれています。と同時に、戦争が妻――おそらく女性たち――を変えたことを感じとってもいます。「危険思想」は自立的にものを考えようとする妻の断固たる気配でもあるでしょう。大岡さんはたぶん、それを頼もしく、好ましく思ったに違いありません。

2020/08/17

魑魅魍魎を飲み込んでなお「自由」な香港

小川さやか『チョンキンマンションのボスは知っている――アングラ経済の人類学』

今年度の大宅壮一ノンフィクション賞を受賞した小川さやかの『チョンキンマンションのボスは知っている――アングラ経済の人類学』がとにかく面白い。いま世界中が注視する「香港」を考えるうえでもぜひ読みたい一書だ。

本書には「アングラ経済の人類学」と副題がある。チョンキンマンション（重慶大廈）は、安宿が密集し、世界中のバックパッカーにその名が知れ渡っているが、同時にここは、両替商やカレー屋、アフリカ料理店、また民族衣装店や雑貨店がひしめき、南アジア・中東・アフリカなどの出身者のコミュニティができている場所でもある。著者は、香港中文大学の客員教授としてここに投宿し、「国境を超えるインフォーマル経済」を目の当たりにする。

学術書であるが、それよりこれは人間観察レポートとでも言った方が当たっている。騙したり騙されたりしながら、ここに集まる正体不明の交易人や労働者、また亡命者たちが、著作権お構いなしのコピー商品や偽物などをふくむ中国商品を買い付けては母国へ送り出す。誰もやっていない隙間産業や商品を見つけては商取引をおこない、インターネットを通じてリアルタイムで交信しながら巨大な交易ネットワークをつくっている。

この中心になっているのがカラマである。タンザニアから来た自動車ディーラーで、チョンキンマンションの自称ボスだが、ともかくいい加減な男に当初は見える。約束も時間も守らない。平気でウソをつく。しかし、それもこれも一理屈があり、経験から生まれたことである。

彼らの「経済」は生きることと直結しており、リアルな現実である。コロナ禍で生産活動が休止・停滞しているのに株価は上げるなどといった巨大な虚構世界の仕組みにすっぽりはまってしまっている「先進国」の私たちが、彼らの生きようから考えさせられることは大きい。

加えて、「香港」がそういう有象無象、魑魅魍魎を飲み込んでなお「自由」である都市、いや小さくとも偉大な「国家」であることを痛感させられる。香港の「自由」がそういうものであるとしたら、本来の人間の生きようを保障、保護するもの以外ではありえず、今の事態はひとり香港の危機ではない。

2020/08/24

春秋社　46判上製
2019年7月　2000円

パンデミックに人間とは何かを問う

シェイクスピア『マクベス』

岩波文庫
1997年9月　580円

ジュリエットが死んだと知らされたロミオが、毒をあおって自らの命を絶ったのは、仮死状態になる薬を飲んで死を装っているだけだというジュリエットの手紙が届かなかったからだが、それは、ジュリエットの手紙を託された修道僧ジョンが伝染病患者の家にいた疑いをかけられて戸に封印され、足留めされてしまったためだった。

「ロミオとジュリエット」の初演（一九〇五年）直前、人口一八万人余といわれるロンドンで二万人が死亡している。疫病はのちにペストと判明するが、シェイクスピアがさらに四大悲劇（「ハムレット」「オセロ」「リア王」「マクベス」）を書く頃、ロンドンにはペストが蔓延していた。シェイクスピアがペストによる劇場封鎖に合い、その間、長編物語詩を表して詩人としての名を高めたことは知られているが、本職の劇作にどう反映しているかはあまり語られていない。

四大悲劇に底流するのは、肉親、近親者相互の裏切り、殺人、復讐、そして最後に誰もいなくなってしまう「悲劇」、不条理である。ひた寄せる疫病に死の不安と恐れを抱き、人として踏み外してはならない倫を外れていく愚かさ、惨めさから、人はどう生きていくかを問う。〝To be,or not to be:that is the question〟である。

しかし、「マクベス」は少し趣が違っている。魔女のそそのかしに乗り、妻にけしかけられて王を殺したマクベスは、身を守るために殺人の手を伸ばすが、一方で、死を恐れなくなる。妻の死が告げられたときにマクベスは、明日、また明日へと過ぎ去る日は死への道、どうせつまらぬ人生、やけ酒飲んで喚いても、誰もお前なんか気にもとめない……、それがどうした、それのどこが悪い、生きてやろうじゃないか、のたうち回ってやろうじゃないか、と塵泥《ちりひじ》の「五分の魂」を言う。(木下順二訳から)

死を遠ざけるのでなく、受け容れるところから人間としてどうあるかを問う。魔女のささやきに耳を傾けるのは、自分だけは生きていたいと思う心がなせること。

夜じゅう不吉な声を放つふくろう、激しい悲嘆もありふれた興奮ぐらいに見られ、弔いの鐘が鳴っても誰が死んだと聞く者もいない日々、まるで地獄の門を叩くかのようなどん、どん、どんという音……疫病の広がりをそのような表現で伝えながら、そのなかでどう生きるか、人間とは何か、を問いかけている。

2020/08/31

たどり来て、さてどこへ行く

青木 理『安倍三代』

朝日文庫
2019年4月　720円

安倍晋三総理が辞任を表明したこともあって、青木理の好著『安倍三代』を読み返し、竹馬の友も刎頚の交わりを持つ者もない安倍晋三は、さてこれからどこへ行くのか、余計な心配だろうがいささか気になった。できるなら、父祖の郷里に帰り、日本百景に数えられる棚田の一枚でも耕して、少年期がそうであったように、どこにいるのか分からない存在になって体を休めてはいかがかと思う。

『安倍三代』は祖父の寛、父の晋太郎、そして晋三の三代を、青木が連載した『ＡＥＲＡ』編集部の記者とともに会える人にはほとんど会い、資料を渉猟しつくして書きあげたものである。知られているように、晋三はこの祖父・父について語ることはほとんどなかった。彼が語ったのは母方の祖父・岸信介である。本書を読みながら、あらためて地方名門の三代目御曹司が寛・晋太郎から受け継がなかったものを思った。

一つは絶対権力、あるいはそれを笠に着た強権への嫌悪、反発、抵抗である。祖父・寛は翼賛議会のなかで反戦を唱えた気骨の代議士として知られた。二つは、生活する者への共感、在日朝鮮人へのいたわりと人権擁護である。総理を目前に病に倒れた父・晋太郎は寛のその志を受け継いで、リベラル保守の政治家として慕われた。

そして三つに、二人の背骨を成した戦争への忌避感。寛は全政党が解散を余儀なくされ、大政翼賛会に一本化された一九四二年の総選挙に翼賛会の非推薦で出馬し、反戦を掲げて、特高警察などの熾烈な監視と弾圧を受けながら当選を勝ちとった。その選挙を目の当たりにした晋太郎は、政治家としての信念、清廉さを学び、自分も政治家になりたいと思うが、戦局は逼迫、どうせ死ぬなら華々しくと「特攻」を志願する。

安倍晋三という憲政史上最長の総理を務めた男は、祖父と父の以上のような硬骨を継ぐことはなかった。なぜと思うほどその影はない。といって、祖父・父とは違う政治家を目指して、晋太郎が必死で国際政治や外交史を学んだ以上に研鑽を積んだ形跡もない。法学徒でありながら、芦部信喜『憲法』を知らない、ポツダム宣言を読んだことはないと国会で答弁する体たらくだった。

本書を読んでいて気づいたことがもう一つ。彼には、権力にすり寄ってくる三流人士はいても、ときに〝おい、お前〟と腹蔵なく酒酌み交わし、ときに、お前はまちがっていると諫言を厭わない終生の友がいないらしいことである。これからは、くしゃみをしても一人、の人生になるのか。耐えられなくとも、それもまた彼のたどり来たった道であるのだろう。

2020/09/07

やはり親子、鷗外と類

朝井まかて『類』

森鷗外には於菟、茉莉、杏奴、不律（夭折）、類という五人の子がいた。於菟は先妻・登志子、あとの四人は志げの子である。五〇〇頁の大著、朝井まかて『類』はこの末子を主人公にしたもので、山崎國紀『鷗外の三男坊　森類の生涯』（三一書房）をはるかにしのぐ詳細、それでいて温かい物語である。私が類さんと知り合ったのは最晩年近くで、どこまでも穏やかでやさしかったのだが、そこにいたる、森鷗外の子としての格闘がいかばかりであったか、本書で垣間見る思いだった。

人は誰しも父や母、あるいは家なるものを母斑にして生きることを余儀なくされるが、それが敬愛することとこの上ない森鷗外なるものであり、しかも子には親と比肩する才能がないとしたら、子はどう生きればよいのか。親が生きているあいだはともかく、死んだのちにはいっそう身に迫ることだろう。なにより世間がうるさくつきまとう。

親のようになりたいと思う心と、それはかなわないと諦める心とは、結局折り合いつかず、類はぐずぐず生きる。画業を志してパリに留学するものの成らず、戦後は困窮から逃れようと書店

集英社　46判上製
2020年8月　1900円

を開業するがその日暮らし。文筆に活路を見出して父のことを書けば姉と断絶……。

手詰まりづくめの一生なのに、ふしぎと道がついて歩いている。それもまた父の残したものといえばそうだが、佐藤春夫に可愛がられ、講談社の名編集長・大久保房男を引き合わされ、ようやく足もとが定まる。巡り合わせでもあるが、引き寄せたのは類さんが苦闘のなかでも失わなかった誠実だろう。人がいいだけではない、そのそこはかなさがよくえがかれている。

晩年、類さんは糟糠の妻が闘病生活を送った代々木病院の医師の選挙「違反」事件を支援することから日本共産党に親近する。思えばそれも、鷗外が幸徳秋水の「大逆事件」から社会主義への理解をすすめた話に似ている。やはり親子だなあと、変に感心した。もっともそれがなければ私も言葉を交わす機会を得ることはなかったのであるが……。

2020/09/14

先に行き過ぎた天才芸人

澤田隆治『永田キング』

鳥影社　A5判上製
2020年5月　2800円

澤田隆治といえば大阪を足場にお笑いの人気番組をプロデュースしたことで知られるが、このほど、『永田キング』という大部の一書を出した。「てなもんや三度笠」以来の素朴なファンとしては、何を書いたのかと興味津々手にしたら、これがなんと、私など全く知らない芸人の記録。「はじめに」では、昭和一〇年前後が全盛で、エノケンこと榎本健一と二分するほどの人気だったという。

澤田隆治が永田キングの舞台を見るのは昭和三〇年代、高度成長の初めごろ、大阪難波の南街ミュージックホールだったという。「永田キングベースボールチーム」と名乗って、息子たちといっしょに野球コントをやったのだが、投げて打って受けてという一連の野球動作をスローモーションで演じた。当時、テレビのスポーツ中継にはスローモーション再生の技術はなく、相撲中継の分解写真があった程度の頃である。

「そんな映像未発達の時代に、スローモーションで滑り込んだり、回転してキャッチするキングの姿に私は刮目した」と澤田は書く。面白いだけでなく、どこにもない新しい芸だった、とつづ

二〇二〇年

けている。

それほどの芸人について、まとまった書物はない。エノケンについてなら、ありあまるほどのものがあるというのに、いったいどうしたことか。澤田は、駆け出しの頃の自分に芸を見せてくれた芸人へのオマージュとして、自分が調べて書こうとした。そうしてまとめたのが本書である。

才能があるだけでは花は咲かない。咲いた花でも才能がないと見放される。

永田キングもまた、先を少し速く歩き出したがために、戦後になってようやくというときには舞台に立つより実入りがいい米軍キャンプを回り、テレビが普及し出すころには、本場のアメリカで引っ張りだこになる。幸運だったのか不運だったのか。ついに、戦後の日本では波に乗り損ねて、いまや誰も知る人がない。

愛惜こもごも、澤田は現代に永田キングをよみがえらせて、日本の芸能史のもう一つの姿を記していく。戦時中の演芸場では、漫才もまた戦意高揚ネタをやっていたらしいことが垣間見えたりする。貴重でしかもやっぱり面白い演芸史である。

2020/09/21

「康平、とにかく本を読むんだ」

宮本　輝『灯台からの響き』

集英社　46判上製
2020年9月　1900円

宮本輝が地方紙に連載していた『灯台からの響き』が単行本になり、さっそく読みました。同い年の大阪の作家ですから、ずっと読んできています。近年は、人はどう生きるのかを臭いほどまじめに問いかける作品がつづいています。同感するところも多く、安心して読めます。

この作品も、「亡き妻の知られざる過去を追い、男は旅に出る——」などと帯にあるので、いったい何？　と思いますが、妻に先立たれたラーメン店主がもう一度意を決して店を再開する、その転機を追ったものです。内容はぜひ本を手にして読んでいただきたいのですが、私が気に入ったのは、次のようなセリフです。主人公・康平が幼なじみのカンちゃん——病気で亡くなった彼を思い出して浮かべるものです。

「お前と話してるとおもしろくなくて、腹がたってくるんだ。康平、お前の話がなぜおもしろくないか教えてやろうか。お前が知ってるのはラーメンのことだけなんだ。じゃあ、職人と呼ばれる職業の人間はみんなおもしろくないのか。そうじゃないよ。牧野康平という人間がおもしろくないんだ。それはなぁ、お前に『雑学』ってものが身についてないからさ。大学ってところはなぁ、専門の学問を学ぶよりも、もっと重要なことが身につくところなんだ。諧謔《かいぎゃく》、ユーモア、議論用語、アルゴリズム……。それらを簡単に言うと『雑学』だ。女の話から、なぜか進化論へと話は移って、ゲノムの話になり、昆虫の生態へと移り、いつのまにかカルタゴの滅亡とローマ帝国の政治っていう歴史学に変わってる。どれも愚にもつかない幼稚な話だよ。でも、それによって各人が読んだり聞いたりして得た『雑学』の程度の差が露呈するんだ。康平、お前にはその雑学がまったくないんだ」

「康平、とにかく本を読むんだ。小説、評論、詩、名論文、歴史書、数学、科学、建築学、生物学、地政学に関する書物。なんでもいいんだ。雑学を詰め込むんだ。活字だらけの書物を読め。優れた書物を読みつづける以外に人間が成長する方法はないぞ」

カンちゃんは、ラーメン店主の主人公に人付き合いの処世として説くのではありません。自分に対しても叱咤しているのです。人間であるために、人間になるために、です。

ところで、妻の過去を探る旅に向かわせる一枚のはがきは、カレン・アームストロング著『神の歴史　ユダヤ・キリスト・イスラーム教全史』という本のあいだからこぼれ落ちます。妻ははがきをなぜこの本に挟んだのか。夫がこの本を開くであろうことをなぜ予感したのか。本書は人生のパートナーを語る物語でもあります。

2020/10/05

「縁遠い」問題

アンドレアス・レダー『ドイツ統一』

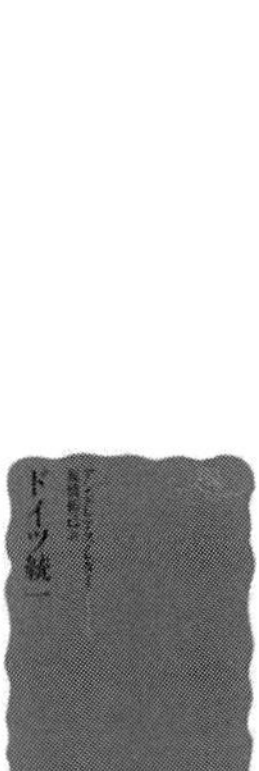

岩波新書
2020年 9月　820円

今年はドイツ統一から三〇年。今月初めの記念式典でメルケル首相は、東西が共存するには「勇気が必要だ」と訴え「若い世代のため勇気を持って新たな道を歩んでいきたい」と述べたと伝えられている。まだまだ課題は山積だし、旧東ドイツ市民を「二級市民」扱いした「心の壁」としこりは深いとしても、経済格差は解消に向かい、徐々に徐々に統一国家としての存在を示しつつある。

アンドレアス・レダー『ドイツ統一』（板橋拓巳：訳）をその中で読むと、いろいろと思いが広がる。著者のレダーは現代史家であるとともに中道保守のキリスト教民主同盟の熱心な党員で、積極的に政治活動に加わっている。本書もその立場からのものであることを念頭に置かないと誤読する。たとえば、彼は一九八九～九〇年のドイツ統一を「再統一」と本書でくり返しているが、それは、一九三七年ヒトラーの「第三帝国」を基点にしているからで、まったく保守派の主張であり、問題を孕んでいる。

そういうことはあるけれども、ドイツ統一といえば従来、東ドイツの市民運動を中心とした「平

二〇二〇年

和革命」か米ソ、仏など各国政治の駆け引きから論じられて来たことを考えると、本書は何より統一過程の全体像を体系的、俯瞰的にえがいていて、流れがよくつかめ、理解しやすい。

たとえば、統一過程を二つの局面からなる「ドイツ革命」と捉える。一つは、東ドイツ市民を主役とする「平和革命」であり、ドイツ社会主義統一党の一党支配の崩壊。もう一つは、東ドイツの西ドイツへの編入局面であり、主役はヘルムート・コール首相率いるボンの西ドイツ政府だった、と見る。レダーがこの過程を「ドイツ革命」と呼び、「まずもって市民の革命だった」とする所以でもある。

ところで、本書には「一九八九年秋まで、ドイツ問題は西ドイツ人にとってかなり縁遠いものであった」という記述がある。いくら憲法に統一をうたい、七〇~八〇%の人が長期的には統一を望んでいても、同じくらいの人が二〇世紀にそれを実現することは不可能、と見ていたのである。その意識を現実の行動が打ち破っていくとき、破られた側はどう対応するのか。本書の読み、考えどころの一つでもある。

2020/10/12

「良い小説」を誰が決めるのか

桐野夏生『日没』

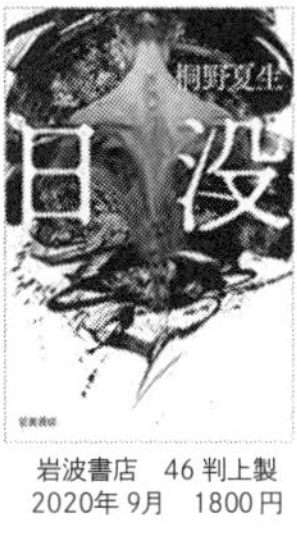

岩波書店　46判上製
2020年9月　1800円

桐野夏生『日没』は、小説家が国家の示す「正義」や「道徳」、また「社会規範」に反することを書くとどうなるかをうらなった作品です。国家の政策に批判的なことはもとより、ポルノ、虐待、レイプ、差別……などを、作家や作品の思想とは別に事件、またストーリー展開の必要としてえがいても問題にされます。それは多く「読者の意見」として、総務省文化局・文化文芸倫理向上委員会（ブンリンと作中で呼ばれます）が取りあげ、作家を召喚し、療養所に収容して「更生」をはかるのです。療養所で反抗的な言辞や行動をすれば減点されてその分、収容期間を延ばされ、反抗がひどいと牢獄もどきの地下室に隔離、ときには結束もされます。

作品の主人公は、マッツ夢井という中堅のミステリー作家です。「マッツ夢井の諸作品には大きな問題があります。レイプを奨励しているかのような書き方も嫌だし、子供を性対象にする男をえがくなど、ほんとうに許せない」と告発され、断崖に建つ療養所に入れられるのです。部分でなく作品全体から判断せよ、とか、私はそれを肯定していない、などの正論は通用しません。「悪い小説」「良い小説」の線引きを権力がやり出すとどうなるか。この小説を読んでいると、言論・表現の自由がどのように歪められていくのかを考えさせられます。書いてあることが問題にされるということは、まず、書かないことが求められるということであり、つぎに、好ましいように書かされる、ということになっていきます。この収容所での「更生」は、「自由時間」に何でもいいから書くことを要求され、その点検によってはかられていきます。

しかし、文章表現こそみずからの自由の最たるものと思っている作家にとって、収容所の一室で綴る「何でもいい」ものは、ほんとに「何でもいい」ものになるでしょうか。なにがしの忖度する心が働きます。それを嫌って逃れようとしても、そのすべはありません。療養所は地上の絶海とも言える場所に建ち、電波は届かず、四六時中監視されています。自由は死ぬことにしかなさそうですが、療養所の主治医が人間の脳を集め、その働きを研究して論文などを発表していることを知ると、おいそれと自死もできません。

マッツ夢井が絶望の極限で選んだものは……。どうぞ本編をお読みください。けっしてハッピーエンドではありません。また、おいそれとこんな世の中が来るとも思えませんが、しかし、現在がそこへの一歩一歩であるようには思わされます。気に入らない「思想」が排除されることが日常ふしぎでなくなっているからです。むしろ、権力の中枢がそれを隠さなくなってきているのが現段階であるでしょう。

桐野夏生は全身、全体重をかけてそれに警鐘を鳴らしています。彼女の時代へのアンテナは敏感です。そのときが来てからでは遅いのだと心底、思います。

2020/10/19

年譜の生まれるところ

志賀岑雄『右遠俊郎の生涯　決定版年譜』

年長の友人・志賀岑雄さんから『右遠俊郎の生涯　決定版年譜』が送られてきた。右遠俊郎は私の敬愛する作家、亡くなって七年になる。志賀さんが年譜を手がけたのは一九九九年一月に刊行された『右遠俊郎短篇小説全集』(本の泉社)が最初で、その後、右遠氏の死去後に出版された『右遠俊郎　文学論集成』(私家版)に補正版、そして、今回の完成版である。

たかが年譜といってしまえばそれまでだが、ともかく対象の人物への愛情がなければこれはまとまらない。しかし、対象が好きであれば誰でもできるかといえばそうはいかない。足跡を丁寧にたどる粘り強さ、厭わない根気、そういうことが好き、という気質めいたものがいる。

志賀さんはその点、うってつけだったと言える。はじめは作品との出合いがあり、やがて「全国商工新聞」や『月間民商』の編集者として長くつき合うようになる。うってつけだったというのは、そういう関係だけではなく、おたがいに阪神タイガースのファンだったことがある。これはきわめて大きなファクターである。

二人が初めて出会った、右遠の短篇「告別の秋」の合評会は一九七四年。この頃、東京で阪神

私家版　A5判並製
2020年10月　非売品

タイガースファンを名乗るのはそう簡単ではない。合評会を終えて中野駅北口の喫茶店で語らっているときに確認し合ったという。私のときは、初対面で話につまり、しばらく沈黙したのちにやおら、きみ野球はどこ？　と聞かれたことで打ち解けたのだが、志賀さんの場合も同じようだったのではないだろうか。人付き合いの下手な右遠氏は、初対面の人間にうわべはともかく、心は容易に開かない。

二人は握手する。藤田平の華麗な守備、バッティングを弾んで語り、やさしい球を難しく捕るのが長嶋なら、難しい球を軽くさばくのが三宅、などと遠慮なく話したのだろう。志賀さんは、このときのかたい握手が、最初で最後の握手だった、という。

年譜完全版は、この握手があったからだったと私には思える。

コロナ禍のグー・タッチでは通わない、堅さ、熱さ、意思の確認である。

決定版年譜は、そういう文学と人間との美しい結晶。羨ましいかぎりである。

2020/10/26

いい読み手といい書き手

荒川洋治『文学は実学である』

みすず書房　46判上製
2020年10月　3600円

先月末の一〇月三一日、弊社から新装出版した戸石泰一『青い波がくずれる』のお祝いと戸石さんの四三回忌を兼ねた会があった。前週末にも青森・十和田で新渡戸十次郎生誕二〇〇年と弊社発行の『それぞれの新渡戸稲造』の出版記念会があり、コロナ禍で少人数ながら、心のこもったあたたかい集まりで、感慨も一入。本がつなぐ人の関係は、人と人とのそれとは少し違う味わいがあるように思う。だいじにしたい。

ところで、井上ひさしは、いい読み手はいい書き手になる、といったそうだが、いい書き手はいい読み手、という人もいる。「書き巧者」とは耳に馴染みはないが、「読み巧者」はよく聞く。「現代詩作家」と自称する荒川洋治の『文学は実学である』を読んでいると、文章のひだひだに作品と著者への心ばえがあり、とにかく気持ちがいい。私は、彼を現代の読み巧者の一人にあげたい。

たとえば、表題にとられた「文学は実学である」という一文。千字に満たないなかに、文学が軽んじられ、漱石や鷗外が教科書から消え、大学からも「文学」の看板が外され、文学を空理、空論として経済の時代だとされているときに、作家も批評家も文学の魅力をおしえない、語らない、と嘆きつつ、返す刀で、文学は経済学、医学、工学などと同じ「実学」だと説く。社会問題はもっぱら人間の精神に起因しており、ならば、文学はもっと「実」を強調しなければならない、というのである。

漱石、鷗外以外にも、田山花袋「田舎教師」、徳田秋声「和解」、室生犀星「蜜のあはれ」……、詩なら石原吉郎……、なんでもいいが、こうした作品を知ることと知らないことでは人生がまるきり違ったものになる。それくらいの激しい力が文学にはある、読む人の現実を一変させる――荒川にはめずらしく言葉に力が入る。

そしてこう言う。文学を「虚」学と見るところに大きな誤りがある。科学、医学、法律、経済などこれまで実学と思われていたものが「あやしげな」ものになって、人間を狂わせるものになってきたことを思うと、文学の立場は見えてくるはずだ。

荒川をささえているのは文学への「愛」である。それが文学の本質をつかみ出し、粗末にするな、人が生きていく最良の友だと心を籠めて説く。外連《けれん》がない。同感しきり。おそらく、これをタイトルにエッセイ集をつくりたいと申し出た編集者も同じだろう。私は、一書を介して著者とも編集者ともつながってゆく。いい友がまたふえた。

2020/11/02

戦争を知るということ

ヴィトルト・ピレツキの『アウシュヴィッツ潜入記　収容所番号4859』など

『季論21』(同編集委員会発行)が五〇号を以て停刊した。一一月七日は五〇号記念の講演会、渡辺治、原田敬一両編集委員が、政治の行方、戦争を継承する問題を語った。渡辺さんからは新著『安倍政権の終焉と新自由主義政治、改憲のゆくえ』(旬報社)をいただいたので予習がてら読了。歴史の流れと世界の動きの中で安倍政治をとらえることの大切さをあらためて痛感する。

それとともに、「安倍政治」に代わる選択肢として、現代政治の表舞台に登場してきた市民と地方とに政党がどう関わるかの問題が大きいとも思わされる。政治はもはや政党の独擅場でなくなっているのではないだろうか。

原田さんの講演では、この間、ポーランド軍大尉だったヴィトルト・ピレツキの『アウシュヴィッツ潜入記　収容所番号4859』、芳井研一『難民たちの日中戦争　戦火に奪われた日常』を読み、〝戦争を知る〟ことを考えていたので、興味深かった。前者は五年前に講談社から『アウシュヴィッツを志願した男』(小林公二著)が出ていたので彼の存在を知っていたが、本書は、彼が軍の上司に提出した最終報告書。収容所仲間をいかに組織して生き延び、武装蜂起に備えるか、淡々と記される。苦しい、悲しい……などの言葉は出て来ない。しかし彼のこの行為は、戦後、ポーランドの共産主義政権によって意図的に隠されて、まったく知られることがなかった。彼が闘ったのはナチスとだけではなかったからである。

読みながら、戦争の対義語は平和だけではないとつくづく思う。戦争が人権を奪い自由を踏みにじるものであるとしたら、ピレツキは戦後、人権・自由を抑圧、監視する新たな政治体制を許すことができず、果敢にたたかい、処刑されたのである。英雄とはそういう譲らぬ一線を持つことでもあるのだろう

後者を読んで、日中戦争時の中国人難民（短期的なものをふくむ）が当時の人口（三億六千万人）の二六％にも及んでいたことを知る。上海上陸、徐州・武漢作戦というなかで、たとえば今話題の武漢では四三％が難民になったという。こういう視点から日中戦争を考えたことがなかったので、視野が広がった。

著者はこれを中国の研究者の協力を得てすすめたという。戦争を知るということは、くり返さぬための相互の和解と共同に謙虚に向き合うことであるのだろう。

2020/11/09

みすず書房　46判上製
2020年 8月　4500円

吉川弘文館　46判並製
2020年10月　1800円

広島の原爆投下を見た現役俳優

濱田研吾『俳優と戦争と活字と』

濱田研吾『俳優と戦争と活字と』は、八月一五日、戦場、旅と疎開、原爆、戦後に、の五つの場面、時間に俳優たちは何を見、何を思ったのかを、資料を渉猟し、インタビューをおこなってまとめた労作。一九七四年生まれの著者がよくぞここまで調べ、ほとんどが鬼籍に入った彼や彼女らの心の裡を届けてくれた、の思いがする。

俳優だけではないが、とにかく、記されている人名だけでも六〇〇人を超える。半生記などの著書があればいいが（あっても戦争のことはほんの数行というものが多い）、ほとんどない。演劇関係誌、公演パンフレットを漁り、たとえば友田恭助については妻の田村秋子が出した『友田恭助のこと』という私家版に、広島の原爆で父を喪い長く広島に足を向けなかった木村功（木村も著書を残さなかった）については妻の梢のエッセイ『功、大好き』（講談社）に探っている。木村については、ドキュメンタリー番組のナレーションを何度も聞き直してその肉声を一語一語、活字にしている。番組を活字にした際の、読みやすさを考慮して整理されたものより、もっと実感が伝わるだろう、との思いからである。

ちくま文庫
2020年7月　1100円

広島の原爆投下を自分の目で見ていた一人に、鈴木瑞穂さんがいる。当時海軍兵学校の生徒として江田島にいた鈴木さんは、三年前「現代社会とチェーホフ」という会でそのときのことを語った。著者の濱田はそのトークショーが忘れられないと、当日の公式記録動画を活字にした。

「ダークオレンジの、カルメ焼きのような、下から『グーーッ』と盛り上がって、それがもう『スーーッ』と上へのぼっていくんですね。見る間に一万二千メートルくらいの上までいって、上の方は冷えているんで真っ白になって、きのこ雲ができた。それしか僕らは見なかったんですけど……」

生徒たちは、上官から外へ出るな、降ってきたものに触るな、と厳命されたという。

濱田は、鈴木の話のあとをこう紹介している。

「海から救出に向かった水兵たちは、なすすべもなく江田島に戻ってきた。『広島湾は死体の筏です。すべて埋まっています。オールがききません』。水兵たちから状況を知らされ、若き日の鈴木は言葉をうしなう。そのうち甘酸っぱい、なんと形容していいのかわからない、吸うと吐き気をもよおす死臭が、北から風に乗ってきた。

その日の日記に鈴木は、こう怒りをぶつけた。『人間が、ここまで人間を貶める事が出来るのか』。」

濱田は、鈴木さんのインタビュー記事やエッセイはあるが、自伝、聞き書きの類いのないことを残念がる。私もそう思う。

2020/11/16

独立不羈の批評の切れ味

斎藤美奈子『中古典のすすめ』

紀伊國屋書店 46判 並製
2020年 9月 1700円

斎藤美奈子は、文芸評論家としてはめずらしく人気がある。小林秀雄などは、文学についてのある種の規範を求める心理と結びついて人気があったりしたものだが、彼女の人気はちょっと違うようだ。誰にもおもねることなく直言する、あえていえば、それで自分が傷つくことがあっても、言わねばならないことは言う、そういう姿が文章に出ているからのように思う。

以前、竹西寛子さんが「書くのはもちろん、読みも人生以上には出ない」と話されたことがあるが、そのときそのときの自分の全体重で作品にのみ誠実に向き合う心組みが斎藤にはあり、それが何ともすがすがしい。近著の『中古典のすすめ』（紀伊國屋書店）を読み、その感をいっそう深くした。

本書は、六〇年代から八〇年代はじめにベストセラーになった四八作（斎藤の好みも入っているが）を、いまも再読に耐えられるかどうかを、「名作度」（客観的な本としての価値）、「使える度」（主観的に、読んでおもしろいか、響くか）で採点したもので、結果を見るとなかなか興味深い。

「名作度」、「使える度」とも星三つを獲得したのは九作。住井すゑ「橋のない川」、山本茂実「あゝ野麦峠」、北杜夫「どくとるマンボウ青春記」、鎌田慧「自動車復讐工場」、灰谷健次郎「兎の眼」、橋本治「桃尻娘」、堀江邦夫「原発ジプシー」、森村誠一「悪魔の飽食」、黒柳徹子「窓際のトットちゃん」である。

青春小説が二、教育ものが二として、残りは差別、労働、戦争にかかわる小説、ルポである。これは注目していい。教育に分けたが、「兎の眼」の評価が高いのは、弱者に寄り添い、差別と対決する強さ、障がいの有無を問わずに共生する思想など、教育の理想がえがかれている点にあり、子供の貧困率一七％といわれる現代、子どものために大人は何ができるかを本書は考えさせる、と再読をすすめている。現代性も十分加味されている。

名作が古典になり得るのは、常にそこに立ち帰って思考の原点、基点を確認し、心新たに現実に向かうことを促すところにあるのだと、あらためて痛感させられる。そういう著作を一冊、二冊持つことがどれほど人生を豊かにし、また、逆境から奮い立たせてくれることか。

六〇年代の高度成長からバブルとその破綻を社会背景にしながら、セレクトされたこの九冊を私たちが持っていることは、斎藤批評が思う以上に大事なことかもしれない。

差別の問題では、梁英聖『レイシズムとは何か』（ちくま新書）を読んだが、ハンディながら内容濃く、お薦め。

2020/11/23

現代につづく民衆暴力

藤野裕子『民衆暴力　一揆・暴動・虐殺の日本近代』

中公新書
2020年8月　820円

藤野裕子『民衆暴力　一揆・暴動・虐殺の日本近代』の「はしがき」にこのような指摘がある。

「……デモとテロを混同する傾向は、年々強まっている。テロという暴力を嫌悪し、おびえる感情は、デモを封じ込めたいと願う為政者に利用されやすい。デモをテロと呼ぶだけで、デモの正当性を容易に剥奪し、弾圧を正当化してしまうからだ。暴力に対する道徳的な忌避感を持てば持つほど、私たち自身の行動が過度にせばめられてしまいかねない」

トランプ米大統領が、黒人差別に反対・抗議する市民の行動に浴びせた言葉や対応を思い起こすと、まったくその通りだ。だが、アメリカ社会はトランプの言動に惑わされることなく、Black Lives Matter の運動を広げている。しかし彼の社会は、9・11「同時多発テロ」の直後に「テロとの戦争」が呼号されると、暴力抑止という名目の対外戦争に興奮し、国家による別の暴力をこともなく認めてしまった先例がある。

暴力を、「よくない」という道徳的感覚だけでとらえる危うさがそこにある。

本書の著者は、近代日本で民衆がふるった暴力——新政反対一揆、秩父事件、日比谷焼き討ち事件、関東大震災時の朝鮮人虐殺、の四つの出来事を軸に、これらの民衆暴力の実相、背景などをつぶさに見ながら、国家権力とその統治のあり方を照らし出す。徴兵制に反対した血税一揆の際には、一揆勢は被差別部落を容赦なく襲っている。関東大震災時の朝鮮人虐殺はたしかに国家権力が主導したが、自警団を名乗った民衆が手を下した例は枚挙にいとまがない。民衆の暴力が、つねに権力に向かったととらえるとこれらの事態から目をそむけることになり、「〇〇はなかった」「〇〇は正当防衛」とする歴史修正主義の跳梁を許すことになりかねない。

著者は、日本近代史における民衆の暴力の性格、背景、規模などを深くとらえ、暴力に対する見方・考え方を鍛え、現代の暴力に対する感覚を見つめ直さないといけないという。そうして、権力に向けたそれと被差別者に向けたそれの両方を直視し、それらを同時に理解していくことが必要だと説く。

それぞれの事件の詳細等については本書を読んでもらうとして、読後に思う一つは、この国の被差別者への暴力は、つねに権力がらみであること、二つに政治との関係で民衆の側に不満が募り、また生活苦と将来への不安が重なり合っていること、三つに差別を否定する社会正義を規範として定める（たとえば近年国連から再三勧告されている、包括的差別禁止法の制定など）ことがないために、差別かそうでないかの判定が被差別者に委ねられ、差別する側の問題として社会的認識になっていないこと、そのため、彼、彼女らへの暴力を容認してしまっていること、である。

民衆暴力は、けっして歴史のなかにひっそりと眠ってはいないと痛感する。

2020/11/30

阿佐ヶ谷アタリデ　大ザケノンダ

青柳いづみこ『阿佐ヶ谷アタリデ　大ザケノンダ　文士の町のいまむかし』

タイトルはもちろん井伏鱒二の『厄除け詩集』にある、高適の「田家春望」からである。青柳いづみこの近著にもとられ（『阿佐ヶ谷アタリデ　大ザケノンダ　文士の町のいまむかし』）、最初の頁に引用されている。

出門何所見／春色満平蕪
可嘆無知己／高陽一酒徒

これを井伏は、

ウチヲデテミリヤアテドモナイガ
正月キブンガドコニモミエタ
トコロガ会ヒタイヒトモナク
アサガヤアタリデオホザケノンダ

と訳す。どこかユーモアがただよう。が、原詩はわが身の理解者のいないことをヤケクソ気味に嘆いていて、身もだえしている風である。
「門を出ても何ひとつ見るべきものはない。／野原に春が色めいているだけだ。
嘆かわしいのは俺を理解する者がいないことだ。／高陽の一酒徒たる、この俺を！」

著者の青柳いづみこはピアニスト、祖父・青柳瑞穂がフランス文学者で、自宅に夜な夜な「阿佐ヶ谷会」の文士たちが集まっては飲んでいたという。いまから六〇年以上前の話である。本書は、井伏鱒二、太宰治、上林暁、外村繁、木山捷平、小田嶽夫、さらに火野葦平、藤原審爾、河盛好蔵、亀井勝一郎……などの交遊と阿佐谷近辺の町の移り変わりを、少女時代を思い出したり、現在のつながりをえがいた、温かいエッセイである。

坪内祐三の『玉電松原物語』(新潮社)もそうだったが、町の変貌は、ただ、あった店が閉じられるだけでなく、人と人とのつながりも消していく。だけども、変わった町に新しい人がやって来て、新しいつながりが生まれ、物語が始まってゆく。

先にあげた文士たちが鬼籍に入ってゆくと、著者と同世代の、しかしこんどは文士だけでなく編集者や芸術家などジャンルを横断して新しい「阿佐ヶ谷会」がつくられ、やはり、夜な夜な一杯やり出す。さしずめ、井伏の「勧酒」(于武陵)だろうか。

勧君金屈卮／満酌不須辞
花発多風雨／人生足別離
コノサカヅキヲ受ケテクレ

ドウゾナミナミツガシテオクレ
ハナニアラシノタトヘモアルゾ
「サヨナラ」ダケガ人生ダ

それにしても、コロナ禍直前までといえこの濃密な人間関係はどうだ。
文学の生まれるところは、まさに人間《じんかん》だとつくづく思わされる。

平凡社　46判上製
2020年10月 2400円

2020/12/07

大学〝紛争〟で消えた唯一の大学

真木　泉『もう一度選ぶなら、初雪の夜』

一九六〇年代末から七〇年代はじめ、全国の大学は揺れた。口火を切り、頂点でもあった東京大学の闘争をめぐっては、この一年ほど、闘争から五〇年をふり返る著作などが多数、出版された。弊社も『歴史のなかの東大闘争　得たもの残されたこと』を出した。

ある意味で華々しかった東大闘争の陰で忘れ去られようとしているもう一つの学園闘争があった。東京教育大学の筑波移転反対闘争である。あの闘いで唯一、消滅した大学である。私は、昨(二〇一九)年一月に開かれた東大闘争を語る集まりに参加し、誰か一人でいい、東京教育大学のことに思いを延ばす発言をと期待したが、参加者は自分の胸の内を語るに思いが溢れ、ほんの一言もなかった。自分たちの闘いをたたかいながら、隣接の国立大として東大支援に駆けつけてケガした教育大生が少なくないというのに、と詮無く思った。

東京教育大学は、東京文理科大学、東京高等師範学校、東京農業教育専門学校、東京体育専門学校の四校合併によって戦後新しく出発した大学である。そのために、大学キャンパスが三つに分散し、そこに五学部が設けられた。筑波新学園都市への移転は、こういう現状を見透かすよう

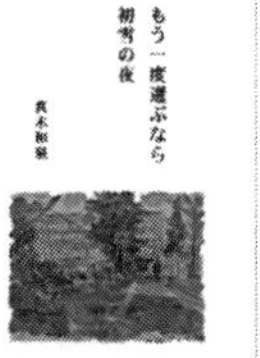

私家版　A5 判並製
2020年11月　非売品

に六〇年代に持ち上がった。ただそれだけなら、何の問題もなかった。が、移転をすすめようとする政府文部省（当時）は、移転とともに旧来の大学制度を改変し、産学協同を大いにすすめる方向――当時はこれを中教審大学構想と呼んだが――へと作りかえる、そのモデルを作ろうとするものだった。

文学部教授会がまっ先にこれに異を唱え、学生自治会も呼応した。だが、学生は「全学闘」を名乗る一部の集団が暴力をふるって挑発的行動に出、学生を分断した。教育大の学生たちは、彼らと対峙し、当局の一方的な移転強行、大学ロックアウト、反対する学生たちの逮捕要請など目を覆うばかりの大学自治破壊とたたかい、その一方で東大闘争支援に駆けつけたのだった。

その結果、東京教育大学の閉学、新しい筑波大学の創立が決まった。

作者の真木和泉はその渦中を六年間在籍した。本書は真木たちの苦悩、苦闘、憧れ、友情、恥辱、誇り……詰まりに詰まった二つの青春物語「もう一度選ぶなら」「初雪の夜」を収めた小説集である。「もう一度選ぶなら」にこんな詩句がある。

またもう一度選ぶなら／この大学をわたしは選ぶ
本館前の芝生の中で／もはや学生は輪になって集わない
占春園の池のほとりで／もはや学生はギターを持って歌わない
それでも日本のやさしい春は／その襞の中に育んだ
あざみのけなげな一本を／校門脇のコンクリートの狭間に
わずかな土を見つけて置いていった

二〇二〇年

もしもう一度選ぶなら／この大学をわたしは選ぶ

あれから半世紀以上たって、どれだけの人が、〃もう一度選ぶならこの大学を選ぶ〃と言いきるだろうか。東京教育大学は、もしかすると、無くなったことで永遠になったのかもしれない。東大闘争からはこんなに抒情溢れた小説の一篇も生まれていないことがそれを物語っているようにも思える。

（その後、本書収録作品を収載した中短編集『小説 私の東京教育大学』が本の泉社から出版されている）

2022/12/14

「もだえ」と「共視」と

田中優子『苦海・浄土・日本　石牟礼道子 もだえ神の精神』

集英社新書
2020年10月　880円

石牟礼道子は水俣とともにある人だが、ふしぎな感性を持っている。『苦海浄土』にしろ『春の城』にしろ、読むと何とはないその感性と自分とのズレを感じて、戸惑うことがしばしばである。それが何なのか、どこから来ているのか、考えることもなく過ぎてきたが、田中優子『苦海・浄土・日本　石牟礼道子もだえ神の精神』を読み、いくらかヒントを得た気がする。たとえば、表題にもある「もだえ」。著者の田中はこう説明する。

――「悶えてなりとも加勢せんば」とは、悲嘆にくれる人を心配してなにを措いても駆けつける。駆けつけるけれども、なにもできないでただ立ち尽くしてもだえているだけ。そのような人の在りようだという。そこにはなんの計算も見返りを求める気持ちもなく、相手の気持ちに乗り移るがごとく「瞬間的に悶える」のだという。

石牟礼が最初に「もだえ」たのは、水俣病患者を見、接したときである。「もだえ」は表面的な心の作用ではなく、自分の身、心の奥底から湧いてくる、幼いころの狂気の世界の人であった祖母との交感、あるいは、女性という存在の意味への考察……境遇、成育のもろもろの沈殿の底の底から噴き出てくるものだった。

それは、経済と成長を優先し、犠牲をやむなしとする近代（現代）への率直な疑問であり、大過去をふくむ過ぎ去りしものをいとも簡単に古いと捨て去る「文明」への批評であった。

田中が水俣病に出会ったのは大学一年生の時。古代文学者で民俗学者の益田勝実が授業で、石牟礼の『苦海浄土―わが水俣病』（講談社）を読みあげたのだという。耳に聞こえてくる言葉を追いながら、田中は「これも文学か、こういう文学があったのか」と驚いたという。石牟礼文学は田中にとって、「異世界」でありつつ「普遍」であり、一地方の言葉の世界でありながら身体に響く言葉だった。なにより、田中たちの世代に向けた言葉であった。胎児性水俣病患者の最初期の人たちは、田中と同世代だった。「私は彼らだったかもしれない」という思いを、以来半世紀、田中はずっと持ち続けてきたという。

石牟礼との対談をまじえて、石牟礼道子の深奥をさぐり求めて、専門である江戸期の社会概念や女性史、あたらしい共同体、死者と生者……多角的に田中は分け入る。新書版というハンディながらも質量はズシンとくる。が、読みやすい。石牟礼道子はすごいと思うがちょっと、と思われる方も入門編として読んでほしい一書だ。

本文中に「共視」という概念が提示されている。たとえば、恋人、親子が肩を並べて夕陽を眺めているような光景。ともに一つのものを見ながら、心が共振し、同じ思いにとらわれる。そのことの大切さ、とでもいうか。お互いを見つめ合うのではなく、心を延ばして心を通わせる、そのことの大切さである。現代が失っていることかもしれない。

私は、「もだえ」や「共視」に惹かれながら、この晩秋に亡くなった旭爪あかねを思っていた。彼女もまた「もだえ」、「共視」して相手を思いやった希有な作家であったように思う。「偲ぶ会」を来春三月に計画している。コロナの沈静を願うばかりである。

2020/12/21

美しいだけではない「細雪」の魅力

川本三郎『「細雪」とその時代』

谷崎潤一郎の「細雪」といえば、戦時中、時局に合わないと軍部から横やりを入れられて連載を中断、それでも書き続けて《上》を私家版として出したもののそれも弾圧されたという逸話や、映画・舞台・テレビドラマで何度も上映、上演されていることは知っているが、さて、なかなかこれを読もうという気にはなれなかった。芦屋に住んで大阪で働き、京都で遊ぶという、関西地方の一種の「憧れ」生活に心が馴染まなかったせいである。私には縁遠い世界と敬遠していた。女性四姉妹の物語というのも、どこか陰湿なイメージを勝手に持って、題だけは知っているで通してきた。

ところが、出たばかりの川本三郎『「細雪」とその時代』を読み、目からうろこというか、なによりも、船場の没落商家の姉妹たちのきらびやかな日送りのお話などではなく、それぞれに運命を背負いつつ、どう前へ人生を切り拓いてゆくかの物語であることにガァーンとやられた。二女の幸子が谷崎夫人・松子をモデルとしていることから、松子さんはてっきり船場の出だと思っていたが、そうではないというのは新発見。読めば、著者も誤解していたらしい。

中央公論新社 46判上製
2020年12月 2400円

それはともかく、作品がえがく時代は一九一一年から四〇年、二・二六事件から日米開戦直前の時期である。ところが、その「時代」はまったくといっていいほど作品にはえがかれない。映画でも舞台でも、この作品のクライマックスは京都への花見であるが、川本は作品を要約して幸子の思いをたどり、花見の行程を記していく。

——三月の二月堂のお水取の済む頃から、花の咲くのを待つ。花見には何を着てゆくか、帯や長襦袢にまで心を配る、いよいよ花の便りが送られてくる。いつにするか。禎之助（幸子の夫、谷崎がモデル）の仕事と悦子（娘）の学校のことがあるから土曜日を選ばなければならない。うまく花の盛りとあえばいいが。

準備がすべて整って京都行きとなる。土曜日の午後に芦屋を出る。まず南禅寺近くの瓢亭で早めの夕食をとる。そのあとこれも毎年欠かしたことのない都踊を祇園の歌舞練場で見物し、帰りに、祇園の円山公園の夜桜を見、その晩は、麩屋町の旅館に泊まる。

これだけでも贅沢な花見だが、翌日は、嵯峨から嵐山に足をのばす。中之島の掛茶屋あたりで持ってきた弁当を開く。午後に市中に戻り、花見のクライマックス、平安神宮の神苑へと入る。

ざっとこんな具合である。彼女たちが平安神宮行きを最後に残すのは、円山公園の枝垂桜がすでに老い、年々色褪せていくのに対して、ここの花を措いて京洛の春を代表するものはないからである。

落魄と栄華の対照は、四姉妹の出身蒔岡家と彼女たちのこれからをいうようであるが、それよりもこれが一九三七年にもおこなわれていること、と谷崎がえがいていることに私は驚嘆する。中国戦線が泥沼化し、数ヶ月後には日中戦争が全面展開となるときである。〝そこのけそこのけ軍が通る〟というときに、彼女たちは着飾って京への花見を楽しむ……、そのコントラストの鮮やかさ。といって谷崎に反軍反戦の思想があったというのは短見であろうが、作品発表当初にその臭いを嗅ぎつけた軍部はやはり恐るべしといわなければならない。

永井荷風の「墨東綺譚」が男に頼らないと生きられない女性の物語だとしたら、こちらは男の世界から離れた女性たちの世界、という帯の惹句も頷ける。ともあれ、これほど「細雪」だけを語った著書はほかになく、川本さんの熱情に敬意を払い、「細雪」をきちんと読んでみようかと思う。

2020/12/28

二〇一一年

正月二日は「時代閉塞の現状」

石川啄木「時代閉塞の現状」

新年のご挨拶を申しあげます。

今年の元旦は雲もなく、遠くのビル群の上から昇る太陽がひときわ強い光で見えました。ベランダから、何年ぶりのことだろうと思いながら見過ぎてしまい、しばらくは目がおかしくて困ってしまいました。

正月二日が仕事始め、読み始めです。例年のように、石川啄木「時代閉塞の現状」を読みました。四〇代半ばごろからの習慣、というか、今年も頑張るぞと気合いを入れる儀式みたいなものです。「時代に没頭していては時代を批評することができない。私の文学に望むところは批評である」と最後のフレーズを口にして、さて、啄木は一一〇年後にも、こうして読む者がいることを想像しただろうか、などと考えをめぐらせます。

啄木がこれを書いた一九一〇年は韓国併合条約が結ばれた年、奇しくも同じ八月です。日清・日露の二つの対外戦争を経て近代日本が外には侵略・植民地支配、内には強権的抑圧をつよめ、いよいよ本格的な帝国主義国家になっていくときです。啄木は、「我々日本の青年は「いまだかつ

ちくま日本文学全集
文庫上製
1992年 4月　971 円

てかの強権に対して何らの確執をも醸したことがない」として、明治近代の国家社会のありよう――一定の富裕男子中心、男女・貧富など格差助長、高学歴とあぶれる「遊民」……を批判しつつ、その変革を志そうとした諸思想の不徹底を指摘します。そして、「我々青年を囲繞する空気は、いまやもう少しも動かなくなった。強権の勢力は普く国内に行きわたっている」「時代閉塞の現状」をどう打ち破っていくかと問題提起するのです。

啄木が現状を批判する言葉のなかに、「戦争とか豊作とか飢饉とか、すべてある偶然の出来事の発生するでなければ振興する見込みのない一般経済界の状態」とあります。今年ここを読みながら、うんッと思いました。どうしてここに「戦争」という言葉があるのか、と思ったのです。「戦争」が偶然の出来事でないことは啄木なら十分承知でしょう。としたら、経済界は「戦争」を待ち望んでいる、それが起きないと振興しないと思っている、と啄木は考えたのでしょう。「戦争」は、言葉を替えるなら侵略、また植民地支配でもあります。対外侵略と国内の治安維持は「帝国」の常套です。

啄木は、この強権の圧迫に耐えかねて、入れられている箱の最も薄いところに突進するのをよしとしません。「今日の小説や詩や歌のほとんどすべてが女郎買、淫売買、ないし野合、姦通の記録であるのはけっして偶然ではない」と、それは抵抗に値しないと批判します。しかしこれは、明治のかつてのときにあったことではありません。現代も、ことにテレビメディアは、「巨悪」批判に時間を割くよりも、誰かの「不倫騒動」を執拗に追いかけています。性産業が今日ほど流行り、性倫理が一段も二段も下がっているときはありません。

それはともかく、啄木はだからこそ、「明日の考察！　これじつに我々が今日になすべき唯一である。そうしてまたすべてである」、「我々は今最も厳密に、大胆に、自由に『今日』を研究して、そこに我々自身の『明日』の必要を発見しなければならぬ」、「我々全青年の心が『明日』を占領した時、その時『今日』のいっさいが初めて最も適切なる批評を享くる」と言うのです。「明日」は空想的な夢ではなく、現在への批評を通じて構想される地に足の着いた「現実」であるでしょう。青年にだけそれが求められているわけではありません。青壮老こぞって「明日の考察」に向かいましょう。なにしろ、現代の強権は戦後政治史のなかでも頭抜けて陰湿きわまりないのですし、「戦争」はやはり足音高く近づいているのですから。

（「時代閉塞の現状」はその他、岩波文庫『時代閉塞の現状・食うべき詩』、新潮文庫、講談社文芸文庫など）

2021/01/04

『草』がつなごうとする歴史体験と現代

キム・ジェンドリ・グムスク
『草　日本軍「慰安婦」のリビング・ヒストリー』

ころから　A5判並製
2020年2月　3000円

「土曜の夜は寅さん」、でもないが、昨夜はBSで「男はつらいよ　寅次郎サラダ記念日」を見た。信州小諸を舞台に一人暮らしの老婆との邂逅から入院の付き添い、担当女医へのいつものほのかな愛が展開される。ヒロインの姪っ子は早稲田の学生。交際する男子学生と喫茶店で待ち合わせする場面がある。彼は、コーヒーを飲みながら文庫本を読み、待っている。

ああ、あの頃はそうだったと懐かしい。三〇年ほど前まではごくありふれた光景だったが、いつの間にか消えてしまった。もう、どこもかしこも、スマホばかり。

「お兄さん、それおもしろいか」なんて、寅さんじゃないが電車で声をかけられたこともあったが、いま、横に座った人のスマホを覗こうものなら、犯罪者扱いされる。コロナの前から、こうやって人と人との距離は離されていたのではないかと思ってもみる。読書は、著者と編集者と登場人物と読者、そしてたまに横に座った人との交感、本の世界に没入した時などはその関係の濃密なこと。ま、たまに反発しケンカになることもあるが、それも近さの反映かもしれない。

さて、先週読んだなかで紹介したいのは、『草　日本軍「慰安婦」のリビング・ヒストリー』。著者はキム・ジェンドリ・グムスク。韓国とフランスで絵画を学び、取材をもとにした作品を多く発表している（都築寿美枝、李昤京：訳）。この作品は二〇一七年に刊行、フランス語、英語、イタリア語などに訳され、「ニューヨークタイムズ」で「ベストコミック二〇一九」に選ばれている。日本軍「慰安婦」にされた李玉善《イオクソン》への取材をもとにしているが、取材時の葛藤、自省なども作品でたどられていて、主人公との距離をどう埋めていったか――つまり、戦争・植民地支配体験をどう後の世代が受け継いでいくかという問題意識――もうかがえて興味深いものになっている。

オクソンは貧農の長女に産まれた。学校に行かせてもらえるという話に乗って釜山のうどん屋の養女になる。が、実際は下働き。話が違うと抗議すると蒜山の料理屋へ売られる。ある日使いに出されるが、その途中で拉致され、中国・延吉の飛行場へ連れて行かれる。料理屋が売ったのだろう。男に交じっての飛行場建設の労働は身に堪え、みんなで抗議すると家に帰してやると騙され、軍慰安所に放り込まれ、日本軍兵士の相手をさせられることになる。

吉見義明は「解説」で、オクソンの例は、紛争時の女性に対する性暴力、植民地支配、貧しい女性に対する性売の強制という三つの問題が重なった重大な人権侵害で、それを考え克服するうえで彼女のリビング・ヒストリーはとても重要だと指摘している。

ときに抒情溢れた水墨画のような風景があり、拉致する男はべったり黒塗りされ、強姦場面は黒い升取りが数頁つづく……と著者の心もようも映された描写も読む者に問いかけてくるようで、しばしば考え込まされる。新しい年はこの問題に何らかの進展があるだろうか。

2021/01/11

さらりと「隣の国のことばですもの」

金智英『隣の国のことばですもの　茨木のり子と韓国』

「動機は？」と問われると、私は困ってしまう。

うまくは答えられないから、全部をひっくるめて最近は、

「隣の国のことばですもの」

と言うことにしている。

隣の国のことば――それはもちろん、南も北も含めてのハングルである。
（茨木のり子「動機」＝『ハングルへの旅』所収）

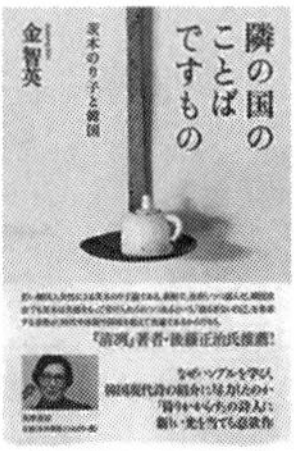

筑摩書房　46判上製
2020年12月　2200円

茨木のり子の詩の一節を扉裏に置いた新刊書が、神田の書店に平積みされていた。金《キム》智英《ジヨン》という、若い日韓比較文学研究者が博士論文を補加筆して出した『隣の国のことばですもの　茨木のり子と韓国』である。

著者は、尹東柱を研究するうち、茨木のり子が若くして獄死したこの詩人に強い関心を持っていることに惹かれ、茨木をもっと知りたいと思ったのがきっかけで、博士論文にまとめたという。著者が興味を持ったのは、①茨木がハングル学習を始めたのは夫が亡くなった後の一九七六年だが、五〇歳から外国語を学ぶのは並の覚悟ではないはず。一体どのような動機からか、②茨木のその学習は単なる趣味ではなく、『ハングルへの旅』『韓国現代詩選』を出版するなど仕事にまで高めて、日韓の橋渡しに積極的だったが、その理由は？　の二点とし、ハングルを学習して以降、詩人としての彼女の中にどのような変化があったのかを研究対象にしたという。

永六輔さんが著書で、日本語の1、2、3（イチ、ニ、サン）は英語なら、ワン、ツー、スリー。中国語なら、イー、アール、サン。では韓国語では？　日本に一番近い隣の国のことばがなぜ言えないのでしょう、と書いていたように思うが、最近はともかく、茨木がハングルを学び始めた頃は、どうして韓国語？　と誰彼に聞かれただろう。最近はともかく、といったが、ある意味では最近の方がひどいかもしれない。嫌韓本は依然として書店に並び、新聞の広告でも平気で侮蔑語を浴びせている。

茨木が韓国語に接近する心中の分析は本書にまかせるとして、興味深い視点を一つ紹介しておくと、「司馬遼太郎との比較である。司馬は七〇年代の初めに「韓《から》のくに紀行」を週刊誌に連載したが、その動機として、国名も何もない古い頃には、日本も韓国も互いに一つと思っていただろうし、ことばも方言の違い程度はあるにしても、大声でしゃべり合うと通じたのではないか、そういう大昔の気分を韓国の農村などに行って、もし味わえればと思って行く、としている。

二〇二一年

著者はこの点を見のがさず、茨木も同じように韓国を「日本人の先祖の国」ととらえていたが、司馬は、韓国の農村で「古代の我々の姿」を感受しようとしていて、いまを生きる「他者としての彼らの姿」を受けとめるわけではない。茨木は、古代朝鮮と現代韓国を分けて考え、韓国を向き合うべき他者として認識している、と指摘する。

これは、きわめて重要な視点だ。差別など意識もしていない日本人のなかにも澱のように残るこれは、意識にのぼらせて克服する以外にないだろうと思われる。

2021/01/18

時代小説の大型新人、第二作

砂原浩太朗『高瀬庄左衛門御留書』

評論家縄田一男が「新人にして一級品」と絶賛した砂原浩太朗の二作目、長編時代小説である。巻かれた帯には、常のことではあるが、藤沢周平の「三家清左衛門残日録」を思い出すとか、時代小説の伝統を確実に受け継いだとか、昭和の海坂藩、平成の羽根藩にならぶ令和の神山藩、とこれ以上ない言葉が並んでいる。

言ってくれるねえと眉に唾しながら読み出したが、書きだしの一行で、おやっと思った。「高瀬庄左衛門が志穂の貌に涙のあとを見出したのは、その日の朝である」。何の変哲もない、きわめてオーソドックスな時代小説らしい書き出しである。これでこの作品が庄左衛門と志穂の物語であることがうかがわれる。遠回しの情景描写もなければ、思わせぶりな背景説明もない。落ち着いた一文を冒頭に置いて、さっ、どうぞと招き入れる。なるほど新人離れしている。

五万石の神山藩の郷方回りをつとめる高瀬庄左衛門がこの物語の主人公。志穂は息子の嫁である。妻は亡くなっている。息子の職禄と併せても五〇石相当の身代だが、半分は藩に借り上げられている。息子が父親の隠居前に郡方の本役につけたのは、ひとえに藩校で優秀な成績を収めた

講談社　46判上製
2021年1月　1700円

からだが、藩校あげての助教の考試では次席に甘んじた。その鬱屈が嫁への不満になってあらわれた。

といって、志穂に何か咎がある話ではない。器量はよく家事は万端そつなくこなす。嫁いできたのは一年前だが、すでに志穂は家政の中心である。が、一家に不幸が突如として訪れる。息子が雨の中を郷回りに出たが途中、断崖に足を滑らせ一命を落とすのである。

志穂は実家に帰らない、帰りたくないというが、そういうわけにはいかない。庄左衛門は絵を好み自分でも描《か》く。志穂はそれに惹かれており、手ほどきを受けたいと申し出る。こうして志穂は、夫を亡くした後でも年の離れた弟と二人、庄左衛門が非番の日に訪ねてくるようになる。ときに、写生のために外を連れ立って歩くこともある。庄左衛門に志穂の慕う気持ちが分からないわけではないが、越えてはならぬと心底を強く押し込めている。

物語はやがて、庄左衛門が担当する村に隣村から一揆勢が押し寄せ、裕福な村をいわば「質」に天領への復帰や年貢の減免などを藩に要求する事態になり、背後に反権力をめぐる争いがあり、庄左衛門も巻き込まれて若い日には腕を鳴らした剣を使うことになる……。

このように、時代小説につきものの愛のゆくえや藩の政争に巻き込まれる下級藩士の運命、窮地を切り抜ける剣技、郷村民の藩士への信頼……など、うまくちりばめられて飽きさせない。三〇〇頁をこえる物語が一気に読める。そしてラスト、庄左衛門と志穂はおたがいに心引かれつつ、すぐに結ばれるというような安手の終わり方はしない。これもいい、余情がある。

しかし、どうにも細部の詰めが甘い。たとえば、五〇の男がいくら若い日に覚えたといっても、そう簡単に刀を振り回せるわけがない。本書の帯に名前がある三家清左衛門でも、御用人を隠居した後では道場に通って剣の筋を直してもらっている。木刀を振り下ろすことも満足にできない体を鍛え直さないと悪漢ばらに向かうことはできないのである。「たそがれ清兵衛」のまだ三〇代であろう主人公でも、藩から討手を命じられた後では、木刀代わりに木切れを振り、型をやり直さないと死地には向かえないのである。

ところが物語の主人公・庄左衛門は、いとも簡単に昔のように刀を振り回す。これはいけない。久しぶりの男性時代小説家の大型新人、さらに大きく伸びてほしいものである。

2021/01/25

見なかったことにした一人にならないために

舟越美夏『その虐殺は皆で見なかったことにした　トルコ南東部ジズレ地下、黙殺された虐殺』

舟越美夏『その虐殺は皆で見なかったことにした』を読む。副題に、「トルコ南東部ジズレ地下、黙殺された虐殺」とある。

ジズレでは二〇一五年末から二四時間の外出禁止令が出され、町はトルコ治安軍の激しい砲撃にさらされた。年が明けて一月下旬から二月上旬、激しい砲撃を避けて子どもをふくむ一八九人が三つの地下室に逃げこんだ。一年で最も寒い時期に水や食糧、医療、電気がないまま数週間閉じ込められた。トルコ政府は、彼らを「テロ組織」のメンバーとし、外出禁止令を出してから七九日間、軍の治安部隊が町を包囲した。住宅地の屋根に配置されたスナイパーは、動くものなら人間だけでなくイヌでも鳥でもなんでも撃ち抜き、砲弾を次から次へと浴びせて地下室の一八九人を始め数百人、トルコ政府も「殺害したのは六六五人のＰＫＫテロリストだ」と認める、大量虐殺をおこなった。

ＰＫＫとはクルドの権利と自由を求める非合法組織クルド労働者党で、一九九〇年代には、トルコ国軍と激しい戦闘をくり返した。クルド人は中東の先住民、「国を持たない最大の民族」と呼ばれる。推定人口は約三五〇〇万人、中東ではアラブ、イラン、トルコに次ぐ大民族だが、経緯はいまは省くとして、一九二三年のローザンヌ条約によって独立が認められなかったばかりか居住地がいくつもの国に分断され、現在は、トルコ、シリア、イラン、イラク、アルメニアそれぞれに少数民族として暮らしている。

私がクルド人、なかでも女性の敢然とした姿を知ったのは、ＩＳ（イスラム国）と勇敢に戦う女性戦闘員で、写真家の玉本英子さんのフォトレポートを感動して見たことでだった。ＩＳに性奴隷にされたことを告発し、ノーベル平和賞を受賞したナディア・ムラドさんの勇気にも胸を締め付けられた。

ＰＫＫが激しくトルコ政府と対決するのは、中東諸国のなかでもトルコがもっとも激しく同化政策をとり、自由と独立を求めて起ちあがるクルド人をしばしば大規模な軍事作戦をとって無差別殺戮をくり返してきたからである。女児は家族から引き離されてトルコ人教育を受けさせられ、トルコ人将校の家庭にメイドとして引き取られる例も少なくないという。

はなはだ粗雑な経緯で申し訳ないが、そういう上に二〇一六年がある。本書が問題とするのは、トルコ政府の蛮行だけではない。問題は、この蛮行を世界が知っていたことである。くり返される砲撃の中、地下に閉じ込められた数人は、携帯電話で国会議員やＮＧＯを通じて国際社会に呼びかけ、救出を懇願した。だが、ＥＵを始め国際社会は一国としてこれを取りあげて問題にしたところはなかった。沈黙した。

惨劇から三ヶ月たった五月下旬、国連は「世界人権サミット」を開催した。ホスト国はトルコ。

イスタンブールに各国首脳、国際機関、NGO、学者ら一七三カ国から九〇〇〇人以上が集まった。主要七カ国（G7）からはドイツのメルケル首相を除いて首脳は参加しなかった。サミットではメルケル首相がトルコの人権状況に懸念を表明した以外、誰もジズレで起きた惨劇に関心を払わなかった。著者はこう書く。

「イスタンブールから飛行機で二時間ほどしか離れていない南東部の地下室で助けを求めていた数百人の市民になぜ、支援の手が伸ばされなかったのかについて議論はされなかった。美しい理想を掲げつつ、黒焦げの肉片が入ったビニール袋を『あんたの娘だ』と検察官から渡された母親の痛みをさらにえぐる、そんなイベントである」

　日本からは福田康夫元首相が出席し、中東・北アフリカ地域に向けて総額六〇億ドルの支援を実施すると表明した。私たちはそんな国に生きている。知らぬ間に、見なかったことにした一人にされている。

2021/02/01

その虐殺は皆で見なかったことにした
舟越美夏

河出書房新社　46判並製
2020年11月　2400円

作家はおしなべて律儀で謙虚である

中村　明『日本語の勘　作家たちの文章作法』

中村明の『日本語の勘　作家たちの文章作法』をようやく読みあげた。三八〇ページの本書は、どこからでも読めるせいか、すこし読んでは置き、置いては読みと、ずぼらな読み方をしたために時間がかかってしまった。

本屋で拾い読みをしていたら竹西寛子さんの名前があったので、しばらく音信不通なのでどうされているかと思いを飛ばし、つい買ってしまった。国語学者、というより文体研究家という方がぴったりの著者の、面目躍如の観がある手応え十分の一冊である。いろいろな機会に接した作家たちとの対談や文通、また著書から文章を書くうえでヒントになる事柄を二四の項に分け、その勘どころを随意に紹介するものである。巻末には、著者の自伝的なエッセイも収録されている。これがまた、私より一回り上の世代に共通するだろう、人との出逢い、親交、そしてそれらを一つひとつを身と心に折り重ねて成長してきた姿を語って微笑ましく、ときに羨望も起こさせながら読ませてくれる。

青土社　46判上製
2020年12月　2400円

二四の項目は、人柄、接近、具体、見方、創作、批評、感想、感覚、発想、視点、描写、心理、

言語、比喩、象徴、擬音、技法、種別、構想、開閉、文体、名文、諧謔、余情となっている。最初の人柄に小川国夫のことが出てくる。国木田独歩の「武蔵野」から宮本輝の「螢川」まで五〇編を年代順にならべ、作品の一部を引用して語学的な分析と文学的鑑賞を添えて著書『名文』にまとめたときのことである。

小川の短篇「貝の声」の成立年が分からず作者に手紙で問い合わせた。葉書一枚でもと期待したがなかなか返事が来ず、諦めかけていたところに封書が届いた。

もう間に合わないと存じます、と書き出されたそれは、「貝の声」は昭和三二年でよい、と結論を明記してある。これで十分とおもいきや、中村を驚かせたのはそれにつづく文面だった。三二年に発表と判断した論拠を記してある。昭和三二年二月一〇日付けの友人に宛てた手紙でその作品にふれており、その前便の三一年一二月八日付けの手紙ではまだ影も形もないから、その間に執筆したと推定した、とある。しかも、参考までにとその二通の手紙から必要箇所を数行ずつ原稿用紙にペンで書き写したものも同封されている。

中村は、書き写すというのは、その手紙が小川の手許にあるということだと思いをめぐらせ、自分がどれほど煩わせたかと愕然とする。ぶしつけな問い合わせをしなければ、あと一つぐらいは好短篇が世に送り出されていたかもしれず、と自分の安易さを自戒する。

人によってではあるけれども、作家は私の知るかぎりでも総じて律儀で謙虚である。文芸時評などで作品を取りあげると必ず返事が来る。亡くなった後の論評などには夫人から、いつまでも〇〇のいい読者でいてほしい、などと返事をもらうこともある。心働きは夫婦で似るものなのだろう。

そういえば本書の「接近」の項に、著者がもっとも親近した小沼丹のことが書かれてあり、没後すぐに『群像』や『早稲田文学』に書いたエッセイを、目が悪かった小沼を思って拡大コピーして送ったところ、夫人から、遺骨の前に供えると写真の小沼は目をしかめて嬉しそうに読んだと返事が来た、とある。何年か経って、庄野潤三の文章を著書にとりあげたのでそれを届けたら、夫人から、庄野の笑っている写真の前においたところ、いつもの嬉しそうな顔が、その時たしかに照れたような気がした、と返事が来た。

「風雅の友というものは、どうも奥様も似ているらしい。あるいはいつか自然に似てくるのかもしれない。両作家のどこか照れくさそうな笑顔を思い出すと、それを背景に、両夫人の振るまいとしぐさも、実にみごとに通い合うことに気づく。思いがけず両家庭の雰囲気にひたった気がして、そのイメージの重なるのが妙におかしかった」

人も文章も、心が通じて相寄り相似るのだろう。懐かしく心がほぐれてゆく。

2021/02/08

さあ、資本主義に弔鐘を鳴らそう！

斎藤幸平『人新世の「資本論」』

若い経済思想家・斎藤幸平の『人新世の「資本論」』は痛快な一書。『資本論』を読みあげたときはついにやったと思ったものの頭に残らなかったが、これはちがった。

「人新世《ひとしんせい》」とは、地質学的に見て地球が新たな年代に突入したことを言い表しており、人間たちの活動の痕跡が地球の表面を覆いつくした年代、という意味だという。

グローバル・ノースがグローバル・サウスを搾取しつくし、世界二六人の持つ資産が三三億の貧しい人たちの資産と同じだという、まったくバカげた地球にしてしまった資本主義。産業革命前には二八〇ppmだった二酸化炭素がつい五年前に南極でも四〇〇ppmを超え、四〇〇万年前と同じにしてしまった資本主義。「鮮新世」のその頃は地球の平均気温はいまより二～三度高く、南極やグリーンランドの氷床は融解し、海面は最低でも六m、場所によっては一〇～二〇m高かったという。その悪夢が現実になると、程なく永久凍土が溶けて大量のメタンガスが放出され、気候変動はさらに進行し、炭疽菌のような細菌やウイルスが解き放たれる……。

私たちはいま、そのような地球に住み、資本主義からの出路を求めている。

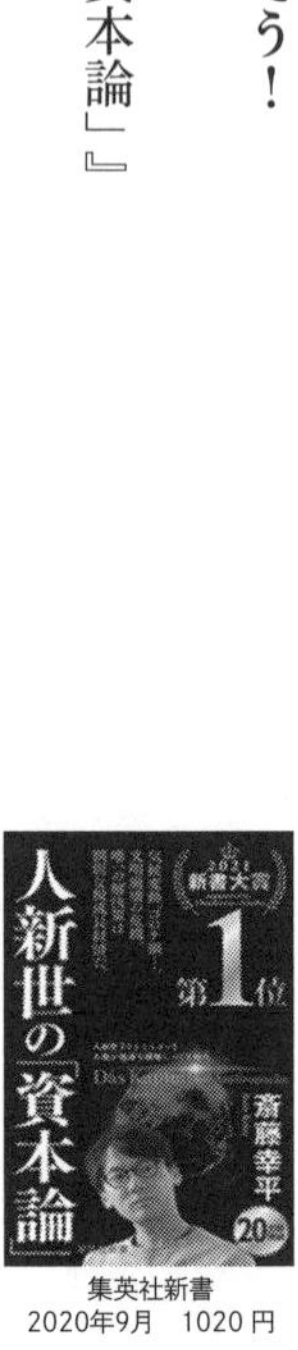

集英社新書
2020年9月　1020円

だが、ノーベル経済学賞の受賞者を始め多くは、この資本主義の成長を押しとどめることなく問題を解決しよう、解決できると考えている。そのうちに二酸化炭素の排出を抑え、気温上昇をとめる妙手を発見できるとまじめに思っている。

本書の著者は、それは不可能だと説く。資本主義が地球の隅々にまで発展したために、成長するにも、もはやニューフロンティアはどこにもない、と指摘する。ミャンマーで軍によるクーデターが起きても日本企業が及び腰なのはそういう背景がある、とあらためて思う。資本主義は、グローバル・サウスの人の労働力だけでなく自然環境も暮らしのあり方も、一切合切、奪い取る。そのうえでグローバル・ノースの豊かな食、きらびやかなファッション……を成り立たせている。

本書の最大の特徴は、その矛盾、不合理、理不尽を衝くだけでなく、そこからどう脱出するか、「潤沢な脱成長経済」の道を、マルクスが晩年に到達した地点を分析し、世界各所で現実に試みられている共同にも目をくばって解き明かしているところにある。政治論や革命論を説くのが本書の狙いでないから、そこは人民的協同と連帯をひろげることの強調になっているが、階級闘争の視点は落ちてはいないし、すぐにでもやれることはあると実例が示され、促されることは多い。

本書カバー裏に「資本主義を終わらせれば、豊かな社会がやってくる。だが、資本主義を止めなければ、歴史が終わる。常識を破る、衝撃の名著だ」（水野和夫）とある。まったく同感。

2021/02/15

敗れてなお敗れない者たち

柳　広司『アンブレイカブル』

　東京新聞の夕刊コラム「大波小波」に先を越されて紹介されがっくりきたが、この小説をぜひ読んでほしいと思う。柳広司『アンブレイカブル』である。小林多喜二、鶴彬、『中央公論』の若手編集者・和田喜太郎、そして三木清の四人を中心人物とした四編の小説集である。四人に目をつけて治安維持法の餌食にしようと画策する、内務省警保局の参事官のクロサキが黒子として全編に登場する。

　内務省警保局保安課は特高警察の総元締め。罪状のねつ造は、たとえば小林多喜二の場合、「蟹工船」の取材を受ける二人に因果を含めて多喜二と出会わせ、気心の知れた頃に、拓殖銀行のマル秘書類を多喜二の鞄に入れさせる。書類は、磯野争議に関するもので、多喜二がこれを争議団に流し闘争を有利にしたとでっち上げようとするのである。

　多喜二が鞄をつねに手元に置いて注意しているものの、中に何を入れているかはあまり頓着していないという性癖を利用する。日曜日に函館で取材を終えると多喜二は夜行で小樽へ帰り、その足で出勤する。その朝、多喜二が銀行に入ろうとすると警官がバラバラと飛び出して身柄を確

角川書店　46判上製
2021年1月　1800円

保した。嫌疑を述べて鞄の中身をあらためる。多喜二のあずかり知らぬ極秘、社外秘と書かれた銀行の封筒が出てくる。「何ですかな、これは?」勝ち誇ったように言いながら中の書類を出す……。

心配しながら様子を見ていた銀行の同僚たちから忍び笑いが起きる。引き出した書類には、ヘタな兎の絵が大きく描《か》かれていた……。取材を受けた二人がすり替えたのである。兎の絵は、蟹工船が遭遇する荒れた海の様子を、兎が跳ぶ、と語り、絵を描いたことから思いついたのだろう。多喜二に俺たちがやった、とでも言うように。

彼らの内の一人は、多喜二の紹介で保険会社に就職し、もう一人は蟹工船に乗る。報酬は得られなかったがその分、地獄の漁で稼ごうというのである。彼に、中積船の荷が届く。「蟹工船」が掲載された『戦旗』五、六月号である。読み出した彼・「谷」は、何度も息を呑み、ゲラゲラと声に出して笑った。

オレたちから聞いた話なのに、あの人はまるで自分の眼で見て書いているみてえだ。そう考えて、すぐに思い直した。いや、そうではない。逆だ。…(略)…聞いた話をただ並べたのではこんな小説には決してならない。小説を読んで谷は、妙な話だが、自分が乗っている蟹工船がどんなところなのか初めてわかった気がした。小説を読むということは、あの人の、小林多喜二の目でこの世界を見るということだ。小説では蟹工船での労働が、くっきりとした線で生き生きとえがき出されている。蟹工船が如何に地獄なのか、それだけでなく、如何にして地獄なのかが自ずと伝わってくる。そのくせ、読後感は不思議と明るい。小林多喜二は根本的なところで人間と労働に信頼を寄せている。たぶん、そのせいだ。

二人は、そういう多喜二の人柄に惹かれてスパイを最後に拒否したのである。『アンブレイカブル』はこうして、敗れてなお敗れない者の姿を鮮やかにえがき出す。歴史考証も確かだし、三木清論も示唆的で、私にはとてもおもしろかった。

2021/02/22

場末のレストランに吹き溜まった歴史と人生

アネッテ・ヘス『レストラン「ドイツ亭」』

よく、日本とドイツの過去への向き合い方の違いが言われる。ドイツは真摯に反省しているが、日本は糊塗している。そのうえ、植民地化や侵略戦争、軍慰安婦などの戦争犯罪を指摘すると「自虐史観」と切り捨て、いいこともやったと平然とする……など。

しかし、ドイツは戦後ずっとそうだったわけではない。むしろ、ヒトラーとナチスに全責任をかぶせて戦後をやり過ごそうとしていた。突撃隊、親衛隊と国軍との違いを言って戦争責任を逃れる議論もあった。ドイツが、みずからのこととして戦争責任を追及するのは、一九六三年の、いわゆる「アウシュビッツ裁判」からである。

私はそれを、ドイツ現代史研究者の望田幸男さんの著作から学んだが、近年のことで言えば、二〇一五年に上映された「顔のないヒトラーたち」がそのことをよく伝えていた。映画は、アウシュビッツ強制収容所にいた親衛隊員が教員をしていることがわかり、それをきっかけに、アウシュビッツで何があったのかを暴いていく検察官を追ったもので、裁判が始まるところで終わる。

『レストラン「ドイツ亭」』（森内薫：訳）は、フランクフルトでその裁判が始まり判決が下される

河出書房新社　46判上製
2021年1月　2900円

までをえがいている。主人公のエーファは二四歳、フランクフルトの場末のレストラン「ドイツ亭」の二女でポーランド語とドイツ語の通訳の仕事をしている。彼女はポーランド語を勉強したわけではないが、気がつくと生得のようにわかるようになっていた。ある偶然から、彼女は原告側の証人（つまり、ホロコーストを生き延びた人たち）の証言を通訳するよう依頼される。

恋人との結婚を望んでいたごく平凡な女性であったエーファが、両親や恋人の反対を押し切ってそれを引き受けるところから、彼女と一家の運命の歯車が大きく回転することになる。エーファだけでなく、ドイツの人の多くがアウシュビッツが何であったのか、何がおこなわれていたのかを知らなかったから、エーファは証言の一つひとつに驚き、悲しみ、憤り、ときに訳す言葉を失う。だか彼女はそれでも知ろうとする。何かに引きずられるように。

そしてあるとき、レストラン「ドイツ亭」を訪れた被告人夫妻が両親に敵意を示し、母の足もとに唾を吐くのを見る。顔を青ざめる父と母。なぜ彼らを知っているのか。エーファの疑問は、幼い日に姉が書いた絵を見つけて確信に変わる。エーファを描《か》いた絵の背景の建物からは二本、煙が立ちのぼっていた。下の弟を除いた一家四人、そこにいたのだ。検察事務所のファイルをこっそり覗くと、親衛隊員のリストに父親の名があった。「親衛隊下士官。コック。一九四〇年九月一四日〜一九四五年一月一五日、アウシュヴィッツ勤務」。

作品は、共産党シンパとして投獄されたことのある父親を持つエーファの恋人一家にも話題を広げ、また、看護師の姉が元気な新生児に微毒を与えて付きっきりで看病し、一命を取り留めることに喜びを見つける姿（アウシュビッツのトラウマかもしれない）……などをえがきながら、エーファが自分自身で人生をえらび進んでいく姿を追っていく。
フランクフルトの場末の小さなレストラン「ドイツ亭」は、歴史に翻弄された人々の苦悩と希望が吹き溜まっている。

2021/03/01

あの戦争から目をそらすな!

佐江衆一『野望の屍《かばね》』

昨年一〇月、八六歳で亡くなった佐江衆一さんの遺作『野望の屍』を読む。一九八九年の同年生まれのアドルフ・ヒトラーと石原莞爾を主人公に、東と西から第二次世界大戦をえがいた著者渾身の一作といっていい。小説的感興を求めると期待外れになるが、戦争とは何かを問い、考えるにはうってつけだ。ヒトラーと石原が主人公といっても、両者が連携して大戦に突っ込んでいったなどという荒唐無稽な話がされるわけではない。歴史事実を丹念にたどり、一九三〇年代から四〇年代、ヒトラーと石原がそれぞれどのように「戦争」を構想し、やがて破滅へと進んでいったかを追うのである。

佐江さんには、『昭和質店の客』『兄よ、蒼き海に眠れ』『エンディング・パラダイス』の昭和戦争三部作があるが、そこでえがいた蔵前にあった生家の質店や兄弟のことなど身近な人と町の戦争を、こんどは大局から俯瞰して見せたともいえる。なぜに庶民はあの戦争に巻き込まれていったのかを、戦争遂行者の胸中を切り開いて考えようとしたとも言える。

ヒトラーはともかく、石原は「満洲事変」から「満洲国」建設あたりまでがピークで、その後

新潮社　46判上製
2021年1月　2000円

は東条英機との対立から第一戦を下がらされ、対米戦争がはじまったときは郷里の山形県鶴岡市に逼塞していたから、ヒトラーと比肩するのは無理がある。とはいえ、石原が世界最終戦争として構想したのは、対米戦争。満洲国の建設も対米戦争のためであったから、その点では興味深い人物ではある。ヒトラーと並べるなら昭和天皇であろうが、本書はそこがもの足らない。権威と存在を利用した軍部はえがかれても、天皇自身は傍らに立ったままである。

一方のヒトラーは、彼を支えたゲーリングの生い立ちやヒトラーへの傾倒などをまじえて人物像に陰影を与えてえがきだし、ドイツ国民の感情の揺れ動きや共産党・社会民主主義者の動向などにも目配りし、ヒトラーの個性の形成を彼の内と外から眺められるよう描写を多角的にしていて厚みがある。

第二次大戦がヒトラーや石原の個人的野望であったとは言えないが、少なくとも、国家の野望にしてしまった、あるいはその道筋を付けたということは言える。その結果がどうなったかはすでに知るところである。佐江衆一がこの作品で最後に目配りするのは、海外に取り残された日本人の〝その後〟である。

戦後七〇余年たった現在も大湿地帯の水底で白骨化し、樹木の枝で首を吊った者の遺体は、熱帯雨林の旺盛な成長と共に空高く吊りあがって風葬さながらに白骨化して、熱帯の太陽に照らされ遥か太平洋の彼方の祖国を見つめつづけている。そして満州では置き去りにされた開拓団の子どもたちと逃避行で命を落とした人々、さらにはソ連に連行されて極寒のシベリア強制収容所で

二〇二一年

凍りつく屍と化した男たち……。

国家の野望から、〝水漬く屍〟〝草むす屍〟となった何百万の人々が、今なお明日を縛っている。佐江さんは、人生の最期にいたってなお、あの戦争から目をそらすな、と語りかける。この国がこれほど歪になってしまったのは、そこからズレてきてしまっているからだと、あらためて思う。

2021/03/08

歴史から〝消されてしまった〟戦死者

藤原和樹『朝鮮戦争を戦った日本人』

NHK出版　46判上製
2020年12月　1900円

一昨年八月に放送された、ＮＨＫＢＳ１スペシャル「隠された〝戦争協力〟　朝鮮戦争と日本人」をもとに、担当ディレクターの藤原和樹が追加取材して書き下ろした『朝鮮戦争を戦った日本人』を読む。朝鮮戦争に日本人が〝参戦〟していたことは、たとえば港湾の機雷除去に動員された旧日本兵や、物資輸送に狩り出された商船員のことなどが知られていたが、放送と本書が明らかにするのは、それにとどまらない。

きっかけは、オーストラリアの歴史研修者、テッサ・モーリス＝スズキの論文「戦後の軍人朝鮮戦争で戦った日本人戦士」（２０１２）のなかに、朝鮮戦争に行った日本人の尋問記録が引用されていたことだった。著者はスズキと連絡を取り、元資料が「在日兵站司令部高級副官部・公式極秘ファイル」とでも訳されるもので、一九九四年に機密指定が解かれ閲覧可能になっていたことを知る。一〇三三頁にわたる極秘文書を、著者は在米のリサーチ業務を請け負う協力者とともに読み解く。文書の六割は日本人の尋問記録、一割がその人物の健康診断書、二割が手紙、一割弱が本人の指紋や写真、そして、数は少ないが、戦死した日本人のいたことを記した「証明書」

だという。

その「戦死者」の一人が、本書のカバー写真にもなっている平塚重治である。極秘文書の尋問記録には、「一九五一年一月四日から一月二〇日まで、朝鮮の国連組織で働いているときに、敵の攻撃によって死亡したとされる日本人のシゲジ・ヒラツカに関する捜査を続けたことをここに証明する」とあるが、奇妙なことに、肝心の捜査内容の記録はない。

伝手《つて》をたどって義妹と連絡が取れ、著者は重治の数奇な運命を教えられる。彼は、「死んでも帰れぬニューギニア」といわれた、飢餓とマラリアでほぼ全滅した凄惨な戦場の生き残りだった。戦友たちの遺品を持って帰ってきたが、なぜお前だけが生き残ったと責められることを思い、遺族へ足は向かなかったらしい。

塗装業を営んでいた彼に占領軍の基地の建物に絵をえがいてほしいと依頼が来る。ニューギニアで捕虜になったとき教わった、「新しい、復活の」という意味の「ネオ」を愛称に付けた「ペンキ屋のネオ」は米軍に重宝がられ、所属した第八騎兵連隊E中隊を率いたマクレーン大尉からは、アメリカへ連れて行ってやるから勉強しろ、と励まされた。やがて朝鮮戦争が勃発、部隊にも出動命令が下る。重治も同行した。

一九五〇年一〇月一〇日、重治の留守宅をマクレーン大尉が訪れ、父親に息子の戦死を告げた。「ネオは戦死する前に相当の敵をたおした上、胸をうち抜かれ、その働きぶりは米軍兵士以上のものであった」と伝えた。

だが、平塚重治が国連軍兵士と認定されることはなかった。父親の懸命の嘆願にも関わらず、どこで、どのように死んだのかの米軍の公式見解は、国連軍に変装して日本や占領軍当局の正式な許可がないまま日本を発った「密航」者、というものだった。父親は怒り、日比谷のGHQ本部前で「息子を返せ　犬死さすな」のプラカードを掲げて抗議した。

日本政府は、公式な見舞金は給付できないが、これが国会で取りあげられ、反米分子の策動に利用される恐れもあるから、米軍批判をしないことを条件に、異例措置として遺族の救済をはかる、と見解した。重治の犯罪者扱いは覆ることなく、日本政府も追従し、日本人を朝鮮戦争に協力させた両国政府の責任も問われることもなかった。平塚重治は、こうして歴史から〝消され〟た。

「戦争放棄」の憲法のもとで、日本がアメリカの戦争に加わるということは、あるいはこのようであるのかもしれない。幹部はともあれ、NHK記者のジャーナリスト魂を見た。

2021/03/15

二〇二一年

戦争の対義語は漠然とした「平和」でいいか

上田早夕里『ヘーゼルの密書』

光文社　46判上製
2021年1月　1800円

日中戦争を回避しようと、いろいろ和平工作がおこなわれたことは知られている。桐工作もその一つだが、上田早夕里『ヘーゼルの密書』は、桐工作にかかわった民間人協力者たちを榛《はしばみ》ルートと設定し、その活動ぶりを丹念にえがいた歴史スペクタクルである。日中和平工作の名称は、すべて花木から名づけられたといわれるが、作者が創造したまったく架空の「榛ルート」の名もそれにちなんでいる。榛の実は英語でヘーゼル・ナッツ。花言葉は「和解」と「平和」である。

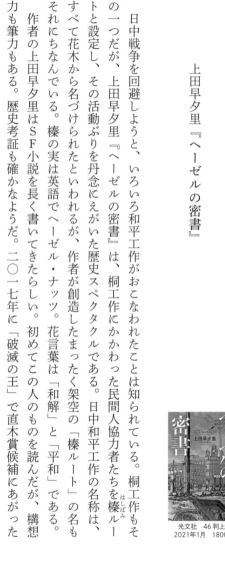

作者の上田早夕里はＳＦ小説を長く書いてきたらしい。初めてこの人のものを読んだが、構想力も筆力もある。歴史考証も確かなようだ。二〇一七年に「破滅の王」で直木賞候補にあがったというが、あるいはこの作でつぎの直木賞を受賞するかもしれない。

一九三九年の上海である。蔣介石との和平交渉にあたっていた小野寺信陸軍中佐が、別ルートで中国と接触していた影佐禎昭陸軍大佐の抗議を受けて交渉中断に追い込まれた後からの話である。盧溝橋事件で停戦交渉を見事にやりきった今井武夫陸軍大佐が、小野寺を引き継いで和平交渉を再開する。そのさい、小野寺のもとで働いていた語学教師で通訳者の倉地スミ、生物学者の森塚啓をはじめ、中国料理修業に来ている新居周治、通信社記者の双見健太郎らが呼ばれ、「榛ルート」が作られる。現場責任者は在北京大使館一等書記官の黒月敬次。今井から聞かされるかれらの仕事は、蔣介石につながる人物のなかから協力者を探し出し、蔣介石に日本の有力者（それも昭和天皇に近い人物）からの和平の密書を届けるというものだった……。

この小説は、榛ルートのエピソードを除けばすべて史実どおりだと作者はいう。とはいえ、榛ルートを創造するのに必要な事実とその解釈も要点を押さえ、モデルの検証も怠っていない。欧米の様相をふくむ歴史背景、軍部をはじめとした日本国内の和平派と拡大派の抗争、それの現地での衝突など、リアリティある描写は息をつかせず本編に引き込んでいく。近衛文麿の優柔不断と豹変、東条英機の和平工作無視なども、現在の眼から見ると、なんともやるせない気持ちにさせられる。

もちろん、榛ルートはつねに危険につきまとわれている。逆スパイの潜入もある。分かりながら泳がせ、それによって相手の情報を得る、などは日常茶飯。一人ひとりは手駒、一兵卒であり、その死も省みられることはない。とはいえ人間のすること。ほのかな感情の通じ合いやもつれ、ほどいてまたつなぐ、強権支配のもとでのそのくり返しが切ない。

この作品の読みどころは、抗争のすさまじさや超然として動く歴史の読み取りにはなく、その襞ひだに懸命に生きようとする人間の真情にあるといってよい。

スミたちはなぜ、何のために若い命を賭けて和平工作に加わったのか。

「私は、日本人として日本と日本人が好き、そして、上海で得た中国人の友人達や、教室の生徒たちが好き。／自分の心を『好き』だけで埋めつくしたい」とスミは思っている。中国人とみると牙を剝いて襲いかかる日本人自警団に、生徒をかばって切りつけられたスミは、それだけが、「あの凶暴な刃に対する唯一の抵抗になり得る」気がしている。あるいはスミは、上海を「自由に人生を選べる場所」として気に入っており、そのように人生を歩みたいと願っている。

愛とか自由などというと陳腐に聞こえるかもしれないが、「戦争」に対峙するのは、おそらくそれではないかと私には思える。「戦争」あるいは大危機に、漠然と「平和」を対義させるのは、怠惰か傲慢のいずれかだと思う。そんなことを考えさせてくれる好著である。

2021/03/22

芸術と大衆性のあいだには

瀬崎圭二『テレビドラマと戦後文学　芸術と大衆性のあいだ』

森話社　A5判上製
2020年12月　4800円

テレビドラマをほとんど見ない私だが、本書のタイトル『テレビドラマと戦後文学』、副題の「芸術と大衆性のあいだ」に惹かれて四五〇ページの大冊を読んだ。著者の瀬崎圭二は、一九七四年生まれの日本近現代文学研究者で大学教授。テレビ文化の黎明・青春期といえる一九五〇年代後半から六〇年代前半のテレビドラマ、それも映像の残っている芸術祭参加作品を中心に視聴・分析してまとめた労作である。

日本国中がそうであったように、わが家にもそのころテレビがやって来た。御多分に漏れず、皇太子・明仁と正田美智子の結婚に照準を合わせていた。六〇年安保のときには、人気番組「番頭はんと丁稚どん」で大村崑や芦屋小雁がスクラムを組み、「アンポ反対、番頭たおせ」と演っていたのを思い出す。テレビは、「社会」をわが家に運び込んでくるものだった。

大宅壮一がテレビの家庭進出に「一億総白痴化」を促すと言ったのを私が知るのは長じてからだが、本書は、テレビに対してそのような批判ばかりでなく、少なくない知識人、文学者が期待を寄せ、かかわっていったことを教えてくれる。志賀直哉や谷崎潤一郎などその作品がドラマ化されるだけでなく、安部公房、寺山修司などは自らシナリオを書き、新進の演出家・和田勉らとともにテレビを席巻した。『テレビドラマ』や『放送ドラマ』など、テレビドラマに特化した専門誌も発行されるようになった。「この雑誌をテレビ文芸界の最良の公器に育てる」と決意した。

初期のドラマで話題になったのが、フランキー堺が主演した「私は貝になりたい」だった。平凡で気の優しい散髪屋の清水豊松が、戦争中の捕虜の殺害に関与した罪を問われ、BC級戦犯として処刑される物語である。刑の執行が決まって、豊松は戦争や軍隊、それらを生み出す人間というものを拒否し、どうしても生まれ変わるとしたら、自分は海の底の貝になりたい、という遺書をしたためる。

ドラマは、戦争に巻き込まれた悲劇、つい昨日の日本人の心情を代弁して絶賛に近い評判を得、芸術祭賞を受賞する。本書で特筆すべきなのは、それに対する異論の丁寧な紹介である。代表的なものは、江藤文夫のそれで、江藤は、主人公の立場（を通じた作者たちの姿勢）が単なる戦争被害者にとどまるかぎり、戦争体験の事実の記録と変わりがない。ドラマを見る人の共感も、戦争被害者としての共感の域を超えることができない。その結果、戦争被害という形でそのまま普遍化される、と批判した。

江藤は、テレビという大衆家庭文化の感化力を警戒した。ことがアジア太平洋戦争にかかわるだけに、日本＝被害者の普遍化を恐れた。江藤の指摘から六〇年後の今日、この問題は改めて考えてみる必要がありそうだ。

それはともかく、終章に面白いエピソードが紹介されている。玉井五一が言ったという。

関根弘がぶらりとやってきて、花田清輝のテレビドラマを見たかと聞く。見たと答えると、どうだったと反問し、続けて、俺は街のバーに見に行ったんだが、始まったと思ったら三分間でチョンだ、周りのミーちゃん、ハーちゃんの大衆先生が、こんなの面白くないって切りやがった、おかげで酒代がパーだ。

玉井も、関根、花田もともに「記録芸術の会」の会員である。

テレビを持たない関根の苦労はともかく、この「大衆先生」をどう考えるか。芸術と大衆性は切れているのかつながっているのか。永遠のテーマと思うのだが、乗り越えたわけでもないのに、いまや問う声はほとんど聞かれない。

2021/03/29

不服従の民への渾身のオマージュ

南田みどり『ビルマ文学の風景——軍事政権下をゆく』

本の泉社　46判上製
2021年3月　3000円

この欄であつかう著作は弊社のものを除いて、と決めてきたが、今回は許してもらって、先月末に出した南田みどり『ビルマ文学の風景―軍事政権下をゆく』を紹介したい。もちろん、ミャンマーの不服従の民へ、私もエールを送りたいからである。

軍事クーデターが起きてほぼ二ヵ月、報じられるかぎり、事態が打開される見通しは今のところつかない。国軍の弾圧はエスカレートする一方で、抗議活動に参加していない幼児にまで銃口が向けられている。選挙の結果が気に入らないからと「不正」を呼号し、軍隊を出動させて政治権力を奪うなど、私には初めて見る光景だ。軍事クーデターなどというものは、あれこれ理屈を並べておこなうものでないはずが、御託を言い募るそこに、国軍側の理不尽、後ろめたさがあらわれているように思う。しかし、そうはいっても、中国、ロシアとその顔色をうかがう東南アジア諸国の一部の動静もあって、事態は許しがたく深刻になっている。

ミャンマーの人々の屈せぬ姿は、たたかいのなかでこそ知恵も力も湧き出るとはいえ、素晴らしく、感動的だ。たとえば、ミャンマーの国連大使が指を三本立てておこなった演説など、彼にこれから降りかかる弾圧を思うとその勇気に頭が下がる。小さな新聞記事に涙を誘われることも少なくない。在日のミャンマー人たちが全国から東京に集まって抗議と要請を訴えるデモも、沿道の励ましや交流もあって胸を揺すぶられる。もちろん、そうやって心を寄せる人ばかりではない。クーデター後に全国会議を開いても抗議決議一つあげなかった「民主」団体もある。

そういうなかで、『ビルマ文学の風景』を読んでみる。本書は、いうならば文芸評論集であるが、他書とは大いに趣が違っている。足で稼いでいるのである。軍事政権下のことで思うにまかせない渡航、通信状況のなかをかいくぐって、半端でない資料を収集し、その関係者への聴き取りをおこなっている。直接会うことの困難はあるが、あって話を聞くことほど確実なことはない。それを本書の特筆する第一点とするなら、第二点は、同様に監視・スパイの目をかいくぐり、多くの作者に直接会い、翻訳する作品を収集していること、そして第三に、作品の舞台になっている土地、作品に映し出された光景、事物を訪ね、直接その目で確認していることである。

本書の扉裏に「訪れた主な場所」としてミャンマーの地図があるが、三〇を超える地点に印がある。日本のように至れり尽くせりの交通網ではないし、道路事情もわるい。そのなかを、誰に命じられたわけでもなく、研究といえば聞こえはいいが、ただ、それを知りたい、知らずには書けないと、南田さんは道を踏み分け進んでいったのである。彼女をそのように衝き動かしたものは何か。

ひとことでいえば、ミャンマーの人びと、それが大げさなら作家と文学作品への愛、友情にほかならないと私は思う。国家認定の「ビルマ文学」に始まり、日本軍の占領時代、いっときの「解放」から社会主義という名の軍事官僚独裁、軍事政権、抵抗、さらに強圧的支配、今世紀に入っての民政移管……ビルマ文学は波浪というには激しすぎる歴史を、ときに正面に受け、あるいは柳に風とするっと流し……、休むことなく、人びととともに生き続けてきた。まったく、不服従の民のようである。

本書は、健気な民を、美しく掬いとる文学の本質を余すことなくえがき出した傑作の評論集である。版元の大げさな売り文句などでは決してない。

2021/04/05

書評は七対三の構え

保坂康正『昭和史の本棚』

　私は文学に親しんでいるが、同じくらいに歴史が好きである。私の最初の著書は『歴史の道程と文学』というもので、出版をすすめてくれた人がタイトルまで付けてくれた。私も大いに気に入って、漠然とではあるけれども、自分の文芸評論の軸がそこに据えられたとも思った。三〇代の終わりだった。

「好き」というのは「研究する」のとは違っている。たとえば、私の歴史好きは、少なからず文学、小説から入っている。若い日、文学を断念して社会運動に道を定めたのと同時に私は、歴史・時代小説を読み漁った。戦国、群雄割拠の時代に終止符を打ち新しい政治経済社会を目指した信長は偉く、それを引き継いで近世社会を開こうとした秀吉はさらに偉く、二六〇年の太平の世の礎を築いた家康はいちばん偉かった、などという山岡荘八の〈歴史観〉に、何とはない同感をしていたものである。

　活動上の史観と小説を読む頭が混乱していた。それに大ショックを与えられたのは、村山知義の『新撰組』である。こんどは単純に、「人殺し集団」と位置づけていた。友人が沖田総司を主人

幻戯書房　46判上製
2021年4月　2500円

公にした漫画を描《か》いたので、何を考えているんだと詰った。司馬遼太郎の『燃えよ剣』におやっと思い、新撰組をきちんと幕末維新の歴史のなかにおいて考えないといけないと思ったのは、五〇をいくつか過ぎてからのこと。「敗者の歴史」はもう一つの私のテーマになった。

事実をフィクションで読む愚、というのは簡単だが、義経がジンギスカンになった類いの話があとを絶たないのも人の世で、歴史事実の記録が改ざんされたり隠されたり、あげくにそもそも記録しない現今の政権では、検証する手だてすらないことになるのではないかと危惧する。

そんなこんなを、保坂康正『昭和史の本棚』を読みながら思い出したり考えたりした。著者はいまや近現代史研究の第一人者とされ、朝日新聞の書評委員も務めている。本書のほとんどは「朝日」に掲載された二〇〇近い書評を集めたもので、書評論と『昭和天皇実論』読解を付している。著者の書評論とも関わるが、読んでいて一番得心したのは、「七対三の構え」を保持するという点。七割は肯定し三割は否定ないし留保する、この三割のなかにみずからの主体性を託し客観性を保つ、ということである。

たとえば冒頭、百田尚樹『永遠の0』を、書評発表誌が同じ版元の『文藝春秋』だったことにもよるが、ずいぶんな字数をとって批評している。評者の保坂は、この作品が四〇〇万部のベストセラー、映画に六五〇万人の観客動員があったことをおろそかにはしない。作者の叙述がとくに新しいものではなくすでに戦時下から流されていたものであること、などを丁寧に論証し、同時に、これを右傾化、アナクロニズムと断じる反戦・平和主義の粗略な「反論」にも釘を刺す。保坂は、その「硬直した態度」が逆にアジア・太平洋戦争の真実を覆い隠したり、事実探求を鈍らせることになっていると指摘する。

さらに、感動した読者に対しても、これを入り口にして、実際の兵士の手記や手紙などにも手を伸ばしてほしい、と要求する。事実をフィクションで読んで分かった気になるなと注意喚起するのである。そこにあるのは、歴史を作るのがだれであるかの保坂の信念があるように思う。彼ら人民がどのような歴史観を持つのか、そこに書物が如何に寄与するのか、出版人の襟も自ずと正される。

読み終えると、付箋だらけになっていた。読まなくてはいけないと感じた著作が何とも多くあったのだ。あの戦争になぜ多くのふつうの人たちが狂喜乱舞するようになだれ込んでいったのか、が近年の私のテーマだが、まだまだ怠惰と叱責されているようだった。

2021/04/12

二〇二一年

「戦争」を生き生きと語る、とは

羽原清雅『日本の戦争を報道はどう伝えたか　戦争が仕組まれ惨劇を残すまで』

「戦争」を考えるということは、一人ひとりが生存するうえでの「責任」なのだと思う。――『日本の戦争を報道はどう伝えたか』の巻頭に置かれた著者・羽原清雅の言葉である。まったくその通りだと思う。だが、よくよく読むと、どういう「戦争」を考え、どのように「生存」し、そのためのどういう「責任」をいうのか、いささか抽象的で、何かぼかしているように思える。

著者の善意や良心を疑っているのではない。本書のベースは、戦争への忌避、不戦の意志にあり、集団的自衛権の容認から戦争法、年々肥大する軍事予算など現今の軍備と戦争への傾斜にたいしてきびしく批判している。これを食い止めるために、先のアジア太平洋戦争やそこにつながっていった日清・日露からの流れを、ジャーナリストとして辿っておこうという気持ちも十分なものがある。

そのうえでの？　なのである。

たとえば第3章、「戦争犠牲者を『数』から考える」とある。著者は戦争犠牲者というと、従来、「日本人兵士の死」を中心に語られてきて、「相手国の兵士の死」「民間・非戦闘員の犠牲者」は十分考えられていない、と指摘する。そうして、日清・日露からの「戦争」の犠牲者を一覧の表にして示す。説明が付されて、「なぜ攻められ、侵略された側の人々が犠牲になったのか」と問う。だいじな視点である。しかしこの問いに、「そこに浮かんでくるのは、やはり人間としての尊厳を抹殺する『国家』の存在である。『国家』は国民の生命財産を守るものだ、という。だが、ほんとうにそうなのか」と答えるのは、正直、ウッと思ってしまう。著者は、国家と個人の関係を問題にしているのだが、どうも、国家がよければ個人を蹂躙しないし、戦争も起こさない、と聞こえてしまう。個人は国家の犠牲者、といっているように感じられてならないのである。

それは、「戦争遂行に対するメディアの責任」を論じるのとあまり変わらないページ数を費やして「ヒロシマ・ナガサキの悲劇」を書くところにも通じているように思われる。

もちろん、ヒロシマ・ナガサキの惨劇がなぜもたらされたのか、どれくらいの被害があったのかを正確にすることとは重要なことで、投下したアメリカの戦争責任は逃れられるものではない。だが、その「被害」を「加害」と同様に語っていいものなのか。

また、新聞記事をもとにしているとはいえ、「戦争遂行」を記述する著者の筆先はいささか重く、原爆被害に及ぶと生動するのは、どういう心理の表れか、とも考えさせられる。略奪・殺人には重く、悲しみはこれでもかと語りかけてくるのは人情のなせるところとはいえ、ジャーナリストまでそれでいいわけはなかろう。

「戦争」への道をくり返してはならないとの思いで本書を著し、「戦争は悪」を章立てまでして説くのであるから、それを、「犠牲」の眼だけで見て論じるのはいかがなものか。そうでないと、「戦争」はつねに過去の物語になり、明日への想像を呼ばないことになる。明日を生きる若ものたちの心に届くものになっていかない気がする。過去の検証は明日の平和のためでなければならない。先の戦争をふり返るときに、日本人を「犠牲者」に整列させるところからは、それが生まれてこないように思う。

昨日午後のテレビで翻訳家の清水眞砂子さんが大学教員時代、学生から「戦争を体験している人が羨ましい。だって、あんなに生き生きと戦争のことを話されるんですもの。私たちにはそれがない」といわれてショックを受けたと話されていたが、戦争体験者が亡くなっていく現代に、戦争反対をどう生き生きと語るかは受け継ぐものの責任である。

2021/04/19

書肆侃侃房　46判並製
2020年8月　1900円

「人ってもの」ってなんだ？

西條奈加『曲亭《きょくてい》の家』

『心淋《うらさび》し川』で第一六四回直木賞を受賞した西條奈加の受賞後第一作、書き下ろしの『曲亭の家』を読む。近年、時代小説を書く力のある女性作家が多く出てきているが、その一人である。受賞作もそうだったが、人情の機微をうまくとらえる。だが、この「うまく」はくせ者で、うまくつかめばつかむほど、その人物は現状の枠にすっぽり絡め取られてしまい、出路が願望に置き換えられて、まっしかたがないか、でおわってしまいかねない。

たとえば、受賞作『心淋し川』のこんな台詞。「誰の心にも淀みはある。でも、それが人ってもんでね」。そういわれればその通りで、その悶々とした気持ちを抱えて人は生きているのだが、四人の妾を一つ屋根に住まわせる「淀み」と、囲われる年増の「淀み」、息子を殺害した盗人と当たりを付けて長年つけ狙う老人の「淀み」……いろいろある、でもそれが人ってもの、では何とも落ち着かない。読物は慰みとはいえ、だから辛抱しろよ、ですまされては物足りない。

『曲亭の家』は、曲亭こと滝沢馬琴の息子に嫁いだお路の物語である。江戸時代も末期、ペリーが来航するころのこと。馬琴は「椿説弓張月」や「南総里見八犬伝」などで、江戸期でほとんど

角川春樹事務所
46判並製
2021年4月　1600円

ただ一人、原稿料で生計を営んだ作家である。体も大きかったが、存在そのものが巨木のようで、横暴きわまりない。偉大な父を持つ息子は、医家を継いで見立ての確かさで知られるが度外れた癇癪持ち。おまけに病弱ときている。父親の期待に添いたいがなかなかそうはなれないわが身を責め、心身を痛め、その反動で瞬間湯沸かし器のように人に当たり散らす。

そんな理不尽きわまりない婚家でも、義母が支えてくれれば何とかなるが、これがまた癇癪持ちで病持ち。医家の家で女・男のあいだの差別的扱いなどもなくのびのび明るく育ったお路にとってまさに修羅。

夫が逝き、馬琴の目が見えなくなると、お路に清書から口述筆記の役が回ってくる。馬琴は厳しい。文字の一つ、仮名の付け方一つにこだわりがある。もとより、読み書きの一通りは身につけていても、戯作のそれはまったく違うし、馬琴のこだわりは独特のものがある。ミミズの這うような文字を書写できないと、親はどんな教育をしてきたのだ、こんな文字も知らないのか、と罵詈雑言が飛ぶ。

たまらず家を飛び出る。何が八犬伝だ、こんな難しい字が読めると思っているのか、心に毒つきながら彷徨っていると、ある普請現場で大工たちが八犬伝を話している。読んだか、あったり前よ、この前出たばかりのやつだぞ、貸本屋にふた月待ちだといわれた、それが伝手があって毎日普請が引けてから通って十冊全部読み終えた……。

どの顔も生き生きしている。たかが絵空事、しかもあの偏屈な舅の頭一つで生み出された代物に、なんでこんなに夢中になるのか……、これではまるで生き甲斐じゃないか。

お路は、何としても八犬伝だけは終わらせると執念を燃やす馬琴の心に気づく。読み物は、渇いたのどを通る一杯の水、空腹を満たす米、凍えた体を温める炭。大団円を待つ読者を裏切らぬ……。

身近の小さな暮らしに幸せを見つけるのを辛抱の支えにしてきたお路だったが、馬琴の戯作と、それを手助けする自分の役割の意味を見つけたとき、人生を生きる自分も見つけたのだった。読物に限らず絵画、詩歌、芝居、舞踊、音曲……は、「精神《こころ》に効く」ものであり、それに携わることのかけがえのなさを見つけたのだった。

「それが人ってもの」、とでもいうような好編だった。

2021/04/26

出版社は文化財を造っている

魚住　昭『出版と権力　講談社と野間家の一一〇年』

魚住昭『出版と権力　講談社と野間家の一一〇年』を読む。六七〇頁、背幅が四センチもある大部、力作は、電車内で片手で持つには重すぎて、取り落としそうになることもしばしばだった。が、その目方よりもより重く感じたのは、中身である。

青木理も『世界』で書いていたが、講談社の依頼で創業者一族を書くとなれば、よくてどっちつかず、気持ちが弛むと提灯持ちもいいとこになりかねない。そこを、さすがというか魚住、ジャーナリストの気骨をよく示して歴史のなかに講談社と出版文化みごとに位置づけた。出版の歴史、出版と文化、歴史と知識人、雑誌と書籍、出版流通の仕組み、大衆と権力……さまざまな角度から読み知ることのできるものになっている。

本書の圧巻と私が思ったのは、終章である。「ふたたび歴史の海へ」とタイトルが付けられて論じるのは、出版とはそもそも何か、という根本問題。ケント・ギルバートの『儒教に支配された中国人と韓国人の悲劇』をあげての講談社批判、ひいては日本の出版界への問題提起である。ケントの書は講談社＋α新書。それを友人から知らされたとき、魚住は愕然としたという。

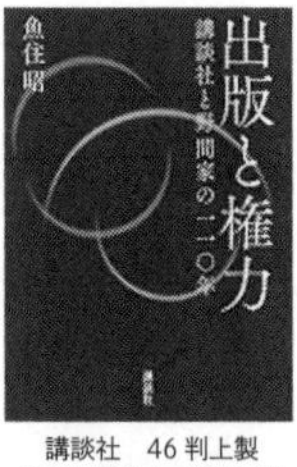

講談社　46判上製
2021年2月　3500円

魚住は、ケントの書の序章の最後の言葉——中華思想に基づいて、周辺の国の人々をさんざん馬鹿にしてきた中国人ですが、儒教と共産主義という最悪の組み合わせによって、いまや本当に「禽獣以下」の社会道徳や公共心しか持たないほどに落ちぶれたと言っても過言ではないでしょう——を引いてこう書く、

「禽獣以下」とは言語に絶する。ちょっと前に、東京・新大久保でヘイトデモを見たときのショックが甦った。デモ参加者たちは平然とした顔で「朝鮮人を殺せ！」と叫んでいた。

禽獣以下!? 朝鮮人や中国人は人間ではないというのか、本の大衆文化を出版者として担ってきた講談社が、なぜこれを出すのか。魚住は怒りを隠さない。

この終章の一つ前の第九章「総合出版社への道」で、魚住は『野間省一伝』からとしてこんなエピソードを紹介している。

講談社内の書籍年間計画会議で児童図書出版の企画を検討していたとき、編集企画の担当者が「これは来年度の目玉商品であります」と提案した。

すると、四代社主野間省一は、「出版社は文化財を造っているところである。それに定価をつけて書店で売られているから確かに商品ではあるが、販売部の者が商品というのならまだしも、編集者が文化財を造っているという意識がなくて、自分たちの造っているものを商品と言うとはもってのほかだ」と言ったという。

このエピソードを紹介したほんの少し後で、前述のヘイト本を魚住は問題にしているのである。講談社は出版人の夢、誇り、矜持を捨てたのか……。売れれば何でもいいのか。この「商品」は日本人の心に何を注ぎ込み、攪拌するのか。それは文化か……。

私は、出版人の一人だが、やはりここに来て襟を正される。なかなか販売が伸びなくて苦しいけれども、もう少し頑張ってみようと思う。「文化財」ほど高尚でなくても、明日へ生きる滋養、前回の『曲亭の家』で言われた「精神《こころ》に効く」ものは出しているつもりだから。

2021/05/03

「戦争」をえがく若くて新しい世代

大川史織『なぜ戦争をえがくのか　戦争を知らない表現者たちの歴史実践』

「平和という名の彫刻は、……日本中の公共空間に存在している。驚くべきことに、それらのほとんどが裸体の女性像である。これはこの国特有の慣習であり、平和という言葉が付された女の裸像を公共の場に飾ることは、日本以外ではみられない現象である」

——これは、小田原のどかという一九八五年生まれの美術作家の指摘である。映画監督の大川史織（八八年生まれ）が「戦争を知らない表現者たちの歴史実践」として、写真家や映画監督、漫画家、画家らとの一〇の対話をまとめた『なぜ戦争をえがくのか』を読んで知った。対話した人の年齢は五七歳から二〇歳。「戦争を知らない世代」というのも憚られる人たちである。

「戦争を知らない子どもたち」という歌がある。作ったのは、いまは精神科医として活躍する北山修で、杉田二郎が曲をつけ一九七〇年の大阪万博会場で歌った。「団塊の世代」と呼ばれた北山たちが、もうすぐ親になろうというときに、わが子に、自分の親たちの思いも含めて平和や反戦の大切なことを語ってやりたいと作ったものだ。そこには、家でも隣近所でも学校でも、「戦争」が溢れるなかで育った団塊世代の、「戦争」への思いも重なっている。強烈な間接「戦争体験者」

である団塊世代のそういう「戦争を知らない」思いは、幼子とはいえ戦争を〝体験〟している先行世代や直接体験者である親世代との、峻別といってもいい一線だった。もちろん、あとの世代ともちがう意味がある。

それが、はるかにあとの人たちがいま「戦争を知らない表現者」として、「なぜ戦争をえがくのか」と問うのである。何が違うのか、どこが違うのか、共通する思いはあるのか……惹かれて読みすすめた。

たとえば、ペリリュー島の漫画で知られる武田一義は、なぜ戦争という題材に惹かれるのかと自ら問い、戦争でひっかかっていることがあるとして、「みんな〝天皇陛下万歳〟と言って死んだ」といい、また「みんな〝お母ちゃん〟といって死んだ」と、「みんなそうだった」という言い方がされるが、ほんとにそうか、たぶんどちらもいて「みんな」ではなかったろう、そういうどっちもいたという状態、そこにいた人に寄り添った作品を書きたい、戦地に行かれた人がどういう気持ちだったのかを考えたい、と語っている。

武田はこうも言う。「僕の作品ではありますが、自分の意志や思いを最優先させて書いているわけではありません」「現実にはそれぞれの人生があって、ものの考え方や価値観はそれぞれにあるというのを作品から漏らしたくない、勝手に編集したくない」「描き方の軽重はもちろんありますが、一番は、そこにいた人全員のことを肯定したいという思いです。そこにいた、という意味を描く、その思いが一番強いです」

それぞれに濃淡はあるのだが、武田のこの言葉は、一〇の対話に共通する。私は本書を読み終えて、登場した若い人たちがほんとにたのもしく思え、嬉しくなって、まったく読んでいなかった彼らの著作をネットで注文した。

反戦や平和は、好戦者との対峙になって（戦後ずっとそうだったが）、退いたら負けみたいな感情にとらわれて、往々、敵を打ち倒せとばかりに強く前へ出るものだった。したがって、反戦や平和は、集団としてみんな同じ熱量を持って語り、闘うものとされ、か細い小さな願いはときに邪魔者にされかねず、多くはついていけずに運動から離れた。

運動の紆余曲折でもあったが、それらをいま批判的に乗り越えて、新しい、戦争を問う声がひろがってきているのだ。「戦争」を伝える大きな責任を負っているとも言える「団塊世代」がここから学ぶことはけっして小さくない。ぜひ目を通してほしい。そして、彼らに負けずに「戦争」をえがいてほしいと思う。

2021/05/10

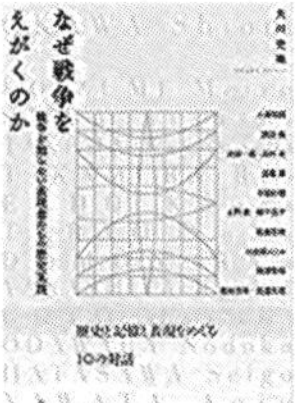

みずき書林 46判並製
2021年1月 2000円

戦争体験を継承する若い世代のこころみ

寺尾沙穂『あのころのパラオを探して　日本統治下の南洋を生きた人々』

前回紹介した『なぜ戦争をえがくのか』に触発され、対話者のひとり寺尾沙穂さんの『あのころのパラオを探して　日本統治下の南洋を生きた人々』を読む。寺尾には『南洋と私』という著書があり、本書はその後編。『南洋と私』はサイパンを取材してのものだが、今回はパラオ。きっかけは中島敦だという。

学生時代のことだろう、中島の「南洋もの」を読み、パラオに南洋庁があり、中島が現地の島民用の国語教科書を作るために赴任したことなどを知って衝撃を受けたという。南洋諸島が日本の統治下に置かれていたこと、そのことがなぜか日本近代史ではなかったかのようにスルーされていたことに愕然とする。中島をきっかけに南洋を知った者として、中島が見た風景をきちんと見て、何かを感じてみたかった、と「まえがき」に記している。そういう私だって、パラオで知っていることといえば、ペリリュー島の日本軍全滅ぐらいなもので、本書から知ることは多かったし重かった。

日本統治下のパラオを生きた人々をえがくうえで寺尾は、三つの視点を設定している。一つは、中島や土方久功など現地に暮らした文化人らの視点、二つにパラオ人、すなわちカロリン人の視点、三つに元移民の視点。貧しさから逃れようと移民を決意し、戦後は放り出されるように帰国し、荒蕪地へ開拓に入った人たちだ。宮城県蔵王町に「北原尾」というところのあることを本書で知った。

現地に行き、カロリニアンと接し、言葉を交わさないと、人懐っこい笑顔の向こうは見えてこない。著者は言葉を慎重に選びつつ、カロリニアンの内へ、中へ入っていく。現地を案内してくれるケルヴィンは、戦争は終わった、前を向きましょう、という。まぶしい言葉だ、だが、と寺尾は自分をふり返る。日本人である私が笑顔でうなずくわけにはいかない、と思う。こういう心の動き方が、読んでいる方の視線を落ち着かせてくれる。だから、ケルヴィンが幼いころ、母親から「夕焼け小焼け」や「桃太郎」の歌で寝かしつけられたという話を聞いても、それらを教えた日本側の狙いはいくらでも分かるが、しかし、ケルヴィンのお母さんはそういう次元とは別のところで、この歌が好きだったし、日本語で歌うことが楽しかったのではないか、と思う。論理で頭でっかちになっても、どこか実際と離れてしまう、そのことを警戒する著者が、論文でなくノンフィクション・エッセイを選んでえがくのもわかる気がする。自分の肌近くに引き寄せ、感じてみたいのだろうと思う。

そういう寺尾の気持ちがわかるから、ケルヴィンは、パラオ人虐殺計画の大きな防空壕を案内する気にもなったのだろう。この計画は中止されたが、防空壕跡はいまも残り、大きな口を開けている。

寺尾は一九八一年生まれ。「団塊の世代」のようにまわりにまだうようよ「戦争」のあった、「戦争を知らない」世代とはまったく違う「戦争」の感じ方、捉え方は、私には新鮮だったし、教えられもした。寺尾はこうも書いている。

「国境を越えて友情をはぐくまなければ、戦争の本当の愚かさなどわからないのかもしれない。味方が死んだ、家族が死んだ、あの国に攻撃された、そうした次元で戦争をとらえるかぎり、戦争は人によっては〈必要悪〉であり、あるいは二度と降りかかってほしくない天災のようなものになってしまうのではないか。国籍や民族という違いを超えて人と人とが信頼し合えたとき、初めて人は戦争について〈私たちは何をしているのか〉という、根本的な問いに辿り着けるのではないか」

〈戦争〉は、若い世代によって確実に語り継がれていくことだろう、これまでとはまた違った形で。

2021/05/17

集英社 46判並製
2017年8月 1700円

戦争体験をなぜ継承しなくてはいけないのか

蘭　信三、小倉康嗣、今野日出晴
『なぜ戦争体験を継承するのか　ポスト体験時代の歴史実践』

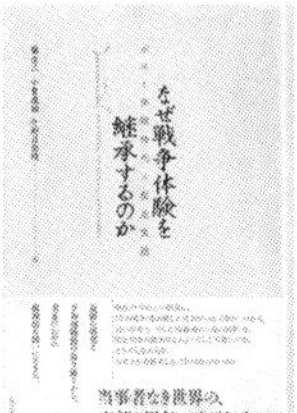

みずき書林　A5 判並製
2021年 2月　6800 円

『なぜ戦争体験を継承するのか　ポスト体験時代の歴史実践』と題されたA５版、五〇〇ページを超える大部の論集を読んだ。帯に「戦後七五年以上が経過し、〈あの戦争〉を体験した世代がいなくなりつつある。近い将来やってくる〈体験者のいない世界〉で、歴史記憶の継承はどのようにして可能なのか。そもそも私たちは、なぜそれを継承しなければならないのか。」とある。

まったく同感。私の文学仲間にもそのような問題意識で創作に懸命な人がいる。その人たちにぜひ読んでほしい一書だ。六八〇〇円と値は張るが、それ以上に問題意識をかき立ててくれる。決して惜しくない。いや、それ以上だ。

例えば、第１部「体験の非共有制はいかに乗り越えられるか」、第１章「継承とはなにか」の冒頭にある広島市立基町高校の「原爆の絵」の取り組み。被爆者の証言を聞き、出てくる場面を美術部の生徒が半年から一年かけて絵を描《か》き、完成した絵は被爆者の証言に使われるという取り組みである。その下絵や完成絵も収載され、のっけから衝撃をうける。二〇〇三年から続いているという。絵を描《か》いた一人がこんな話をする。

資料館の人形（被爆再現人形）などを見て、「ああ、なんかこういうふうに火傷して、こういうふうに悲惨な状況になっていたんだなって、……ただぼんやり理解していただけで」、「描いて初めて、あっ、こういうことだったんだって」。「とりあえずあの、人間を塗る色じゃなかった気持ち悪さとか。……」。

「しんどかった。……赤で塗っちゃったとき、ああっ、赤なんだっていうか、……これ、血とか、その人間の皮膚なんだなっていうことがわりと受け入れられなかったというか、受け入れざるをえなくなって、ちょっとしんどかったです」

語るのは高校二年生。ぼんやりとした被爆者のイメージが、絵を描いてみて、人間をえがく色ではないことに気づき、被爆者の気持ちに近づき、原爆というものの実態にせまる認識の変化が、訥々と語られる。

高校生たちは、多いときには二〇回も被爆者と会い、その体験に耳を傾けるという。初めは真っ黒焦げのモノとしかえがけなかった高校生が、何度も話を聞き、絵も見てもらううちに、倒れている人ひとりひとりにも人生があって、それが被爆して亡くなっていく辛さとか悲しみに思いが延び、それを手とか指とか表情に込めようとする……。

橋渡しをするのは批評だろう。論考筆者の小倉康嗣は、そこに主体性の獲得があるという。自分の想像力を超えた体験を負った他者との格闘のなかから、自己表現よりもその他者の体験をえがきたい、伝えたい、そのために絵がうまくなりたいと切望する主体性がうまれる、と指摘する。

「戦争体験」の継承とは、その主体性の獲得の過程でもあるのだろう。言葉を換えれば、いまを生きる自分の発見と確立。聞いて知ったことをただ伝えるのではなく、その「主体」をも後の世代に手渡していく……。

考えさせられ、前をしっかりと見させてくれる得がたい読書体験だった。

2021/05/24

二〇二一年

過ぎ去らせてはならない過去

金孝淳『祖国が棄てた人びと　在日韓国人留学生スパイ事件記録』

明石書店　46判上製
2018年11月　3600円

一九七五年一一月二二日、あるいは「11・22（事件）」と聞いて、あのことと分かる人はほとんどいないだろう。「在日」韓国人学生が「祖国」に留学したとたん、「北」のスパイに仕立てられて逮捕、投獄、拷問、あげくに死刑判決……。一一月二二日はそれが韓国当局によって発表され、大々的に報道された日だ。といっても、私もすっかり忘れていた。

先日、ガンとたたかう友人からはがきが届き、『祖国が棄てた人びと　在日韓国人留学生スパイ事件記録』を読んだか、あれでは不十分なので何か書きたい、と言ってきたので思い出した。スパイでっち上げ事件は知ってはいたものの、詳しく知ろうとはしなかったことを反省し、遅ればせながら一読して返書をしたためた。

「団塊の世代」と呼ばれた私たちの世代を特徴づけるひとつに、「朝鮮人体験」があると私は思っている。「チョーセン」と侮蔑する言葉を平気で口にしていたのが、してはいけないと思うようになる。中学から高校への進学時。ずっとオール5で来た「在日」の内申書で一つが4に変わる。5が誰かに回った。もらったものは進学トップ校へ、4になった彼はその次といわれる高校へ行った、ということを知る。やがて彼は、通名をやめ本名を名乗るようになる。

アイデンティティ、と言えば何やらスマートに聞こえるが、本名を名乗るに到った彼にとっては自分が何者かを必死でさがして得た結論だ。そういう、藻掻きあがいた「在日」は少なくない。韓国籍の取得も、葛藤の末の結論だ。そうした複雑な流れのなかで、韓国留学がある。自分の今につながる過去、体内に流れているもの……、それらを知りたいと、言葉も不十分なまま留学を決意し、渡る。

しかしそこで待っていたのは、「祖国」の無情な仕打ちだった。

「母国への留学生を装って韓国内の大学に浸透した在日韓国人スパイ一党二一人を検挙」と韓国中央情報部が発表した。独裁政治に抵抗する民主化運動を抑えこむために、朴正煕が緊急措置九号を発動した、その日だった。

しかし、「11・22」はその日公表された二一人のことだけではなかった。同様の「事件」は引き続き起こり、独裁体制に抗する声が大きくなり、大学で反政府デモがおこなわれたりその兆しがあると、「事件」が発表された。重大なことは、「事件」のすべてが公表されたわけではないことである。「主犯」に死刑判決が下された「事件」でも公表されなかったものがある。

「二〇代の若ものたちが監獄で手錠をはめられたまま、いつ処刑されるのかわからない不安に震えていても、韓国内の人たちはその若ものたちの存在すら知らずにいた」

独裁政権のメディア統制は徹底していた。日本では知られた徐兄弟のことは、韓国内ではほとんど知られていなかった。まして彼らの、「世界一のお母さん」が彼らの釈放を見届けることなく逝ったことも、韓国のメディアが報じることはなかった。

じつは、スパイ事件に巻き込まれた在日韓国人がどれくらいいたか、八〇人あまりと推計されているが、いまもって正確な統計はない。金大中・盧武鉉政権になってようやく真相究明がおこなわれだし、二〇〇〇年代に入って再審裁判がおこなわれるようになった。多くが締めくくられ、無罪、名誉回復がされつつある。が、彼らが心に負った傷はそれで回復されるわけではない。

私の友人が、この著書ではまだ不十分というのはその辺りのことを指しているのだろう。彼の「在日」の友はこの事件で命を落としている。

ともあれ、事件の一部始終が本書にある。スパイでっち上げも恐ろしいが、それを使った世論誘導、そして、完璧といっていいほどの国内統制……、もである。私の友人にとっては、そして本来、日本人にとって、過ぎ去らせてはならない過去である。

2021/05/31

まっすぐに向き合う、ちょうどいいとき

大川史織編著『マーシャル、父の戦場――ある日本兵の日記をめぐる歴史実践』

みずき書林の岡田林太郎さんから同社の大川史織編著『マーシャル、父の戦場』をいただき、読んだ。佐藤冨五郎という、名もない兵士が一九四三年、三七歳で召集され、南洋マーシャルで餓死する直前まで綴った日記を読み解きながら、日記が結ぶ縁の不思議や現地マーシャルの人びととの関係、何より、あの戦争が何をもたらしたのかを検証している。映画監督・大林宣彦へのインタビューをはじめ、偶然からとはいえ最初に日記の翻刻に挑んだ東北大学の仁平義明、赤外線観察を試みた国立歴史民俗博物館の三上喜孝、さらに、マーシャル諸島の民から見る戦争・核・環境問題についての論考など、思いと問題提起が四〇〇頁余にびっしりと詰まった、重量以上に重い一書である。

編著者の大川史織は一九八八年生まれ、高校生平和大使の旅で出会ったアウシュビッツのガイド中谷剛に感銘を受け、また、マーシャルで聞いた日本の歌に心を奪われて大学卒業後、マーシャルに移住。日系企業で働きながらオーラルヒストリーを映像で記録し、佐藤冨五郎の子息・勉の慰霊の旅に同行、日記の存在を知り、ドキュメンタリー映画「タリナイ」を監督した。

私は「タリナイ」を見ておらず、本書を読むまで知らなかったが、マーシャル語の「タリナイ」は「戦争」を意味する。食糧が足りない、弾が足りない、人が足りない……あのころこの島では、戦争とは「足りない」ものだった。語源は、残酷であり、この島にはそれ以前に戦争などなかったことを語ってもいる。

冨五郎の日記に離島から本島への帰還命令が来たことを記す箇所がある。一九四五年三月一日、〈僕ガ帰レノ令来ル、死ノセンコクノ様ナモノダト思ツタ〉

案の定、本島に食糧はほとんどない。五日には、〈昨日カラ急ニ体が弱ツタ、本日ニ至ツテモウ夕刻ハ歩ケナイ程〉となる。

四月二〇日、〈床ニ付イタ、命モ之レマデ後余ス所幾日モアルマイ／ヒザ全クキカナイ〉

冨五郎は妻に宛てて遺書を書く。

戦死しても力を落とすな、お前がしっかりしないで子どもは誰が育つ、元気で育ててくれ……、などとある。翌日、今度は子どもたちに、母親に孝行を尽くしてください、家内仲良く、兄、弟、姉、妹、仲良く暮らしてください、父なきお前たちは何かに不自由だろうが、致し方ない、元気で、朗らかに、美味しいものでも食べて暮らしてください……としたためる。

〈セメテ　カドヤノ　天丼デモタベタイ／クサレタ　タクアンデモ良ロシイ／良ク木葉、草ノ葉、砂ヲカギ（ジ）リツイタ〉と餓えを嘆き、〈全ク働（動）ケズ苦シム／日記書ケナイ／之ガ遺書／昭和二十年四月／二十五日／最後カナ〉——悲しい絶筆である。

本書は、大川さんが三〇歳になるとき成った。「終わりに」でこんなことを彼女は書いている。

長いが引用する。

三〇年といえば、日本が南洋諸島を委任統治していた年数とかさなる、と前置きし、

「マーシャル群島と呼んでいた三〇年について、手軽に知りうる情報で満足して生きる人生もありえた。しかし、本や映画やインターネットの検索ではつながることのできない三〇年間に出会い、別れた人たちの歌に心奪われてしまった私は、歌をひもとくことで歌詞にこめられた愛しさ、哀しみ、断念に触れることになった。私たちは、昨日や今日の傷みを忘れることで、明日を生きることができる。でも、ほんとうにすっかり忘れてしまったら、私が出会ったあなたという存在も等しく失うということにもなる。…（略）…

三〇年という歳月は、そう簡単には手放せない、生涯大切にしたい出逢いに恵まれるのに十分な年月であるはずだ。そしてその後に続く七三年という時間は、あと少し早かったらと悔やまれる出逢いがある一方で、近づくには遠すぎると諦めるにはまだ早く、まっすぐに向き合う時間としては、もしかしたらちょうどいいときであるのかもしれない」

まっすぐに向き合う「ちょうどいいとき」——なるほど。偶然にしてはならない、いまこのときである。

2021/06/07

みずき書林 A5判 並製
2019年1月2刷 2200円

パンデミック対応に求められる公平性と透明性

広瀬　巌『パンデミックの倫理学――緊急時対応の倫理原則と新型コロナウイルス感染症』

先日、やっとワクチン接種券が届いた。予約をしたが、二回目は八月になる。七月末には高齢者の接種は終わらせると政府はいうが、そうならない現実がある。一方、大学や企業でワクチン接種を始めるという。？という声は聞かれない。大規模接種までは、人をそう集めていいのかの疑問はあるものの対象が六五歳以上の高齢者だというから黙っていたが、企業で現役バリバリのサラリーマンたちが、大学で学生たちが、となると、これでいいのかと思ってしまう。

ワクチン接種については、まず、医療従事者、感染すると重篤が予想される高齢者……と、誰もが納得する接種順が当初示されたが、どこから、サラリーマンや学生が、たとえば、高齢者施設の職員や学校・幼保教育関係者などより優先されるようになったのか、何の説明もない。障がい者や社会的弱者はどうするのか、シングルマザーは、宅配従業員、清掃業者などは……どうするのか、何も示されない。

こうなると、接種の数を増やすためにやれる人からやる、という以外でなくなる。何かをやっているように見えるが、その実、何もやらないおまかせ状態である。

「政治」が口出しするからこうなる。「政治」は唯一、ワクチン確保に全力をあげ、医療行為は関係者にまかせる、べきだったのである。ところが、オリンピック・パラリンピックを何が何でもやることしか考えない「政治」が、その思惑で、とにかくワクチン接種の数を増やせ、七月末までに何とかしろ、と吠えたてて、ことを進めるから、筋道の通らないことが次々起こり、通らない筋道には抜け道がいっぱいあって、オリ・パラの水際対策も、ないも同然状態になっている。

一日一〇〇万人接種できている、と首相は胸を張ったが、責め立てられた自治体が数字合わせをしたに過ぎないことがすぐばれる。「まるでインパール作戦」といった人がいたが、まったく同感。

ついでに、この筋道の立たない無秩序、やったもの勝ち「政治」は、集団的自衛権の行使を閣議で決めるという、国のあり方、国防の基本をたかだか一内閣の閣議で決定するなどという恐ろしいことを平然とやった、あのときが始まりだったと、私は思っている。あれ以来、この国は野放図にだらしなくなった。

こんなことを、広瀬巌『パンデミックの倫理学』を読みながら思った。

著者は、二〇〇六年に起ちあげられたWHOのワーキンググループに参加し、当時警戒されていた新型インフルエンザへの対策として報告書を提出しており、それを今回の新型コロナパンデミックに対する倫理的課題として考察したのが本書である。

私などは、単純に、トリアージはよくない、などと思ってきたが、そういう点では目からうろこの感がした。「倫理」を見直した。そもそも倫理を持たない人たちに「倫理崩壊」などといっては「倫理」に失礼だと思った。

著者の議論の軸は、「救命数最大化の原則」にある。より多く命を救うにはどうすればよいか、であるが、そのためには優先順位をつけなければならず、それは、つねに公平でなければならない、とする。しかし、かぎられた医療資源の分配においては、「救命数最大化」の原則よりも「生存年数最大化」の原則を採用する方がより「公平」である場合がある、とも述べる。もちろん、年齢以上の要素を加えて「命の選別」につながる危険も指摘し、慎重な議論を求めているが、その時に求められるのが透明性だと強調している。

公平性と透明性、そして政治と医療の峻別。いまこの国に決定的に欠けているのはそれだ。ＩＯＣ帝国主義者に命を差し出せといわれて抗議一つできない「政治」に期待するのは無理だろうが、せめて、感染症対策のリーダーシップをとる尾身会長には、「医療」人として筋を通して欲しいものだと思う。命は「政治」のために投げ出されていいはずはないのだから。

2021/06/07

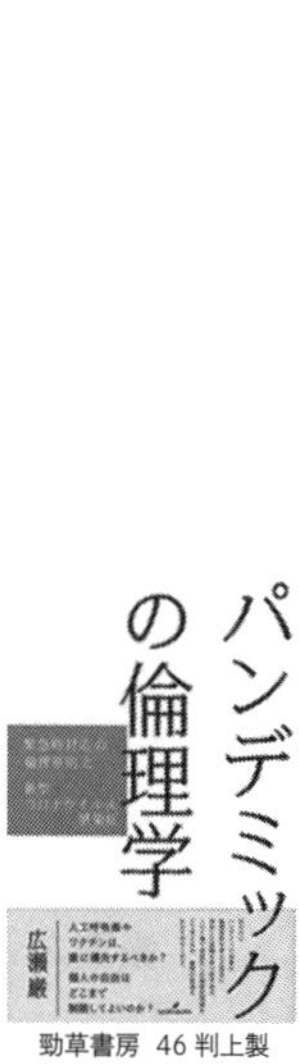

勁草書房 46判上製
2021年1月 1800円

気になって仕方がない「あん」

柴田よしき『あんのまごころ　お勝手のあん』

発行を心待ちにして読むシリーズ本がある。柴田よしきの「お勝手のあん」である。今月、第四弾『あんのまごころ』が出たので、さっそく買って読む。他愛のない時代小説であるが、たまたま第一作を読んで、他の女料理人ばなしとちがって、幕末という時代と生活とが絡んでいることに興味をひかれ、ついつい次も次もと読んでいる。河鍋暁斎がチラリと姿を見せるのにも、どこか気の利いた趣向に思っている。

「あん」はいわばニックネームで、本名はやす、おやすと呼ばれている。博打に身を持ち崩した父親のもとで、弟と二人、道ばたに落ちていたものを拾い食いしながら育った。女郎屋の下働きに売られようかというときに、品川宿の宿屋「紅屋」の主に救われた。身を惜しまずに働くうち、鼻がよく利くことを料理人の政一にみとめられ、台所で働くようになった。

　そのおやすも一六、台所付きの女中として正式に雇われ、給金も出るようになった。すっかり娘らしくなり、大女将からも、来たときは利発そうな子だと思ったものの器量はどうだろうと心配したが、つぼみが開くように変わった、ずいぶんときれいになった、といわれる。

ハルキ文庫
2021年 6月　680円

第四弾「あんのまごころ」の読みどころをあげると、一つは、紅屋の遠縁にあたるおちよがヤクザな男とのあいだに子をなし、それを堕ろすか堕ろさないか、宿した命への幼い母性の目覚めと葛藤。もう一つは、日本橋の薬種問屋十草屋に嫁いだ仲良しのお小夜に、夫のための料理を考え、小夜に腕をふるわせる工夫。

脂っこいものが好きな小夜の亭主に、さっぱりとしてなお油の味が感じられる献立の考案は、いつか、西洋料理に通じていく。特別に作ってもらった鉄製の平らな鍋でイカ、海老、さらに茄子などの野菜を長縁で焼く。最後にご飯を炒める。満足した十草屋から後日、お礼にとフライパンが届く。が、それが何なのかまだ分からない。

もう一つは、おやすが心に決めている一途な思い——料理人として生涯、大恩ある紅屋に勤めあげるという——への大女将の諭し。大女将には、売り物のないちいさな宿屋を、女中のおしげと二人、もてなしなら紅屋と呼ばれるまでに身も心を尽くして営んできて、その結果、美人で、いくつもあった縁談話を断って独り身のまま年をかさねさせたおしげへの申し訳なさがある。おやすにはその二の舞はさせたくない、うちの養女として嫁に出してもいい、とまでいう。

だが、おやすはそれを断る。涙をポタポタ流しながら、もったいない話だが、死ぬまで料理人として、腕がなまったら品川宿で一善飯屋でもやるから、紅屋に置いてくれと懇願する。そのときの大女将のことば。

気持ちはよくわかる。嫁に行って母になるよりお勝手で鍋の世話をする方が幸せという女がいても不思議じゃない。だけど、いつか、この人のおかみさんになりたいと思う男と出逢うだろう。

そのとき、女料理人になるという決心がどんなにつよくとも、迷うことを避けてはいけない。自分の言葉に自分を縛り付けてはいけない。女料理人であることはけっしてかなわぬことではないと思う。そして、女料理人であって妻であることもかなわぬことでないと思う。この人のそばにいたいと願うことと、料理人としていきたいと願うことは、互いに邪魔をする願いとばかりはかぎらない。女だって欲張りになっていいんですよ。……

話はつづく。あんの腕の上がり具合と、時代の流れ込みよう、つまり西洋の日本への入り込み、また、職業を持って自立しようとする女性への社会の目……。孫がどうなっていくのか、というような気になって仕方がないあんである。次を待とう。

2021/06/21

二〇二一年

「いまこそすべての日本国民に問います」でいいのか

田中　綾『非国民文学論』

青弓社 46判 並製
2020年2月 2400円

「いまこそすべての日本国民に問います」——ＮＨＫの人気番組「チコちゃんに叱られる」の決めゼリフだが、妙にざらつく。何か変である。日本中の人々に問います、ならそうは思わないが、なぜ、「日本国民」と断らなければいけないのか。日本には韓国、朝鮮をはじめ中国、ブラジル、アメリカ……多くの外国人、外国籍の人がいるし、税金も、ＮＨＫの受信料も払っている。その人たちにこの問いはどう聞こえるのだろう。

私はちょっと怖いのである。こういうさりげない形で「日本国民」とそうではない存在を腑分けする心性が、徐々に大きくなってきつつあるのが。そのうち、いや、このコロナ禍で誰かがすでにいい出しているが、「非国民」のレッテルを貼って、お上のいうことに逆らうものをあぶり出し、つまはじきにする社会が生まれるのではないか。

今朝（六月二七日）の新聞に、政府が全面広告をだし、考えてくれとはいうものの、みんなワクチンを打て、持病があっても大丈夫だ、とテレビで政府の広報官のように顔を出す医師が言いたてている。ワクチンを打って亡くなった人もいるし、小中学生の接種は義務ではない、いじめの対象になりかねない、と文科大臣が言ったばかりだ。なのに、ワクチンを打つ、打たないで、国策への協力度を測ろうという広告。新型コロナも怖いが、こっちも怖い。香港のリンゴは明日の日本かもしれない。

田中綾の『非国民文学論』は、国家に尽くしたいと思っていながらできずに排除されたハンセン病患者、療養者と、深く考えずに徴兵を忌避して逃亡しつづけた青年、という二様の「非国民」を、短歌や小説世界に追尋した好評論である。北条民雄『いのちの初夜』、明石海人『白描』、丸谷才一『笹まくら』が対象となった主な作品だが、各地のハンセン病療養所で発行された同人誌も目配りして、哀切こもった分析となっている。

大君に弟二人捧げ奉り申訳立つ如く吾が病みてをり

天皇に弟二人を差し出したことで、やっと自分が病んでいることの「申訳」も立った、という発想の底にあるのは、「臣民」の心情である。自分は病んで兵になれないが、代わりに弟たちが天皇のために死んでくれる……、せめてそれくらいは、という心情が悲しすぎる。「海ゆけば水漬く屍、山ゆかば草むす屍、大君の辺にこそ死なめ、かえり見はせじ」という、戦時下の生の基準線から見ると、兵になれないことは、その死を全うできない「非国民」であった。

そのハンセン病者たちが唯一「生きる」ことを実感し、つかんだのは、書くこと、であった。

盲ても、耳をそばだてて聞けば、
叛乱罪死刑宣告十五名日出づる国の今朝のニュースだ

発禁になった『日本歌人』に載せた明石海人の短歌は、「日出づる国」の異常を衝いている。

活栓に堰きとめられし水勢のあてどもあらぬ我が忿りなり

明石海人の憤りは、かれを「非国民」にする国家社会、人士衆民の世情の流れに向かうが、それはどこまでも、排除された不当にであって、国のありようそのものにではない。

『笹まくら』から著者が引き出したのは、それほどの信念もなく徴兵を忌避し、姿を隠して流れ歩いた青年が、戦後二〇年経って行き着いたのは、戦時下の漂流生活への懐疑であり、卑怯者とする白眼視への居たたまれなさだった。徴兵拒否という、当時の青年たちをとらえたロマンチックな英雄がかくも地に堕ちたのはなぜか。著者は、敗戦直後から価値基準のずれていく戦後社会の変遷も視野に置いている。

「非国民」という言葉は、国家的背景をもって従属・支配のためにつくられた言葉である。そこから戦争をとらえ直す意味は大きなものがあるが、「非国民」に抵抗の意味は与えられておらず、したがって「非国民」としての生をうたってもただ哀しいばかりに聞こえてくる。戦争を考えるには、加害と被害にくわえて、抵抗という線をつよく引くことが重要なように思える。

2021/06/28

為政者はいつだって命を差し出せという

斉藤利彦『国民義勇戦闘隊と学徒隊　隠蔽された「一億総特攻」』

政府の新型コロナ対応をまるで第二次大戦下の大本営、参謀本部と形容した人がいた。机上の空論、行き当たりばったり、あとは野となれ山となれ……。まったくその通りと思う。政府、東京都がほんとにオリンピック・パラリンピックをやりたかったのなら、昨年三月に一年延期を決めた時点からでもいい、ＰＣＲ検査の拡充と医療体制を整え、ワクチン確保に全力をあげ、3密回避のために都市部のロックダウンと十分な補償を実施しておけば、こんなぶざまな事態にならずにすんでいたろう。新型コロナを甘く見て、マスクで何とかなるくらいに考え、そのうち収まると踏んで、オリ・パラを開いて支持を回復し、選挙にも勝って……などと甘美な結果の夢だけみるからこんなことになる。

もはや、政治などというものではない。我欲である。オリンピックはダシに過ぎない。本気でアスリートの技能発揮や世界の平等と平和のための祭典など思ってもいないのだ。コロナ蔓延の危険もあるが、そういう下卑た下心のためにオリンピック・パラリンピックを使わせてはならないと思う。もともと、福島原発の放射能はアンダー・コントロールできている、復興オリンピックを東京で、と大嘘ついて招致した、恥ずかしい限りの二〇二〇東京オリ・パラである。返上するにしくはない。

だが、そこは大本営である。突き進む。開催にまっしぐら、何が何でも、のその姿は常軌を逸している。戦争末期もそうだった。一九四三年三月一〇日、陸軍記念日のこの日、有楽町の日本劇場に一〇〇畳もある大看板が掲げられた。鉄兜をかぶり装備に身を固めた兵士が星条旗を踏みしだき、銃剣を手に突っ込む姿をえがいた「撃ちてし止まむ」である。街角には看板と同じ図柄のポスターが一斉に張り出された。

「本土決戦」が言われるようになるのは、それから二年後。一九四五年四月八日、「決号作戦準備要綱」が発令された。私は、「本土決戦」などというのは一種のかけ声のようなものだと思っていて、そのための作戦を本気で考え、要綱までつくっていたとは知らなかった。斉藤利彦の『国民義勇戦闘隊と学徒隊　隠蔽された「一億総特攻」』を読み、〝正気の狂気〟の恐ろしさを感じた。

「本土の全地上戦力を決戦要域に集中し、縦深部署を以て敵上陸軍に対し決戦攻勢を断行し、戦争の帰趨を一挙に決せんとする」

本気でこんなことを考え、「全地上戦力」を「決戦攻勢」に動員するために、国民学校初等科修了以上の者で男子は六五歳以下、女子は四五歳以下の者を対象とし、職場、地域ごとに「国民義勇隊」を組織した。当面は、防衛、生産の一体的飛躍強化に資するが、状勢急迫する場合は武器を執って決起する体制に移行する、とはじめからうたった。

本書は、この「国民義勇隊」の実態をあきらかにしたもので、従来、これが組織されたらしいことは分かっていたものの、敗戦時に、特に名指ししていっさいの書類を焼却させたために、実態が明らかになっていなかったものである。それでも、各地に残っているものはあり、それらの点と点とを繋いで全貌をあきらかにしている。労作である。

「国民義勇隊」はすぐに「国民義勇戦闘隊」となり、六月には天皇の裁可によって男子一五―六〇歳、女子一七―四〇歳の老若男女に根こそぎ兵役の義務を課した。

「国民義勇戦闘隊員は神勅を畏み勅諭、勅語を奉体して軍人精神を養い軍紀に服し燃ゆるが如き闘魂を培いて国難を突破するの気魄を振起すべし」（送り仮名は平仮名にした）

「戦争隊員は戦争如何に熾烈となるも命なくして任務遂行の職場離るることあるべからず縦い其の身重傷を被るとも之が為戦意を沮喪することなきを要す」

一般の国民を勝手に兵士にして、燃ゆる闘魂をもって敵に対し、絶対に戦場を離れるな、天皇のために死ねと命じたのである。為政者は危機になればなるほど、国民の命など眼中にないのだとつくづく思う。それがいまのこの政権にも引き継がれているらしいので、私は恐ろしいのである。

2021/07/05

朝日新聞出版　46判並製
2021年6月　1500円

美人画の精神性

澤田瞳子『星落ちて、なお』

天才を父に持ち、その後を継ぐように同じ職種を選ぶ息子・娘は一体どんな気持ちなのだろうか。澤田瞳子の新刊『星落ちて、なお』をそういう興味から読む。

父は河鍋暁斎である。「画鬼」とみずから称し、狩野派の流れを汲みながら、「注文とあれば来るもの拒まず、真面目な仏画から顔を背けるような残酷場面、笑いをさそう風刺画まで、あらゆるジャンルをえがき尽した。それは、狩野派、浮世絵に限らず、伝統的な土佐・住吉派、円山四条派、琳派、文人画、中国画、西洋人体図等々、学べるもの全てを嚢中にした暁斎だからこその画業であったといえる」と河鍋暁斎記念美術館で説明される、破天荒、狂気と紙一重の天才である。

この父亡き後を、娘の暁翠を主人公にしてえがいたのが本書。五歳で絵筆をもたされ、父に与えられた手本を生涯離さずに描《か》き続けても、とうてい父には追いつけぬ画才。才能なら父に肩を並べたかもしれぬ兄・暁雲もまた、暁斎が父であるために越えられぬ壁に歯がみし、絵にしか命を注げられない己を呪う。罵りながら、それでも妹を見つめ、お前にしかできぬものがあるはずと死を前に説く、呪いたくなるような業のふかさ。

文藝春秋 46判上製
2021年9月 1750円

作者は、目をそらさずにそれを懸命に描出する。しかも、幕末から明治、大正……の激変期を背景として、日本画や狩野派の凋落のなかにそれを捉える。

時代の変遷は、西洋画の手法が持ち込まれることによって日本画にも大きな変化をもたらし、暁斎や暁雲、暁翠が求めてえがき続ける絵の価値は下がる一方だった。かつては暁斎を師とし、また横に見て研鑽を積んだ絵師たちが、「画家」となって暁斎の絵を古い、時代遅れと捨て去る。

——世の流行とは変わるもの。そしてその一方で、絵とはいったん描いてしまえば、末代までも残り続けるものである——

だから、末代までに何を残すか。

——なにせ江戸の昔に比べると、明治の世ではとかく男性が威張り散らし、女性は家の中で良妻賢母たれと求められている。そしてそんな世相を反映してか、近年、もてはやされる美人画はいずれも嫋やかで、大きな目に色白の頰、夢みるが如き表情を捉えた作が多かった。

かつて狩野派の絵師たちは、文読む遊女の姿に文筆に長けた人間の理想像を見、琴を奏する美人に幽境に遊ぶ仙人の姿を重ねた。しかしどうも最近の美人画はそういった精神性を離れ、ただ女性の美しさをえがくことに主眼が置かれているようだ。——

芭蕉が説く不易流行をここで暁翠が嘆いているのではない。時代に悪乗りして、女とはかくあるもの、美人とはこのようである、と男の目線で決めつけ、おうとばかりにそれに応えて、目はぱっちり色白で、と描く「画家」なるものの正体である。

精神性、つまりは思想を深奥に秘めて、さりげない挙措にその表れを託す美人画はもう古いのか、時代をつらぬいて末代に届くものはもはや無用の長物なのか……。

暁翠の胸中をこれでもかとくり返し問いを立てて覗いてみる作者には、もしかすると、すべてがデジタル化されて、手許のちいさな画面に映し出される情報でことをすませる現代への歯がゆい思いがあるのかもしれない。天才を父に持つことは、同業を選ぶと、しんどいことこの上ないものである。何をやっても比較される。しかし、たとえ父を超えられなくとも、父の心を知ることはできる。知ることができれば、別の形を追うことができる。

問題は、技術・技法でなく心であり思想であるのだが、はたして、デジタル技術を得てわれわれは、心を健全に開放しているか、思想を失ってはいないか、などと思ってしまうのである。

2021/07/12

幻の長編小説に流れる「反骨」

野口冨士男『巷の空』

野口冨士男さんにお目にかかったのは二九年前の一九九二年、七月一四日だった。野口さんの生前、最後のインタビューだった。その同じ日に、野口さんの作品のなかで単行本になっていなかった『巷の空』を読み終えた。

「太平洋戦争中には〝不要不急〟の小説として刊行を見送られ、戦後は出版社の倒産によってお蔵入りとなった〈幻の長篇〉！」と帯にある。『八木義徳　野口冨士男　往復書簡集』を出した田畑書店や子息の平井一麦らによってこのほど出版の運びになったもので、初版時に準備された富本憲吉の絵をカバーに配し、タテ一七八㎜×ヨコ一一〇㎜の新書判、仮フランス装のしゃれた装幀である。江戸っ子・野口冨士夫を隅々にまでうかがわせる気配りがうれしい一書になっている。

　というのも、この長編小説の魅力は、口調、作者の語り口調にあると思うからである。それも、明治末から大正、関東大震災にまみえる右往左往をふくめた東京の風俗、風情，庶民の暮らし……を、江戸川橋の鰻屋で育ちながら家業を嫌い、靴職人になった主人公・伊之吉をとおしてえがきだしてゆく。冒頭を紹介すると、

田畑書店　新書判上製
2021年7月　2300円

梅の花が莟をむすぼうとする季節である。まだ十分に寒い。明治ももうよほど終わりにちかい、三十九年の浅春であった。

朝晩は凍てついて霜柱が立つために、道路は陽の色があるあいだじゅうぬかるんでいる。寒気もことのほか身に沁みるのは、川に沿った石崖の上の道路だからであろう。

板塀は黒塗りで、その上からは見越しの松がのぞいていたが、小粋という趣からは、はるかに遠いものであった。下見の板は反り返って白い埃を浴びているばかりか、年代に黝ずんだ二階の手すりのあたりなど、冬の日のあわい陽光を受けて、いたずらに侘しいばかりである。


こういう調子でつづいていく。織田作之助の饒舌な大阪弁を私は好きだが、野口さんのはきれいな江戸弁。耳に心地よい。声に出して読むと、黙読より遥かに味が出てくるように思う。最近の小説にはまったくといっていいほどなくなってしまった、文章の味、である。

この調子で、下駄や草履から「靴」へと移っていく時代の変遷、軍靴修理から始まる軍部への取り入り、あるいは靴の製造工程、製造と販売の戦略、最後は革靴へのファスナーの取りつけ（このころの道路はぬかるんでいて短靴では泥ハネがひどく、長靴が必要だったが四六時中というわけにいかず、取りはずしを考えた）……、職人気質も交えながら、微に入り細を穿ち、調べ尽くしてエッセンスを巧みに描写する、野口ワールドがこれでもかと展開する。

かと思えば、靴ばかりか職人そのものが店ざらしになっている場末の工場、長屋や街のどこに何があって、どこを曲がると……と、書けば書くほど貧しさが浮き上がってくる。職人わざといっていい。特筆しなければいけないのは、それを通して健気な庶民を翻弄する時代、また政治が見えるようにしていること。

作品の背景は明治末から大正への高揚期だが、野口さんが書いていた時期はアジア太平洋戦争末期。かつてはこんな時代もあった、などと言おうとしているのではない。こんなにもつましく、懸命に生きようとしている人たちが、営々築いてここまで来てるんだ、てやんでえ、とばかりに言外に、あるものに対して力を込めているのである。この「反骨」こそ、本小説のもう一つのテーマである。

2021/07/19

なぜ広島に原爆が落とされたのか
堀川惠子『暁の宇品　陸軍船舶司令官たちのヒロシマ』

一月二日　臨時給仕、甲板員、二名戦死。
一月三日　甲板長、臨時給仕ら三名、戦死。
一月五日　臨時司厨長、操機手、二名戦死。
一月七日　二時、二等機関士長島虎吉戦死す。

一九四三年の年頭、大型輸送船鬼怒川丸の事務長が残した手記に記載されたものである。堀川惠子『暁の宇品　陸軍船舶司令官たちのヒロシマ』中の一節。お気づきと思うが、甲板長や給仕らは兵隊ではないし軍属でもない。したがって、「戦死」扱いはされない。そんなことは百も承知の事務長があえて「戦死」と書く。しかも彼らは、敵の爆撃にあったのでも銃撃されたのでもない。餓死である。

彼らが死んだのはガダルカナル島。ガ島と略記され、「餓島」と当て字される島である。前年秋に投入された陸軍将兵三万一四〇〇人余、うち命を落とした者は約二万八〇〇〇人。死者の七割以

講談社 46判上製
2021年7月　1900円

上は餓死といわれる。この数字に、兵士や食糧、弾薬などを輸送した一般船員が算入されているかは疑わしい。彼らの死は「遭難死」とされたからである。

だが、否、だから、事務長の手記には執拗に「戦死」の文字がくり返される。

ガ島は食糧のない島である。日本軍お得意の徴発という名の略奪ができない。三万の兵士を養う一日分の糧秣は一三五トン、加えて弾薬など……膨大な量を一度は上陸させたものの大半は敵機に焼かれて味方に届かず、二度目が敢行された。特攻輸送に当てられた一一隻の乗組員は出発前、全員が髪の毛を切って家族への遺品とした。米軍の猛爆をくぐり抜け大破しながらもガ島にたどり着いたのは鬼怒川丸はじめ四隻。乗員は船内を整理したあと上陸、戦況の好転を待ったがかなわず、糧秣を散らばっている兵たちの元へ届けつつ次々と倒れていった。

これを「戦死」といわずに何と形容できるか。事務長の手記に残された「戦死」の文字は、慟哭であり、怒りである。

――こんな話を綴っているのは、島国日本が戦争するためには輸送が欠かせず、それはほとんど船に頼っており、したがって、どういう船でどれくらいの人や物を運ぶのかは事前にきめ細かく立てられなければならない、という自明のことを、賢明にやろうとした軍人がおり、あまりに賢明なためにのちに軍中枢からはずされて辞職させられたが、彼（田尻昌次、退任時中将）は広島宇品でその輸送計画を完成形にまで仕上げたことをいいたいからである。なぜ宇品だったか。

広島は日本で唯一、大本営が置かれた地方軍都であり、日清日露いらい、宇品はその玄関口として商船による商品流通のメッカとして栄えた。著者の堀川は、広島が原爆投下地に指名されたのは軍都としてだけではなく、宇品の存在を重く見ている。つまり、島国日本の戦争継続を支える輸送船団の構成、送出基地としての宇品である。田尻の進言にもかかわらず大本営は鉄製の輸送船の製造を渋り、商船の仕立て直しで賄おうとした。大本営の行き当たりばったりを田尻らが現場で何とかしのいできたが、ついに我慢しきれず意見書をあげ、それによって事実上の馘首となる。ガ島の悲劇はそのすぐあとだった。

原爆投下後の広島で陣頭指揮を執ったのは宇品の陸軍船舶司令部の佐伯文郎司令官である。佐伯は、関東大震災の教訓を生かし、広島市内を三地域に分けて部隊を投入し、船を活用して被災救援にあたるとともに、軍の糧秣を炊き出しにあて、流言飛語の防止などの措置をとった。佐伯の行動は被爆三五分後に始まっており、そのさい、各部隊に被災状況の克明な記録を命じた。

なぜ原爆は広島に落とされたのか、の惹句にひかれて読み始めたが、ほんとに読みごたえあるものだった。何より、田尻中将、佐伯司令官に出会えたこと。科学的にものを考え、上に忖度しない決断の勇気、経験や記録を生かす……いまに必要なものが彼らにはあった。そこに生きて暮らしている人たちのことをまず第一に考えたからだ。

輸送船舶乗員が軍属並みに扱われるのは戦後数年経ってから、それも申告制という。この国の情けなさをあらためて思う。

2021/07/26

忘れてしまっても、気にしない方がいい

ヒルデ・オストビー＆イルヴァ・オストビー『海馬を求めて潜水を』

昨七月三一日は、昨秋亡くなった「旭爪あかねさんを偲ぶ会」だった。猛暑と新型コロナ禍のなかを約一〇〇人が参加。押して参集された方たちの旭爪さんへの思いのぎっしり詰まった、主催した者がいうのも手前味噌だが、いい会だった。

会場はことし創立一〇〇年を迎えた自由学園明日館講堂。校歌は創立から一〇年後の一九三二年四月につくられた。当時の女子生徒が頭と心を寄せ合って詞を作った。学園創設者の羽仁もと子が、世界中が悔い改めなければ第二の満洲事変、上海事変、そして世界戦争が起きるだろうと警鐘を鳴らしたときに、生徒たちは、「日々にゆたけき　たまものうけつ　めざす自由を　ついに勝ちえん」と歌って卒業生を送り出した。

ここでいう自由は、制約や束縛、隷従からの解放だけでなく、人間が本来的に持っている自然権といってもいい「自由」、人間が人間として輝くための必然のもの、と言っていいかもしれない。「めざす自由を　ついに勝ちえん」、このような時代だけど、私たちは人間として立派に生きて見せましょう、と小さな胸を精いっぱいふくらませて歌ったことだろう。

旭爪あかねさんの遺稿は「こんなときこそ」という長編詩。命と自由の尊さを、コロナパンデミックを生きる世界の人々に訴えかけたものだ。私は、「会」の最後に、自由学園明日館での開催にいささかこだわったのは、命と自由を求めて最後の筆を執った彼女を、「めざす自由を　ついに勝ちえ」た者として、よくぞ立派であったと送りたいと思ったからだ、と挨拶した。ちょっと言葉に詰まったが、何とか言えた。

――こんな昨日の思い出話をつらつら書いているのは、この記憶が正確かどうか、つくった部分がないか……など、「記憶」とは何かを考えさせられた本を、数日かけて読んだからである。

ヒルデ・オストビー&イルヴァ・オストビー『海馬を求めて潜水を』（中村冬美・羽根由：訳）は、とにかく日本語訳が素晴らしく分かりいい。ノルウェー人姉妹、姉は作家でジャーナリスト、妹は神経心理学・記憶の作用についての研究者、というコンビがいいのかもしれない。表題の「海馬を求めて潜水を」というのは、記憶を司る大脳が海馬＝タツノオトシゴに似ていることから、海中で覚えたことは陸上では思い出さず、海中でよく思い出す……記憶と思い出す場所の関係をいっている。

記憶が作られたものだということは、たとえば、幼少期の出来事を自分は記憶だとしているが、じつは成育の過程で親や兄姉から聞かされた話であった、などということは多くの人が経験している。また、ルート2や3を「ひと夜ひと夜に人見頃」とか「富士山麓にオウム鳴く」とか、味気ない数字を物語に変えた先人の知恵もある。「いい国つくると鎌倉幕府」はその後の研究で通用しなくなったが。

本書は、記憶とともに忘れることについても示唆するところが豊かだ。「忘却は思い出の真珠を作る」の章の最後に、こんな言葉がある。

——私たちの記憶のうち、どれが真実でどれが真実でないのかは答えが出ない。それでも、私たちが私たちであることは変わりない。忘却にまつわる事実とは、私たちはそれと共に生きなければならないということだ。忘却があるから、私たちの記憶のなかで極めて重要なことが記念碑のようにそびえ立つのだ。だから、一生覚えておきたいと願ったことを忘れてしまっても、あまり気にしない方がいい。

まったく一安心である。

さて、昨日の「会」の記憶。冒頭の叙述には、私の出番を待つ心理が書かれていない。正直、時間が押してきて焦っていた。が、それは書いていないから誰も気づかない。記憶は、穏やかに閉会挨拶する私の像を作る。ちょっと嘘、だけど真実でないとはいえない。

記憶とは何か、どうぞ本書を。

2021/08/02

みすず書房 46判上製
2021年6月 3400円

この旅を行こう友よ、終わりの日まで

岡林信康『復活の朝』／加藤陽子『この国のかたちを見つめ直す』

岡林信康が二三年ぶりのシングル「復活の朝」を出したのが三月。結局歌い出したのかと思って、それはそれでよしとしていたのだが、過日、NHKのラジオ深夜便のインタビューを聞くともなく聞いていたら、新型コロナパンデミックが歌を作るきっかけになったことや、「友よ」にけじめをつけたかった、などと言うので気になり、購入した。

「友よ」は一九六〇年代末の学園紛争をたたかった者には懐かしい。

「友よ　夜明け前の闇の中で　友よたたかいの炎を燃やせ　夜明けは近い」「友よ　君の涙君の汗が　友よ　報われるその日が来る　夜明けは近い」

と、集会でよく歌った。いささか楽観的なところは気になったが、気持ちは詞に同調していた。岡林はこれを「民青的」などと「左」から批判を受けたり、集会ソングになったのが嫌で一時歌うのを止めた。NHKのインタビューでは、「夜明けは近い」とはやはりリアルではなかった、そのことが気になり、じつは道はつづくんだと言いたかったが機会を失していた、と語り、今回、シングルの最後に入れたという。

「友よ、この旅を」と題されたこの歌は、四小節のシンプルなもの。

一番は、「雨の日も風の夜も　この道を歩みゆく　ささやかな喜びに　微笑みながら」

二番は、「悲しみは新しい　喜びを運ぶのか　陽は沈み陽は昇る　歩いてゆこう」

四行詞のくり返しといえば、舟木一夫の「夕笛」（西條八十・詞、船村徹・曲）くらいしか浮かばない。どう歌えばいいのかと舟木が船村に問うと、それを何とかするのが歌手だろうと言ったというエピソードがあるが、ともあれ、歌い手の力量にかかる。

三番の詞は、

「喜びも悲しみも　受けとめ噛みしめて　この旅を行こう友よ　終わりの日まで」

というものである。

夜明けを願ってたたかうもよし、山谷の立ちん坊でその日が来てうれし泣きもよし、だけど人生はつづく、志した「道」をゆっくりでいいからどこまでも歩いていこう……、そんな岡林の心を読む。穏やかすぎる。

と思ったが、杞憂。このシングルには、「お坊ちゃま気分は青年将校」と歌う「お坊ちゃまブルース」や、「アドルフ」と題して「強い指導者を求めてる人たちがいるとか／悩み惑うのが面倒ですべてを任せたい／その方が楽ちんで良いのかな／自分を捨てて何がおもしろい／何だかさみしくなってくるけど／そいつを喜ぶヤツらがいるらしい／アドルフヒトラーもどきがニヤリと微笑んだ」と歌ってもいる。いつもの岡林節は健在も健在。これもうれしい。

読んだ本と関係のないことをぐだぐだと書いているのは、加藤陽子『この国のかたちを見つめ直す』を読んだせいかもしれない。毎日新聞掲載のコラム、書評などから集めたものだが、一〇年前に言っていたことが少しも古くないのは、要するに、問題の根が変わっていない、否、もっと悪くなっていることの証左だからだろう。寸鉄人を刺すという言葉があるが、短文集であるだけに余計な修飾がなく、ストレートに問題をえぐり出す。

「おわりに」で加藤は、新型コロナの対応ぶりを回顧するにつけ、「国家は国民を守らないのではないか、国家と国民が交わした戦後の社会契約の正味期限が来てしまったのではないか、との不安が社会を覆うようになったと感じる」という。中等症患者も「自宅療養」をと言うのだから、もはや勝手に死ねと同じ。これを政治だの政策だのとは言わないのではないか。

さて岡林よ。ここは畑を耕す手をしばし止めて、もう一曲作るときではないか。夜明けを手繰り寄せないと、この国は命を守ってくれないぞ。

2021/08/09

FUJI
2021年3月　3000円

毎日新聞出版　46判並製
2021年7月　1600円

戦陣訓を教えられなかった大岡昇平

大岡昇平『戦争』

暑い夏に汗をかきながら大岡さんの物を読むのが夏の恒例にしているが、ことしは肌寒い雨のなかで、『戦争』を読む。一九七〇年の夏にインタビューを受けて、出版社の「語りおろし」シリーズの一著として出版されたもので、岩波現代文庫に収められたのが二〇〇七年である。だから、読むのはこれで何度目かになる。

岩波現代文庫
2007年 7月　1000 円

くり返し読んでいるのは、このインタビューがベトナム戦争の渦中で、しかも、『レイテ戦記』の補訂作業にかかりきっていたときに行われたという事情から来ている。つまり、大岡さんの心中は穏やかな日常にはなかった、ということが、大岡作品を考えるうえでとてもだいじなのではないか、と思うのである。今回も、大岡さんがビンタを食らっていないことや、戦陣訓を教えられなかったことに、おやっと思わされた。

大岡さんが召集されたのは一九四四年三月、三五歳の教育召集である。入営した東部第二部隊、いわゆる近衛歩兵第一連隊、近歩一は、第二連隊と並んで日本陸軍最初の軍隊で、西郷隆盛が率いた御親兵を元とし、西南戦争に始まって日本のほとんどすべての戦争に参加した〝名門〟。ところが、いつからなのかは分からないが、連隊長の教育方針は私的制裁、ビンタいっさい禁止だったという。どこでも表向きはそうだったらしいが、近歩一はほんとにそうだった、と大岡さんはいう。

くわえて、戦陣訓を教えなかった。「軍人は五か条の軍人勅諭でたくさんなんで、途中で東条がへんな文化人に作らせた戦陣訓なんか、なにも兵隊に押しつけることはない、そういう考え方だった」と大岡さんはふり返っている。こういう考え方は「現地出先にはあったが、内地じゃ近歩一だけじゃなかったでしょうか。だから、『生きて虜囚の辱しめを受けず』なんていうのも教えなかったわけだ」とも付け加える。

東条が内閣総辞職するのが四二年七月なのでそういう影響もあるのかと思ったが、そうでもなく、おそらく近歩一のプライドが戦陣訓のわざとらしさを受け付けなかったのだろう。なにしろ、近歩一の戦友会「近歩一会」が高齢のために解散するとき（二〇〇八年）、「会員がいなくなっても、会員に代わり木が天皇・皇后を末永く護衛出来るように」と、会から桜（左近桜）と橘（右近橘）の献木を申し出、それぞれの木は御所の玄関を出た正面に植樹されたというから（ウィキペディアによる）なまなかではない。東条などお呼びでなかったのである。

さて、このくだりから私が関心を持ったのは二つ。一つは、大岡さんが捕虜になったのには、この教育が影響しているか、ということ。二つに、芸術院会員を辞退し、昭和天皇の死に「おいたわしい」と発言した心理に、近歩一兵だったということが何らかの影響を及ぼしていたか、ということである。

前者は影響なし、といえる。そもそも戦陣訓を教育されていなかったし、「生きて虜囚の……」を知るのは後年であろう。捕虜になったのは、末期の水でも飲んでと思うが歩くこともままならないほど弱り、どうしようもなくなって手榴弾で自殺を試みるが不発、分解して原因が分かってもそのときには死ぬ気も失せ、いつか眠ってしまったところを米兵に蹴られて目を覚ます、という顚末。無謀で無理無体な召集と南方派遣、ミンダナオの森の中で飢えとマラリアに苛まれての結果で、意志堂々と捕虜になったわけではない。

だから、「野火」と「俘虜記」が成ったともいえるが、戦陣訓教育のあるなしが影響したわけではない。

後者は分からない、としかいいようがない。ただ、近衛兵に選ばれた「誇り」はどうしようもないほどのものだということは、私も身近の人で実感している。大岡さんと同列にはできないとしても。

2021/08/16

もう一つの〈鎌倉殿〉

周防　柳『身もこがれつつ　小倉山の百人一首』

中央公論新社　46判並製
2021年7月　1900円

正月に百人一首で遊んだことは、私などの年代ではめずらしくない。どうしても母に勝てなかったことや、得意札をとられて泣き出したすぐ上の姉を、何かの折りに思い出すことがある。最初のひと文字で下の句が決まる一文字決まりの札は七枚しかなく、「む・す・め・ふ・さ・ほ・せ」と覚えるとよいとか、二字決まりでは「笠に白」（かささぎの渡せる……、白きを見れば）と教えてもらうのは中学生になってからだったか。

百人一首の頭一文字はそういうことでしか注意していなかったが、ここに、まったく奇想の読みを展開した作家がいる。周防柳『身もこがれつつ　小倉山の百人一首』は、定家と藤原家隆がおたがいに絵札を幾度も並び替え、愛の相聞をかわした、とするのである。たとえば次の五首の札を並べる。

有馬山猪名の／寂しさに宿を／名にし負はば／夕されば門田の／長からむ心も

頭を読めば、「朝な夕な」になる。そなたのことを思わぬ日はない……。さらに三枚。

夜もすがら物思ふころ／夜をこめて鳥の空音／もろともにあはれと思へ

よ・よ・も。代々も、いついつまでも。さらに二枚。
嘆けとて月やは／ほととぎす鳴きつる方
な・ほ。なお。
そなたとの愛はいつの世になっても変わらぬ、案ずるな。それが男女のそれとは違う男どうしの愛のかたちだ、と声には出さずに伝える。承久の乱で後鳥羽院に与し都を追われる家隆が、定家に送る誠実な離別の心である。

この時代、男色はめずらしくない。妻を持ち子をなしていても、そういう関係は続く。定家は年上の和歌の同門で長身の美男子・家隆を愛し、さらに後鳥羽院の寵愛も受ける。だが、後鳥羽院の鎌倉政権、ことに北条一門との確執は激しさを増し、ついに承久の乱へと向かう。北条と誼をつなぐ九条家の世話になっている定家は、後鳥羽院からの義絶を言い訳に動かない。心を揺らしながら、嫡男為家の舅宇都宮蓮生の山荘（小倉山荘）の障子を飾る色紙和歌を選ぶ。これが百人一首で、その原型といわれるのが百人秀歌である。

両選歌の大きな違いは、後鳥羽院とその第三皇子順徳院の歌が秀歌にはなく、小倉には入っている点である。原型と完成型とのその決定的な違いに、定家の後鳥羽院への気持ちもあれば、鎌倉・北条一門への対応もある。鎌倉三代将軍実朝は、定家の歌の弟子でもあった。

といって、百人一首に権力批判があるわけではない。後鳥羽・順徳と行をともにしなかった、できなかったわが身の不甲斐なさをどこかで嘆くように、百人のとても随一とは思われぬ歌を選び、色紙に書きながらこれを絵札にして言葉遊びを楽しむ。絵札を並び替えて頭一文字を拾ってゆくと、あるいは逆に言葉を選んでから歌をさがすと、誰にも分からぬ恋心の吐露になる。が、あに図らんや、家隆にはすぐに見破られ、狂おしい愛の相聞になる。

後鳥羽院の還御の噂が飛び交うなかでの、定家の心中を推し量った為家の回想譚。和歌というものの意味や鑑賞態度、また、平安貴族から武家への政権の移行と確執などを視野におさめ、平俗な現代語で書かれた物語は興趣に尽きない。歌詠みには絶好の一書といえる。表題は定家の歌「来ぬ人をまつほの浦の夕凪に　焼くや藻塩の身もこがれつつ」から。ちなみに、百人一首は、定家の次に家隆、後鳥羽、順徳の順に並んでいる。

余談だが、昨年、とある書展で定家の文字を見、へただなあと感想を述べて書の達者な家人からたしなめられたことがある。が、本書の著者も定家の字をぎくぎくした下手くそな字と書いていて、少し溜飲を下げた。

2021/08/23

中東か中央アジアか

中村　哲『アフガニスタンの診療所から』

ちくま文庫
2005年2月　740円

アフガニスタンからの米軍撤退が宣言され、タリバンが全土を実質支配した。空港での自爆テロで米兵をふくむ多数の死傷者が出たが、これを主導したＩＳとアルカイダ、タリバンは、厳格なイスラム主義を標榜する点で共通するが、それぞれ目的はちがっている。イスラム研究所の宮田律によれば、タリバンはそうした理想をアフガニスタン国内で、アルカイダは欧米の影響力をイスラム世界から排除することで、またＩＳは実際にイスラム国家を創設することで実現しようとする、らしい。相互の対立もあり、現に今回のテロを実行したＩＳ組織はタリバンに敵対している。

9・11テロを実行したアルカイダを匿ったとして、アメリカはタリバン政権に「戦争」を仕掛けて転覆したが、タリバンのやったことは、救いを求める者は助けるというイスラムの教えに基づいたものだともいわれる。これでいけば、今後アフガニスタンがＩＳの跳梁跋扈の地になる可能性もある。アメリカはさっそく報復爆撃をしたが、テロの連鎖だけは避けたいものである。

それやこれや考えていくと、結局、9・11後、アフガニスタンに傀儡に近い新しい国家を作ったアメリカは二〇年、何をしてきたのかということになる。「戦争」を支持し自衛隊を派遣した日本もそうである。もっと考えていくと、そもそもヨーロッパ的思考を基準としてイスラム社会を見下ろし、「遅れている国」と決めつけて自分たちの価値基準を押しつけ、国境線を引いたり、改宗を図ったり、乗り込んで支配したり……、そういう根本を問い直さないといけないのだろうと思う。

だいたい、近東、中東、極東などと呼ぶことが西ヨーロッパから見てのものだということに、極東の端にいながらいつの間にかヨーロッパ（というかアメリカというか）側の一員になってものを見ることに毒されてる日本も気づかないといけない。日本には、「中東研究所」なるところもあって、所員が訳知りに今回の事態を解説してくれるが、基本的な視点はアジアでなく西ヨーロッパに置かれていることを見のがしてはいけないだろう。

「中央アジアでいえば、カスピ海からペシャワールまで、地図上の国境線では見えぬ一つの文化圏が存在する。イスラム自体が一種のインターナショナリズムを基調としており、部族的な割拠性は保ちながらも、人びとは『イスラム教徒』として同一性を自覚するのが普通であった。彼らにとって、国家とはつけ足しの権威であり、自分の生活を律する秩序とは考えられていないのである。日本人にはこの事実がなかなか伝わりにくい」

――二〇一九年末に銃撃されて死去した中村哲さんが述べている。アフガニスタンの一連の事態があるので故人の著書『アフガニスタンの診療所から』を読み返したら、そんな箇所が目に入った。

この著書は八〇年代末から九〇年代初頭、中村哲がアフガニスタンに足を踏み入れ、らい患者の治療を始めるところから書き出されたものだが、少しも古くない。どころか、アフガン理解もさることながら、日本をどう考えるかに非常に示唆的で、学ばされるところが大きい。

中村哲は本書にこうも書く。アフガン戦争後のことである。

「アフガン人の打ち首処刑や復讐の残虐性・後進性に憤激する者が、『人権』をかざしてその幾万倍もの殺戮を行わせ、文化さえ根こそぎ破壊しようとした。かつてユーラシア大陸を震撼させたモンゴリアさえ、こんなことまでしなかった。／そして『謝罪』どころか、ほこらしげに『人道的援助』が破壊者と同一の口から語られるとすれば、これを一つの文明の虚偽とよばずしてなんであろう。私は今、日本とアジアを思う一日本人として、『アフガニスタン事件』の一人の証言者として、『新世界秩序』に秘かに戦慄を覚える」

そしてこうもいう。

「我われの敵は自分の中にある。我われが当然とする近代的生活そのものの中にある」

猛威をふるう新型コロナ、デルタ株パンデミックのなかで、よく考えてみたいことである。

2021/08/30

魂が交響するとき人は美しくなる

アキラ・ミズバヤシ『壊れた魂』

八月になると、「戦争もの」が多く出版される。ことしは、堀川惠子『暁の宇品』にとどめを刺すかと思われたが、秋雨前線が来て一挙に気温が下がった日に書店で手にしたアキラ・ミズバヤシ『壊れた魂』(水林章:訳)に参ってしまった。あとで知ったが、フランスでずいぶんな評判だという。訳がまたいい。というとおかしな話になるが、もともとフランス語で書いたものを自分で日本語にしたのだから、なめらかなことこの上ない。

話は、一九三八年秋の東京・渋谷から始まる。文化会館を借りて、シューベルトの弦楽四重奏曲(ロザムンデ)の練習をする四人。この物語の主人公、水澤礼の父親と三人の中国人留学生である。国中が、「『ウチ』と『ソト』に二分する国家主義・国粋主義のガンに冒されて、狂ったように戦争に驀進している」ときに、アマチュアとはいえ日中混成の演奏団が活動していることには、相互の信頼のふかさがうかがわれるが、そこに、おそらく憲兵隊であろう兵隊たちが踏み込んでくる。

兵を率いる伍長はこの非常時に敵国民と何をしているか、と礼の父・悠のバイオリンを叩きつ

みすず書房　46判上製
2021年8月　3600円

け踏みつけ粉々にしてしまう。「クロカミ」とよばれる中尉がそれを制し、治安維持法違反で連行する前に一曲願う。悠はバッハの「無伴奏バイオリンのためのパルティータ第三番」を弾く。

四人が連行されたあと、父のとっさの判断で洋箪笥に隠れた礼は「クロカミ」に発見されるが、彼は、壊されたバイオリンの欠片も集めて礼に渡す。礼はやがて、父の友人マイヤール夫妻とともにフランスに渡り、ジャック・マイヤールとして弦楽器職人の道を歩む。壊された父のバイオリンの修復のためだった。弦楽器製作地であるミルクールに五年、クレモナに一六年、ひたすら父の魂の宿るそのバイオリンの修復・再生のために修業した。

その甲斐あって、礼はようやくパリに工房を持ち、ミルクールの修業時代に心を通わせあった弓職人のエレーナと生活をともにする。ジャック・マイヤール＝レイ・ミズサワの名も、音のよさと丁寧な仕事ぶりが評価されて広まり始める。父のバイオリンも一二年をかけて修復なり、最初の製作者ニコラ＝フランソワ・ヴィヨールの名の横に小さく自分の名を入れた。

そして、あの日から六〇余年後、新進バイオリニスト山崎美都里と出逢う。目にした新聞記事に、美都里がバイオリンを選んだのは祖父の影響で、祖父は軍人だったなどとあったことにひらめき、インターネットで検索などをして、彼女が「クロカミ」と何らかのつながりがあるのではないかと感じたのだった。案の定、美都里は中尉の孫だった。礼は東京に美都里を訪ね、「クロカミ」はそれまで思っていた「黒髪」でなく「黒神」であることや中尉の戦後の歩みを聞き、晩年、家族でヨーロッパ旅行を計画したとき、彼がミルクールの訪問を唯一希望したことなどを知る。

そうした折、あのときの中国人留学生の一人から突然、メールが入る。看護者が代わって送ってきたもので、礼は上海に会いに行く。そこで父の遺品として渡されたのは、母が羽織っていたカーディガンと小林多喜二の『蟹工船』だった……。

二〇〇四年春、パリのサル・プレイエルで美都里のコンサートが開かれる。演奏を終え、カーテンコールに応えて舞台に立った美都里は、礼とバイオリンのいきさつを語り、あの日、礼の父・悠たちが弾いたシューベルトの「ロザムンデ」の第一楽章、そして美都里の祖父・黒神中尉に求められて悠が弾いたバッハの「ガヴォット・アン・ロンド」を演奏する。

演奏が終わり、舞台の椅子が片付けられようとするとき、後ろにそっと座る人影を礼は見つける。「お父さん」……。狂気の戦争に対して、魂あるいは霊の交響を呼ぶ平和、信頼がテーマだが、イヤな話はあの日の一場面だけで、人はどこまで美しく、誠実になれるのかを、音楽への感動を言葉にする表現の巧みさとともに伝えてくる。出来過ぎ、つくり過ぎなどと野暮なことをいうなかれ。心が洗われる。一気に読んだ。

2021/09/06

「あなた好みの女」と卑屈な日本

添田　馨『異邦人の歌　なかにし礼の〈詩と真実〉』

論創社　46判上製
2021年7月　2200円

なかにし礼が亡くなって八カ月。「恋の奴隷」という歌がある。奥村チヨが歌った。

あなたと逢った　その日から／恋の奴隷に　なりました
あなたの膝に　からみつく／子犬のように
だからいつも　そばにおいてね／邪魔しないから
悪いときは　どうぞぶってね
あなた好みの　あなた好みの／女になりたい

一九六九年六月の発売だから、大学紛争の残り火を駆け回っていたころだ。なんという女だ、と思った記憶がある。だがこの歌、「あなた」がアメリカで、「女」が日本だったらどう聞こえる。

なかにし礼の歌のすごさは、モチーフというかテーマが表裏二つに貼りついていることだ。一方が恋なら他方は戦争である。「恋の奴隷」も、戦後日本の、つい昨日まで「鬼畜」と罵倒していたアメリカに媚びを売って這いつくばる、滑稽なほど無惨な姿への痛烈な批判が隠されている。

「自由の女神」と題した歌もある。

二〇二一年

奪われてみたい　私の自由を／息もできぬくらいに　くちづけされて
ひび割れた胸を　涙でうずめて／あなたのその愛を　待っている私

アメリカはほんとに「自由の女神」なのか。「私」の自由を根こそぎ奪っているのではないか。そろそろ気づけよ。待っていてもあっちには「愛」なんてないぞ……とでも言わんばかりである。

弘田三枝子が再起をかけて歌った「人形の家」も六九年だった。

顔も見たくないほど／あなたに嫌われるなんて
とても信じられない
愛が消えた今も／埃にまみれた人形みたい
愛されて捨てられて／忘れられた部屋のかたすみ
私はあなたに命をあずけた

ここには、「満洲」で棄民され、命からがら母子で逃げ延びたなかにし礼の、日本という国家への怨念がこめられている。「あなた」は、日本、大日本帝国であり、「埃にまみれた人形」は踊らされて他国の民の土地を奪って生きてきた日本人のなれの果てである。だから、と、なかにしは、国家に命などあずけるな、自分の頭で考え、自分で道を歩け、と言外にこめる。人形になど二度となるなと、女性の生き方としてだけでなく一個の人間として、そうあろうと説く。

添田馨『異邦人の歌　なかにし礼の〈詩と真実〉』で知った。なかにし礼の背中の大きさをよく伝えてくれる好評伝だ。

2021/09/13

三拍子から四拍子へ

なかにし礼『歌謡曲から「昭和」を読む』

NHK出版新書
2011年12月　700円

前回紹介した、なかにし礼『異邦人の歌』のなかで日本の歌が戦争の足音が大きくなるにつれ三拍子から四拍子に代わっていったとあったので気になり、なかにしの『歌謡曲から「昭和」を読む』を読んだ。『三拍子の魔力』は求めたがまだ届かない。

なかにしのいうところでは、日本には元来三拍子というリズムはなかった。これはヨーロッパ起源のリズムで、古くからサラバンド、レントラー、マズルカ、メヌエットなど三拍子の舞曲がいくらでもある。一番有名なのは一九世紀ウィーンのヨハン・シュトラウスによって大成されたワルツで、これがいわば三拍子の代名詞になっている。

しかし三拍子はそれだけではない。自由を渇望するリズムだという別の面がある。一八世紀の反理性的な絶対王政の爛熟期に、これに対抗して人びとは自由を求めた。フランス革命とアメリカ独立革命がまさにそれだが、彼らが掲げた旗は、「自由・平等・友愛」の三つの言葉。モーツアルトやベートーヴェンらは交響曲・オペラ・室内楽などさまざまな分野で調性や音型、音数などに「三」という数をひそませ、暗示した。それが端的に表れたのが「三拍子」だった。

この特別なリズムが日本に入ってきたものの日本には馴染みがなく、明治期の三拍子の曲といえば、「港」(空も港も夜は晴れて）や「美しき天然」(空にさえずる鳥の声）くらい。ところが大正期に入ると突如として三拍子の曲が次々と現れる。たとえば、「早春賦」「冬景色」「朧月夜」「故郷」などの文部省唱歌から「籠の鳥」や「洒落男」などヒット曲まで。なぜ大正期から昭和初期に三拍子が突出したのか。

なかにしは、ようやく日本人の耳の慣れてきたこともあるが、重要なのは当時の社会状況だという。民主主義志向の大正デモクラシーからマルクス主義運動の台頭という、既存の権威権力を否定し自由を渇望する革新思想、つまりモダンが文化のモダンを呼んだというのである。なるほど、「おれは村中で一番、モボだといわれた男」とエノケンも歌っている（「洒落男」)。「モボ」は「モダンボーイ」の略。モボ、モガの時代に彼らは三拍子のリズムに合わせて歌い、闊歩した。それにつられるように、ジャズやシャンソン、ポップス、新民謡……と昭和初期の歌謡界は〝何でもあり〟の状態だった。

転機は、二・二六事件と盧溝橋事件から日中戦争の全面展開へといく一九三六・七年あたり。「満洲もの」と呼ばれる歌や軍歌の上昇ラインと男女の仲を甘く歌う曲やお座敷風の小唄、外国産の曲などの下降ラインが交差する。渡辺はま子の「忘れちゃいやよ」が発売禁止になり、ジャズや流行歌の健全化、退廃的絶望的な歌を作るな、国民の士気を鼓舞せよ、と内務省が指示する。そして、四（二）拍子の歌が歌謡界を席巻する。軍事歌謡などというごまかしをなかにしは拒否し、それも軍歌ときびしく指弾するが、要するに歌って歩調を合わせるのに、三拍子ではスキップを踏むことになるのである。

「勝ってくるぞと勇ましく」（露営の歌、一九三七年）、「あーあーあの顔で、あの声で」（暁に祈る、一九四〇年）と続々と生まれる。西條八十や野村俊夫、サトーハチローらが書き、古賀政男や古関裕而が曲をつけた。もちろんささやかな抵抗はあった。一九三七年に古賀政男作曲でディック・ミネが歌った「人生の並木道」（泣くな妹よ、妹よ泣くな）は三拍子。一九三四年の「国境の町」（橇の鈴さえさびしく響く）は四拍子だが、大木惇夫の詞に東海林太郎の声がうまくあい、哀感がただよう。だから、なべて一色というわけではない。が、三拍子の登場にも、四拍子への転換にも、時代の風が吹き荒れたとはいえる。

しかしいま、みんなが口を揃える当代の流行歌、歌謡曲はない。高校三年生の夏、インターハイ予選の決勝戦の前夜、軽めの練習を切りあげると先生が、美空ひばりの「柔」を歌えという。ビートルズが席巻していたときだったが、なぜかみんなで歌えた。「勝つと思うな、思えば負けよ」、あれが翌日の敗因。歌わせた先生も今は亡く、歌ったチームメイトも一人、二人と欠けていく。

2021/09/20

目の見えない人とアートを鑑賞する、って？

川内有緒『目の見えない白鳥さんとアートを見にいく』

集英社インターナショナル
46判並製
2021年9月　2100円

『目の見えない白鳥さんとアートを見にいく』は、ショッキングな本である。自分のなかの障がい者観が揺すぶられる。見えないことは不自由で、見えることが普通と思っていたことがまず壊される。その考えは、言葉を替えると目に見えることが人間とって普通の状態、基準線で、見えないことはそれ以下、と思うところにある。だから、普通ではないから気の毒、助けなければ……となる。

しかし、それは根本のところでまちがっている。

この本は、東京・丸の内の三菱一号館美術館、「フィリップス・コレクション」に全盲の白鳥建二さんといくところから始まる。ピエール・ボナールの《イヌを抱く女》を見る。アテンドする著者が絵の説明をはじめる。

「ひとりの女性がイヌを抱いて座っているんだけど、イヌの後頭部をやたらと見ています。イヌにシラミがいるかどうかを見ているのかな」

友人のマイティ（佐藤麻衣子さん）と白鳥さんが、「えー、シラミ？」と声をあげる。

動物にたかるのはノミで、著者は勘違いしていたらしい。

そこから話が進む。マイティは、女性は何も見ていない気がする、と言う。視点が定まっていないし、食事中に考え事をはじめたのではないか、とつづける。

絵はどんな形かと白鳥さんが聞く。

絵のなかの女性のセーターの色など絵の輪郭を二人がなぞる。絵に描《か》かれていないが、窓があるのかもしれない、と目が広がっていく。壁が少し黄色がかっている。女性はきっと窓辺にいるんだ……。

著者は、自分たちが色の話をしていることに、白鳥さんを気遣う。

白鳥さんは生まれつきの極度の弱視で、色を見た記憶はほとんどない。「色は概念で理解している」「色は視覚の問題だと思われるんだけど、白とか茶とか青とか、色に名前があるという時点で概念的でもあるんです。それぞれの色に特定のイメージがあって。それを理解している」という。

三人は一〇分ほどかけて《犬を抱く女》を鑑賞する。その間何人もが通り過ぎた。三人ほどじっくりと絵を見る人はいなかった。見れば見るほど絵の印象は変化し、哀しげに食事をしているように見えた女性は、やがてゆったりと午後のティータイムを楽しんでいるようにも見えてきた、と著者は綴る。

目の見えない白鳥さんとアートを見にいくとは、そういうことなのである。目の開いている人が見ていると思っているほどには何も見ておらず、見えないと思われている人が、たとえば色なら概念を駆使して見ていること、そして、言葉を交わしながらアートのふかさを探っていく……。

美術館を白鳥さんと回っていくうちに、著者は、「障がい者」とは何なのか、「健常者」とは何なのかを考えていく。たとえば、目の見ないことを体験するといってアイマスクをして時間を過ごし、マスクをとったあとでいう言葉。「やっぱり見えるってありがたい」。しかし、その言葉の裏には、見えないことはありがたくないことだという意識がある。それでいいのか。

そこがそもそも間違いの元ではないか。白鳥さんが仮に目が見えるようになったとして、それはたして白鳥さんなのか。見えない白鳥さんは見える白鳥さんで代替できるのか。できるはずがない。人はそれぞれ誰かによって代替可能なのではなく、それ自身が個としてかけがえない存在としてあるからである。

この本は、白鳥さんや著者たちの人生も垣間見せてくれながら、じつは、障がい者などをふくむ日本社会の構造的差別の問題と人の意識をほんとにふかく考えさせてくれる。著者の川内有緒さんは、『空をゆく巨人』で開高健ノンフィクション賞を受賞している。この本もじつに感動ものだった。

2021/09/27

白鵬はどうして日本国籍をとらないといけないのか

清原　悠編『レイシズムを考える』

数日前、被差別部落の地名リストをネットに公開し、戦前に作成された「全国部落調査」の復刻版を出そうとした川崎市の出版社とその運営者に、東京地裁はリストの削除と出版禁止を命じた。当然だと思うが、一部の県については公開が禁じられなかったため、原告側は控訴する方針のようだと聞いて、日本の裁判所というのは、差別を分からないで「人権」の番人のような顔をするところだと、つくづく思った。顔を出し、出身地を隠さないで活動しているからプライバシーの侵害には当たらない、というのだから、まったく呆れる。

日本がどういう国なのか、分かっていないのだなと思う。在日朝鮮人のことはさんざんいわれてきているのでくり返さないが、つい昨日のことでいえば、白鵬の引退・年寄り「間垣」襲名がある。大相撲界では、現役を引退して親方になろうと思えば、日本国籍をとらないといけないことになっている。一九七六年につくられた規定だが、当時、ハワイ出身の人気力士だった高見山が親方になるのを阻止しようと無理矢理つくったものだといわれている。だから根拠は薄弱。ある人は、相撲が「国技」だからというが、それなら、現役にも適用すればよい。真っ当な理由な

共和国　46判並製
2021年8月　3000円

どないのである。

こういう仕組みを排外主義という。相撲部屋を持ち指導にあたるのは「日本国籍」を有する者だけ、というのは、どこやらで今もある、朝鮮人お断り、琉球の人お断り、と同じである。白鵬が親方になるために日本に帰化したとき、昨日までの本名ムンフバッティーン・ダワージャルガルと涙をながして別れるようなことを強いて、相撲協会は胸が痛まないのだろうか。

朝日新聞は社説まで書いてこれに異を唱えているが、多くは知らんぷりで現役時代の「横綱相撲」や年寄資格審査委員会が異例の注文を突きつけたことに筆を割いている。それよりも、白鵬はどうして、自分の本名と別れなければならないのか、ムンフバッティーン・ダワージャルガルとして生きてきた人生へのリスペクトは、日本の相撲界にはないのか、などをもっと正面切って議論しても良いのではないか。

一事が万事とは言わないが、差別問題は根のふかいものである。その気がなくても差別的な行為をしていることはある。軽い言葉が人を傷つけることもある。意図的なものなら、この世界で生きてはいけない、と恐怖を与え、社会を壊してしまう。モンゴル人、モンゴル国籍は日本の相撲界では、日本人と対等ではない、のである。人間がここでは対等に相対し、相互に尊重し合う関係におかれてはいない。それは、そういう差別をしごく当然とおこなう人からも人間性を奪っている。

いまやその蔓延状態に日本社会はある。抗議の声と行動はもちろんあるが、毒されて鋭角を丸める言説もある。日中戦争における中国人女性への非道な凌辱を無反省にえがいた小説を戦争の加害、「快楽」をとらえた先駆などと評価して、文芸誌に載る。一体どうなっているのかと思う。

清原悠編『レイシズムを考える』は、帯の文章を借りれば、「社会を覆い尽くそうとしている、レイシズム、ヘイトスピーチをはじめとする各種の差別を、わたしたちはどう考え、どう対抗すればいいのか。気鋭の研究者二一名によるさまざまなアプローチを通して、この腐った現実に楔を打ち込む決定的な論集」である。四〇〇頁をこえる大部のものだが、読みやすいし、分かりよい。

いまだに包括的な差別禁止法を持たない日本がいかに異常であるか、スリランカのウィシュマ・サンダマリさんはなぜ入管で死ななければならなかったのか、ヘイトでいわれる「在日特権」ではない「特権」は在日朝鮮人に与えられたが、それは、日本から切り離して差別の底に沈めるものだった、など、「レイシズム・スタディーズ」と呼ぶにふさわしい一書。差別をなくす意志とその持続、反復のためにも。

2021/10/04

やっぱり、開高 健

開高 健『開高健の本棚』

河出書房新社 A5判上製
2021年9月 2200円

開高健の名を聞くと思い出すエピソードが二つ。一つは大学の憲法学の授業。先生はのちに大阪府知事になった黒田了一さん。「この大学にも芥川賞作家がいて、彼はぼくのゼミの卒業といっているらしいが、ぼくは彼が授業に出ているのをいっぺんも見たことがない」とうれしそうに話したこと。事実、開高健は奨学金の支給のときには大学に顔を出したが、それ以外はアルバイトに忙しかった。

もう一つは、書けないで呻吟する開高が、原稿用紙にやおら「開高 健」と書く。よこに、「カイコウ タケシ」と仮名を振る。じっと見つめた開高が、ふりがなのタケシに線を引き、「ケン」と書く。「カイコウ ケン」、悪くない。じっと見つめる。こんどは姓に線を引き、「カイタカ」とふる。「カイタカ ケン」、なんじゃいこれは。声に出してみる。「タイタカ ケン、カイタカ ケン、……」。くり返すうちに、「カイタ カケン」になる。カイタ カケン、「書いた 書けん」、そして、「書いた」「書けん」から「書いたか」「書けん」と編集者との押し問答になる。……フフと笑う。おれはどうも書けんことになっとる……これがほんとうかどうかは知らない。こういう話をするのが開高は好きなのである。

そんなエッセイを読みながら、開高は大阪の人間らしいなあと思う。なんでも見てやろうの小田実も、カモカのおっちゃんの田辺聖子も、遡れば織田作も武麟も、さらにのぼれば西鶴も、それぞれ大阪人らしいのだが、「アホやなあ」と声をかけられるのは、やっぱり織田作と開高か。司馬遼太郎や山崎豊子に「アホやなあ」とはいいにくい。この二人に大阪人らしいサービス精神がないわけではないが、どこかしゃれすぎて、アホらしさがない。川端康成になると、そっと申告敬遠である。

それはともあれ、開高の新著が出た。死んで三〇年余、評伝や文庫本など開高に関する新著は途切れることはない。先年も、角田光代の解説で『開高健のパリ』が出たが、新著は『開高健の本棚』(河出書房新社)。A5判の仮フランス装でカラーページも多くとって、見応えもある。Ⅰ開高健の蔵書から、Ⅱ本と読書、Ⅲ開高健が作ったもの、という三部構成のこの本は、いわば読書のすすめを縦横に語った一書。

書物は精神の糧である。誰もが軽く口にするこの句は重く切に事実であり、詩である。食べてみなければ好悪はわからないし、決めようもない。精神の美食家になり、大食家になること。一念発起、そこからである。

すべては。

――開高の読書への思いは、編集者のそれでもあろう。

谷沢永一、向井敏との鼎談『書斎のポ・ト・フ』からの抜粋、『名著ゼミナール　今夜も眠れない』から三〇冊のピックアップは、編集者の好みとはいえそれぞれ開高の人柄をも際立たせる取捨が光る。たとえば後者にある『反乱するメキシコ』。開高が、面白いのはメキシコ人気質、縦横無尽に、出鱈目、情熱的、気紛れ、陽気、そして死をも顧みないで突進する天晴れさ、それとこすっからさ、いろんな要素が綯交ぜになって、「砂漠の夕日とサボテンの中で輝いているわけで、読んでいると凄惨なのにほのぼのとなってくる」と書いているところを引用紹介している。

開高が書に求めるものが、知識だけではなく、人間とその態様についての発見であり、読み終えて「ほのぼの」となる、言い換えれば、明日へ生きてゆく精神の滋養であることがわかる。いまどき、本を読め、精神の糧を得よと説く、こんなまじめな開高の本を出す出版社は常人ではない。アホがまた一人と思うが、世情が堪らないのだろう。よくわかる。

2021/10/11

しかたがない、しかたがないと、落ちてくる

石垣りん『石垣りん詩集　表札』

『石垣りん詩集　表札』がポケット版で出た。谷川俊太郎の詩「石垣りん」や茨木のり子の「弔辞」などを入れ、二九編を選んで編み直している。「表札」はよく知られている。最後のフレーズは「精神の在り場所も／ハタから表札をかけられてはならない／石垣りん／それでよい」というもの。

名前の通り、凛としたこの詩句は、茨木のり子の「自分の感受性ぐらい」と双璧をなすと私などは思う。「駄目なことの一切を／時代のせいにはするな／わずかに光る尊厳の放棄//自分の感受性ぐらい／自分で守れ／ばかものよ」——思わず、ハイっと声が出てしまう。

りんさんと会ったのはまだ三〇代のころ。何かの会合のあとだったか、JR信濃町駅のホームでだった。りんさんは山口勇子さんと一緒だった。シャツの背をちょんと引っ張られ、振り向くとおばさん、いやお姉さん二人が立っていた。りんさんが、「可愛い坊やじゃないの」と笑いながら山口さんに話しかける。私は顔がほてって声も出ない。

童話屋　ポケット判上製
2021年 8月　1500 円

りんさんの詩は、たしかに「表札」がいいのだが、私は「雪崩のとき」も好きだ。

人は／その時が来たのだ、という
雪崩のおこるのは／雪崩の季節がきたため　と。

武装を捨てた頃の／あの永世の誓いや心の平静／世界の国々の権力や争いをそとにした／つつましい民族の冬ごもりは／色々な不自由があっても／また良いものであった。

平和／永遠の平和／平和一色の銀世界／そうだ、平和という言葉が／この狭くなった日本の国土に／粉雪のように舞い／どっさり積っていた。

私は破れた靴下を繕い／編み物などしながら時々手を休め／外を眺めたものだ／そして　ほっ、とする／ここにはもう爆弾の炸裂も火の色もない／世界に覇を競う国に住むより／この方が私の行きかたに合っている／と考えたりした。

それも過ぎてみれば束の間で／まだととのえた焚木もきれぬまに／人はざわめき出し／その時が来た、という／季節にはさからえないのだ、と。

雪はとうに降りやんでしまった、

降り積った雪の下には／もうちいさく　野心や、いつわりや／欲望の芽がかくされていて／〝すべてがそうなってきたのだから／仕方がない〟というひとつの言葉が／遠い嶺のあたりでころげ出すと／もう他の雪をさそって／しかたがない、しかたがない／しかたがない／と、落ちてくる。

ああ　あの雪崩、／あの言葉の／だんだん勢いづき／次第に拡がってくるのが／それが近づいてくるのが

私にはきこえる／私にはきこえる。

一九五一年一月、三〇代最後のときの作。戦後の最初の曲がり角だった。
詩は時代を撃つものだと、若い日に感じ入ったことをホームで思い出し、「ああ、しかたがない」の詩人はこんなにも美しい笑顔の人だったのかと、坊やの私は見とれたものだった。
出会ったときから四〇年余、この国はすっかり雪崩に埋まってしまったけれど、這い出すチャンスがきたようだ。

2021/10/18

生きてる人間だけで物事を決めていいのか

末木文美士編『死者と霊性　近代を問い直す』／荒井裕樹『まとまらない言葉を生きる』／加藤敬事『思言敬事　ある人文編集者の回想』／落合　博『新聞記者、本屋になる』

先週は、末木文美士編『死者と霊性　近代を問い直す』、荒井裕樹『まとまらない言葉を生きる』、加藤敬事『思言敬事　ある人文編集者の回想』、落合博『新聞記者、本屋になる』の四冊を読んだ。どれも面白く、選んでこの一書、といかなかった。強いて共通するものをさがすと、「言葉」ということになるだろうか。

末木の新書はそれから遠いように思われるかもしれないが、ざっくりした感想を言えば、友人の宮地正人さんがよく言う、生きてる人間だけで物事を決めていいのか、ということに尽きるようだ。

たとえば民主と憲法を対比して、前者にはいまある人びとの多数意思が反映されるが、後者には人類の歴史、営々たるたたかい、生きる知恵など「ご先祖さま」たちの意思がこもっている、という考えがのべられる。戦後憲法そのものが直近の戦争を省みての所産であるし、人権は「人類の多年にわたる自由獲得の努力の成果」と謳っているのを見れば、その意味が分かる。

だから、たかだか閣議でいどで集団的自衛権への参加など決めてはならない、のである。これを、政権を委ねられた国民多数の意思、とするのは歴史（あるいはご先祖）への不遜きわまりないこと――そう考えてくると、いかに彼らの「思考」の軽さか、と思う。軽い思考からは軽い言葉しか出ない。いや、言葉の質が軽くなっているのだ、と荒井はいう。「言質《げんち》」という言葉があるように、言葉はもっと重く、魂のこもったものだ、とも言う。「言霊」はだてに言い継がれてきているわけではない。

それをひとつの物語に、また歴史や哲学の一書にまとめ上げるのは編集者。私はみすず書房の本をよく読むが、創業者の小尾俊人と加藤の出版への思い、また、著者と読者とをつなぐ苦労というか楽しみがうかがえ、さらに勉強にもなった。「思言敬事」は加藤の名前と重なるが、春秋戦国時代の秦国の印章にあるという。言葉に思いをひそめ物事を大切にせよ、ということらしい。編集者とはかくありたいものと思う。

ついでながら弊社からも、岩波新書始まって以来のミリオンセラー、永六輔の『大往生』を手がけた井上一夫の『渡された言葉　わたしの編集手帖から』を出した。井波律子、阿久悠、鈴木敏夫、高畑勲、山藤章二らとの交流、聞き取った言葉を紡ぎながら、思いを受け継ぎ生きる意味を考えてゆく。編集とは、受けとった言葉を渡していくものでもあるのだとあらためて思う。

しかし、その思いも売れなければ伝わってはいかない。町から本屋が次々と姿を消していくなかで、落合さんは意を決して本屋を開いた。しかし本書は、なぜ本屋をやりたかったのかを説くのでなく、本屋を開くにはどうすればいいかを語る。ユニークだが、著者の本好き、というか、人好きがにじみ出て、人は本を読み、音楽を聴き、人と語らい、心にいつも滋養を与えて文化を奏でる存在になるものだと語りかけてくるのである。

ちょっと癖のある人のようだけれど、会ってみたい。

『本の雑誌』五月号によれば、いま、「本屋がどんどん増えている！」らしい。旧来のスタイルにこだわらず、棚を借り受けたり、フェミニズム専門書店だったり、さまざまに工夫しながら、個性的な本屋さんの開店がつづいているという。ほんとにうれしい。

ともあれ、生きてる人間が役目を果たさないといけない日が近い。ご先祖さまにも申し訳が立つように、三一日（衆議院選挙投票日）を迎えたい。

2021/10/25

岩波新書
2021年 8月　860 円

柏書房　46 判並製
2021年 5月　1800 円

岩波書店　46 判上製
2021年 5月　2400 円

光文社新書
2021年 9月　940 円

流されて忘れてしまわないために水上勉を読む

水上　勉『無縁の花』

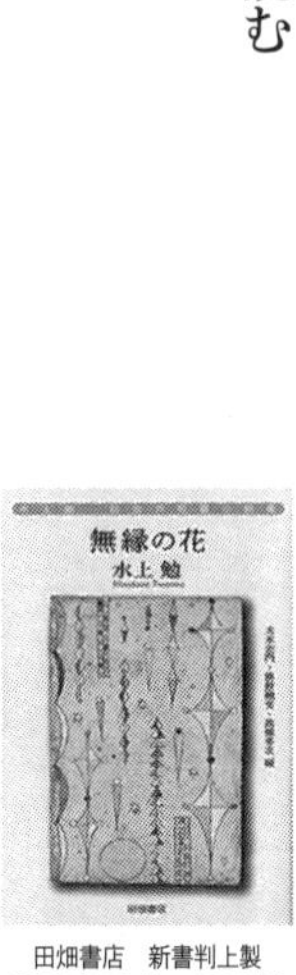

田畑書店　新書判上製
2021年10月　2000円

水上勉『無縁の花』を読む。一九六〇年から三年間の「社会派」短編九作を選び、角田光代の序、野口冨士男の水上勉論などを収載している。水上が「雁の寺」で直木賞を受賞するのが一九六一年だから、ちょうどその時期の良質のミステリー集といえる。全集や単行本に未収録のものもあり、久しぶりに水上ワールドに浸った。一一月には同じく高度成長期を背景にした「社会派」短編集の第二弾も出るようで、楽しみにしている。

　時代、といってしまえば身も蓋もないけれど、近年の小説は背景の時代の闇が浅く、恨み一つをとっても軽いので、小説世界から迫ってくるものがない。もちろん、おしなべてというつもりはない。だが、たとえば、本書にある「真徳院の火」のように、片目をなくした少女が寺の小僧と思いを交わすようになるものの、小僧は兄弟子たちからいじめ抜かれ、胸を患って死ぬ。少女は、小僧が首を吊ったという本堂に潜り込み火をつける。足利三代将軍義満が建立したといわれる古刹を焼くほどにもふかかった恨みの底には、小僧への思いだけでなく、生まれ育った過去の全重量が沈殿している。貧窮のどん底生活は患った目の治療も出来ずに片目を奪い、食い扶持減らしの奉公に出てみれば女将からはいじめられ、それでも一七の胸には灯りが点ったが、幽けきその灯りは無惨に吹き消される。お腹には小僧の子がいる……。

火は、けっして自暴自棄などでなく、恨みのすべてを込めたものだと知るとき、読者は、何を思えばいいのか。そこまでしなくても、生きておればまたいいことがある、あなたを大事に思ってくれる人がいつか現れる……思いつくまま並べてみても、何の気休めにもならない。そう思ってしまうほどの絶望、不信、拒絶、断裂――そういう深重が、現代小説にはないのである。

人をしてそこまで追い込むほどには、この社会がなっていないともいえるが、表面を剝ぐとそうではあるまいとも思う。忘れさせられているのだ。老人の孤独死がいっとき世間をさわがせたが、いまや新聞の三行記事にもならない。搬送先の病院が見つからずに自宅療養とされた何人もの新型コロナ患者が亡くなったことさえ、何だか遠いことにされている。コロナ禍で中高生の自殺が増えたことも、統計数字の発表で終わっている。何だか、見えないように、見ないように、と世が動いている。

社会矛盾に怒りや恨みのひとつ持たないで、どうして世の中を変えるエネルギーが出てくるのか。流されないで、ここはじっと考えてみるべきだろう。

水上勉の文学を「恨みの文学」と評したのは野口冨士男さんだった。本書にも引用されているが、こう評する。

明るい笑声は、彼の作中からきこえてくることがない…（略）…こんな悲しい女を世間はどうして死に追い込まねばならないのか、こんな苦しい男をどうしてこれほどいじめぬかずにはおかないのか、水上勉の文学は、そういう苛酷な人生の恨みつらみの積り積った口説きの文学にほかならない。彼はそれを遠くから眺めているのではなく、そこまでいっていっしょに泣いている。その慟哭や嗚咽が、彼の文学である。

水上勉は、原子力発電の問題に小説、エッセイを通じてもっとも多く発言した作家の一人だが、彼の視線は、いつも若狭の寒村で生活を営む人たちから延ばされ、原子力発電と貧窮とを対照した。一方が文明、科学技術、富を象徴するなら、その対極にある貧窮を、貧窮のままに捨ててきたのは誰なのか、何なのか、そのことへの哀しいまでの憤怒をぶつけた。そのため、新聞連載を終えてから一〇年も上梓できなかった作品がある。妨害が入った、と水上は後年語っている。

ともあれ、六〇年代の高度経済成長の初発期に、それが何を踏みつけてきたのかをじっくりふり返るのも悪くない。忘れないでいることはたいへんなことだから。

2021/11/01

一四歳のほのかな恋と日常、東京大空襲

石田衣良『不死鳥少年　アンディ・タケシの東京大空襲』

毎日新聞出版　46判並製
2019年2月　1600円

ＮＨＫのラジオ深夜便で、聞くともなく石田衣良のインタビューを聞いた。三年前のものの再放送で、母が語った東京大空襲のことを小説にしたという。さっそく、その『不死鳥少年　アンディ・タケシの東京大空襲』を注文し、読んだ。

ラジオでは、母の体験として、遺体を見ると初めのうちこそ手を合わせていたものの、そのうち、丸太ん棒をひょいと跳び越えるようにして逃げた、と話していたが、小説はじつにリアルに炎のなかを逃げ惑う姿を活写している。東京大空襲を生涯のテーマにしている早乙女勝元さんとはまた違った迫力がある。一九六〇年生まれの著者には当然、空襲の体験はないし、空襲に関して母が語ったのはそのひと言というから、著者はどのようにしてモチーフを醸成し、物語を創りあげたのかと思う。

というのも、この小説は戦争や東京大空襲はもちろん、腹が減ってたまらない食糧事情や、それでも映画を見る楽しみは残っている（といっても戦意高揚映画しか上映されていないが）、戦時下の日常的な暮らしを映していて、あのころはどんな日々だったのかをずいぶん工夫して伝えてくる

からだ。伝える、というよりも著者自身がそれを知ろうと懸命なのだ。そこが、体験者が語るものとの大きな違いに思える。

たとえば、主人公の時田武は、アメリカ人の父と日本人の母のあいだに生まれた日系二世で、父の国での迫害を恐れて母とともに日本に帰ってきた一四歳の少年に設定されている。当時、この主人公のような日系二世は約二万人いたという。アメリカにいた日系二世の若者は独自の部隊に集められ最激戦地に送られたというが、著者の関心は、では日本にいた人たちは？　と向いたのだろう。なかには、アメリカから逃れてきた人もいたに違いない……それが主人公の設定になっている。

武は当然、いじめの対象になるが、同時に心打ち解ける仲間にも恵まれる。一四歳はそろそろ淡い恋心も抱きはじめる。武たちが身を寄せたのは伯父の家。従姉妹の登美子がいる。武の仲間のひとりが憧れる。登美子の心は武に向かっている。四親等なら結婚できる、などと仲間たちがからかう。目をつり上げて「鬼畜米英」を叫ぶだけではない、戦時下とはいえ今と変わらぬ青春がそこにもある。

現代と何ら変わるところがない一九四五年三月の少年少女たちを、著者は丁寧にえがく。えがけばえがくほど、「戦争」「空襲」が近づいてくる。章題も三月七日、三月八日、三月九日、その夜……と日を追っていく。三月九日、武と登美子ははじめてデートをする。見たい映画がなかったので歩いた。その日は動員先の軍需工場で、執拗にいじめをくり返す三人組と相撲勝負をして勝って気分もよかった。帰宅した二人は仲間と約束した銭湯に行く。帰り際、明日、錦糸公園で待ち合わせることを約束する。

そして、その夜……。武は、母と登美子とその母、弟、従業員とお手伝いの一隊のリーダーとして逃げ道を探し、牽引する。同じ時間に二つの世界を移動する時空スリップなどを交えて炎のなかの逃走をえがいていく。引き込まれる。著者の筆力は相当なものだと感心する。

著者は、「あとがき」にこう書いている。

「願わくば、この作品が主人公と同じ十四歳の少年少女に広く読まれますように。心に焼き印を押されたように、東京大空襲を忘れませんように」

戦争や空襲体験者がどんどん少なくなっていく現在、一九六〇年生まれの著者のこころみは特筆していいと思われる。知ることが想像を広げ、新しい物語を創っていくのだとするなら、それはただ文学のこととしてではなく、おそらく人生上、また、社会のありようへの関心とつながっているに違いない。衆議院選挙の結果もそのように考えようと思う。

2021/11/08

歴史がゆがまぬようにバトンを受け継ぐ

安田浩一・文、金井真紀・文と絵『戦争とバスタオル』

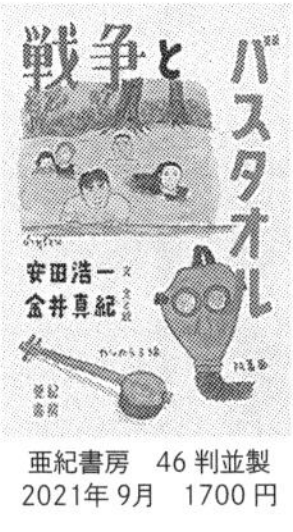

亜紀書房　46判並製
2021年9月　1700円

タイ、沖縄、韓国、寒川（神奈川）、大久野島（広島）――あの戦争で「加害」と「被害」の交差点となった温泉や銭湯を各地に訪ねた二人旅。心を解きほぐしてくれる湯にとっぷり浸かりながら、市井の人の言葉を丁寧に拾いあつめた比類なき湯けむりエッセイ。――と帯にある『戦争とバスタオル』を読む。安田浩一と金井真紀の共著。金井はほっとするイラストを添えている。

面白い、と言ったら不謹慎かも知れないが、湯に浸かりながら、究極の非武装（裸）で言葉を交わすのだから、心情と真情に溢れていて興趣がつきないのである。韓国で出会った女性は睨みつけるような眼差しで、日本の責任を詰問してくる。少し打ち解けて話が弾んだが、名前を教えてほしいと言うと、日本人には教えない、ときっぱり断られる。「戦争」がなお生きて現実にあることを知る、という具合である。

当初はグアテマラの温泉からフィンランドのサウナ、トルコのハマムなど世界中の温泉を旅して回る企画だったらしいが、とりあえず近くからとタイ、沖縄、韓国と回るうちにコロナ禍に見舞われ、寒川、大久野島を訪ねることになったという。世界を旅してその国の文化と歴史を学ぶ、というはずだったものが結果として、日本と戦争の関わりを考える旅になった。この企画変更は、私にとってありがたいことだった。まず、寒川という土地を知ったこと。

藤枝静男の「イペリット眼」は読んでいたはずなのに、主人公が平塚の眼科医だったことは覚えていても、患者の少年工たちが寒川にあった相模海軍工廠で働いていたとは知らなかった。いや、そもそも、大久野島での毒ガス製造は知っていても、海軍がここで毒ガスであるイペリットを作っていたことさえ知らなかったのだ。知らないで過ぎてきたことのなんと多いことか。

胸をつかれたのは、著者たちが巡り会った当時、中学生で動員された石垣修さんの話。彼は、一連の作業を振り返りながら、より分かりやすくとイペリット爆弾の絵を描《か》く。ここに信管、ここに火薬、尾翼がここに……とペン先が爆弾を組み立てていく。一六歳の少年に染み込んだ作業工程は消えていない。「戦争が、体の中で生きている」。

寒川が海軍なら、大久野島は陸軍である。いまはウサギの島で有名だが、ここに日本最大の毒ガス工場があった。ここにも胸をつかれる話があった。一四歳で養成工として働きに出た藤本さんだ。彼は、取材する二人に、毒ガス兵器「ルイサイト」の製造工程を話す。$CaC_2 + 3H_2O = C_2H_2 + Ca(OH)_2 + H_2O$ と化学方程式をすらすら暗唱する。一四から一八までの三年半、彼は中国に勝つため、中国人を殺すため、と必死で働いた。「これは英雄」と言う。取材者たちは顔を曇らせる。

しかし、彼が化学方程式をすらすら言うのは、忘れないためだった。戦後三〇年たって毒ガス後遺症を指摘され障がい者に認定された彼は、自分が被害者であると同時に加害者であることを認識する。「大久野島はわたくしを人の面をかぶった鬼にした」「鬼にされたことを忘れないために、化学方程式だって忘れない」と言うのだ。彼は、中国河北省の北坦村に行って謝罪もした。ここには、寒川の話に出た石垣さんの甥・高畠修さんも事情を知って訪れている。北坦村は日本軍が八〇〇人とも一〇〇〇人とも言われる村民を虐殺したところだ。毒ガスを放り込み、辛くも逃れた村民たちを斬り殺し、撃ち殺した。軍用犬が噛み殺した例もある。

藤本さんはいま、「語る」。どこでも足を運び、毒ガスと戦争の罪と恐怖を伝える。「それがわたくしの任務です。使命です」と真剣に言う。

金井真紀がこう記している。

「毒ガスをつくった人がいて、使った人がいて、亡くなった人がいる。話を聞き取る人がいて、それを書き残す人がいる。本を読んで現地に行ってみる人がいる。歴史がなるべくゆがまぬように、バトンを受け継いでいく。大久野島の案内人・山内さんも、白髪のジェントルマン・修さんも、この道を歩く先達だ。」

2021/11/15

「私は差別などしていない」という方にこそぜひ

キム・ジナ『差別はたいてい悪意のない人がする　見えない排除に気づくための10章』

『差別はたいてい悪意のない人がする』（尹怡景：訳）を読む。プロローグにこうある。

私は他人を差別していないという考えは勘違いであり、思い込みにすぎなかった。だれかに対して「真に平等」に接し、その人を尊重するのであれば、それは自分の無意識にまで目を向ける作業を経たうえでなければならない。いわば、自分が認めたくない恥ずかしい自分を発見することである。

耳に痛い言葉だが、この一年ほど、私はずっとそのことを考えてきた。きっかけは一月三日の箱根駅伝最終区である。三分以上の差をつけられていた駒澤大が先頭に追いつき，追い越そうというときだった。監督車から檄が飛んだ。
「ここで抜かないでどうする。男だろ、行け」
私はテレビから聞こえるその声を、何とも思わなかった。当然の叱咤として聞いた。ややあってから、私はその自分にはっとし、愕然とした。その間どれほどだったか。少なくともゴールに飛び込む前には自分が何ともやりきれなくなっていたのは確かだ。私はそれが何を意味しているのか、私の無意識に何が沈殿しているのか、を考えた。同人誌にコロナ問題とからめてそのことを書いた。書けば克服できるというものではないが、自分という人間を意識化するうえで、書いておかなければいけないと思った。

そういう私にとって本書は、ありがたい一書になった。が、これを読むのにはちょっとした勇気が必要だった。傷を自覚しているところへ塩を擦り付けるような気がして、読むのをためらっていたのである。だから私が手にしているのは二刷り。私と同じような気持ちの人は少なからずいるのではないかと思うと、それをこじ開けている本書の重版は他社のことながらうれしい。

本書には「見えない排除に気づくための10章」と副題があり、それをⅢ部に構成している。著者の言葉を引いて紹介すると、Ⅰ部は、差別を差別として認識できない「悪意なき差別主義者」はいかにつくられるのかを考え、Ⅱ部は、どのように差別が不可視化され、どのように「正当な差別」として偽装されるのかについて考える。Ⅲ部では、差別に対する私たちの姿勢について語る。差別にどう向き合い、差別をなくしていくために何ができるかを考える、というものである。

出てくる事例は、韓国社会のことであったりアメリカであったりするが、日本社会の日常にもあることなので、よく分かる。くわえて、ただ事例を並べておかしいと悲憤慷慨するのではなく（もちろんそれもあるが）、背景にある社会の仕組みを見渡し、成育過程や心理の形成に降りたって分析を加え、差別する感情を包み込む静かであたたかな理性の保持を促していく、そのための個

二〇二一年

の形成と社会への働きかけに焦点を当てていくので気持ちがやさしくなる。著者はプロローグの終わり部分でこういっている。

差別に関する本の執筆を終えるいまこの瞬間にも、私は相変わらず差別についてよく知っているとは言いきれない。それにもかかわらず、私をとりまく社会を理解し、自己を省察しながら平等へのプロセスを歩みつづけることは、自分を差別していないという偽りの信仰よりも、はるかに貴重だということだけは明らかである。

読み終えて、私は少し気持ちが楽になった。そして、自分に沈殿しているものがひょいと顔を出してこないように、それがあるということを見つめつづけていこうと思った。七四になってなおそうせざるを得ない何とも恥ずかしいことであるが、それが私の人生なのだから致し方ない。誰も代わりに歩いてはくれない。

2021/11/22

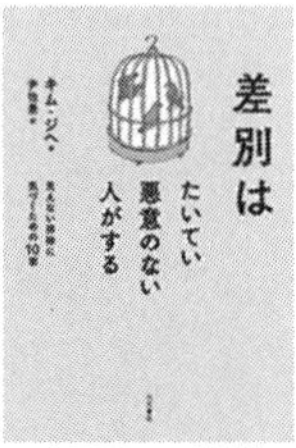

大月書店　46判並製
2021年8月　1600円

他人の自由はリスク、自分の自由は負担

那須耕介『社会と自分のあいだの難関』

「他人の自由はリスク、自分の自由は負担」――本を開いたとたんにこんな不穏な言葉が飛び込んできた。ドキッとする。どういうことか。

今年九月、まだ五三の若さで死去した京都大学教授、法哲学の那須耕介が生前、作家の黒川創や環境社会評論家の中尾ハジメ、食農歴史学の藤原辰也らと交わした対話集『社会と自分のあいだの難関』の冒頭に出てくる。那須は、もはや「自由」は人びとから歓迎されなくなっている、理念として魅力的でなくなっている、たとえて言えばこういう感じ、として右記の言葉をいうのである。

他の人が自由にすると，こちらがどんな目に遭わされるか分からない、自分に自由が与えられると自己責任だと言われて、ツケが全部自分に回ってくる、少なくとも昔ながらの「自由」とは変わってきている。いまはもう、リベラルと呼ばれることをみんな嫌がっているという気がすると那須は言う。そしてたとえばコロナ禍で、なるべく国が方針を決めてくれたらありがたいと、法、とくに国の強制力に頼る、すると、自分の負担は減らすことは出来るが、当然ツケは大きく

SURE　46 判並製
2022年 1月　2800 円

なる……と話が進んでいく。

私など「昔」の自由人は、自由の対義語は抑圧とか隷従とか、支配とか強制とかと考え、自由と民主を大事に思うけれども、現代のとくに若ものたちは、自由の対義語が自己責任になるから、なるほど嫌うわけだと得心してしまう。この一〇年いや二〇年くらいのあいだに知とか理なるものが急激に地盤沈下し（させられ）、刹那の愉楽と効率、利潤追求が闊歩し、価値基準が変わってしまったから、さもありなんとは思うけれども、しかしこれには寒気を覚える。

自由を嫌って、自由を投げ捨てて、さてその先に何があるのだろうか。

自由は権利として認められたから存在するのではなくて、人間が人間として生きるうえで必須不可欠な、いわば自然のものとして付与されているもので、それを奪い、持つ者と持たざる者とに差別して支配、隷従させてきた者たちとの長年の闘争を経て奪い返してきたものである。であるなら、自由を嫌うということは、人間として生きることを嫌う、投げ捨てるということになる。

那須は別のところでこんなことも言っている、「私たち」という言葉を自分がなぜ使えるようになったのか。これを厳密に考えると使いにくくなる。「私たちは」と言うと、オレは入っていないと言われたり、「私たち」以外の人を排除、敵視するために「私たち」という言葉を使っていないかと気にしたり。しかし、「私たち」という言葉は使えなくては困る、自分はこの社会の紛れもないメンバーであるからで、「私たち」という言葉を使ってしか表現できないことがあり、場面がある。

なるほどと思う。「私たち」で一括りにされ、「個」が消えては台無しだが、#MeToo などのように個々が声をあげるだけでなく「私たち」と女性たちが尊厳かけて行動を起こすことは、人が生きるうえでの社会のあり方を問いかけて大きな意味を持つ。問題は、この「私たち」が近ごろ富みに成立しがたくなっていることだ。だからといって「個」が尊重されているということではない。そこに根の深さを思う。

私はそのことに、自由を嫌うようにされていることとなにがしの関係があるように思う。人は、隷従関係のもとでは連帯しないものだ。するのは利害得失を勘定するからで、人は「個」として存在してはじめて「社会」を意識し、となりの「個」と関係・連帯しようとする。そこが、脆弱になっているとしたら、意識してそれを考えなくてはいけないと思う。

本書は、答えが書かれているわけではない。何をどのように考えればいいのか、そのヒントを与えてくれる。思弁の世界のことではない。たとえば先日こんなことがあった。ある集まりのレポートを誰にするかという話になったとき、適任者にAの名が上がった。すかさず、彼は退会者じゃないか、退会者にレポートさせるのはいかがなものか……。Aは退会後もまじめに集まりに参加していたのだが、スッと彼を切り離す言葉が出る。そういう現実をどう考えるか、ということである。人間として生きるために、である。

2021/11/29

茶飲み話にできないことがある

保阪正康『戦場体験者　沈黙の記録』

この八日は、太平洋戦争開戦八〇年にあたる。切りのいい節目ということもあるのだろう、例年になくテレビなども記念番組を組んでいる。山本五十六や盟友の堀悌吉を引っ張り出して、何とはない非戦論を展開するのが目立つが、太平洋戦争、ひいてはアジア太平洋戦争を本格的に総括する視点は、やはり望むべくもない。

ならばと、保阪正康の『戦場体験者　沈黙の記録』を読む。戦後七〇年にあたる二〇一五年に単行本として出版され、二〇一八年、文庫になったものである。表題にもあるように、この本は、戦争（戦場）体験者の記録ではない。彼らはなぜ語ってこなかったのか、その沈黙の記録である。だからこの本には、戦場の生々しい様相――撃つ、撃たれる、奪い、犯し、殺す――はほとんど記述されていない。それより、そのときの胸中、しかも戦後、ずっと黙りつづけた苦悩、あるいは語り、綴ることの葛藤……が、それこそリアルに記録され、戦場と兵士のリアルを際立たせている。

「戦争」とは何か、を考える絶好の一書といえる。

ちくま文庫
2018年 6月　800 円

本書を読みながら考えた一つは、彼らがなぜ語らなかったのかを、負け戦だし、略奪・強姦・捕虜刺殺などイヤな話はしたくなかったろうと浅薄に思ってきたことの反省である。小説や戦記・戦史をいくらか読んでいるとつい錯覚してしまうのだが、「戦争」は語られ、えがかれてきたものの数倍も数十倍も、秘されてきた。いやな思いとともにあることが一つだが、それ以上に、軍隊的規律は戦後にも生きており、参謀本部や大隊本部など司令部のまとめたものに異を唱えることができなかったこと、戦場のことは語るなという箝口令が敷かれ、戦友会などで語り合う以外、口外しなかったことがある。さらに重要なことに、たとえば中国兵・農民の殺害を親が知ればどう思うだろうという、慈しみ育ててくれた親への慮りがある。

この重層的で複雑な「沈黙」へのいたわり、顧慮がないと、「戦争」の真実に行き着くことは難しい。戦争のことをなまじ知っているつもりになっていると、この「沈黙」の意味するところを受けとめ損ねる、と痛感させられた。

考えたことのもう一つは、中国戦線で捕虜や農民の斬首をおこない、戦後、裁かれて帰国した人を著者が訪ねたときのことである。あがってお茶でも、というその人を制して著者は、荒川土手でも歩きながら、と表に誘う。居間でお茶を飲みながら聞くようなことではない、との思いからである。

戦争とはいえ、罪のない人の首を刎ねる、その体験を茶飲み話にしてしまう精神の弛緩を恐れたのである。「戦争」あるいは「戦場」、死、殺戮、人間の運命というか宿命というか、その極限地に立った人間を考えるということに、もっと敬虔にならなくてはいけない、ということであろう。それは、死者へのいたわり、尊敬に通じる。

ついでながらこの人は、ある有名なジャーナリストの訪問を受け、家には誰もいないと思って、居間でインタビューに応じ、どうやって斬首したのか、刀身が曲がったときはどうしたか、などと話した。ジャーナリストが帰ったあとで、居間に息子が顔を出した。いたのだ。息子は、そんなひどいことをしたのか、もう親でも子でもない、と家を出た。以来、音信不通だという。茶飲み話でいいこととそうしてはならない話とは、画然とあるのである。

三つに、話したいことを話してもらうというインタビュアーの姿勢である。私もそうなのだが、理解が行き届かないときにそれはどういうことかと問うことはあっても、できるだけ、気持ちよく話してもらうように心掛ける。合間合間に、戦争っていやですねえ、人間でなくなってしまいますものねえ……などと口を挟まれると、そう簡単にまとめられないから、あれはどういうことだったのかとずっと考え、いまも苦悶しているのに、この人には言ってもダメだな、と語り手の熱量が下がっていく。いったん下がった熱量は、容易には上がらない。この辺りの呼吸は、私にはいくらか分かった。

四〇〇〇人を超える戦場体験者の聞きとりの厚みが本書を支えている。戦争が「同時代史」から「歴史」へと移行する、そのきわで考えるべき重要な視点が提示されている。

2021/12/06

植民地被害への想像と主体的行動への理解

加藤圭木『紙に描いた「日の丸」 足下から見る朝鮮支配』

岩波書店　46判並製
2021年11月　2500円

加藤圭木『紙に描いた「日の丸」 足下から見る朝鮮支配』を読む。一九一〇年の韓国併合条約から四五年の日本の敗戦まで、いや、正確に言えば一九〇四年以来、日本がそこを植民地として支配してきたことは学校で習ったし、いくらかは本を読み知っている。その間には、国籍は日本ながら戸籍は旧来のままとされたとか、「創氏改名」を迫られたり、日本への供出・移送のための米の増産、そのための土地取りあげ、さらには日本の労働力不足を補うための強制連行、日本軍慰安婦への狩り出し……等々のことは、いくらかは分かっているつもりでいた。

しかし、たとえば本書のタイトルにもなっている、「紙に描いた『日の丸』」のことははじめて知ることだった。日本の奉祝日には「日の丸」の旗を掲げて行事への参加を強制されるのだが、そのために朝鮮の学生・生徒・児童らは紙に「日の丸」を描き、棒に貼り付けて手旗にした。しかし、その紙の「日の丸」を引きちぎって棒だけを振り回す者が少なくなかったという。風で引きちぎられただの、振っているうちに破れただのと言い逃れたという。

そういう無言、あるいは有言の抵抗は、あらゆる場面で朝鮮半島各地で展開された。当然と言えば当然のことと想像できるのだが、どうにも、朝鮮はやられっぱなし、という頭が先行していて、さまざまな抵抗、主体的な行動を見落としがちになる。その点、本書は支配が個々の現場でどのように施行され、人々はどのように向き合ったのかをリアルに追求しており、大いに反省させられ、勉強するところとなった。

もちろん、侵略者は非道である。本書の第三章は「水俣から朝鮮へ――植民地下の反公害闘争」と題されている。今秋、映画「MINAMATA」が上映されてあらためて水俣病とチッソ(株)の犯罪がクローズアップされたが、そのチッソは戦前、朝鮮に進出して横暴きわまりないことをやっていた。不知火の海を猛毒で汚し水俣病を発生させる以前に、チッソは朝鮮でも環境を汚染し、水産業に大きな被害を与えたばかりか、住民の健康被害を引き起こしていたことが本書で明らかにされている。

朝鮮チッソは、興南という地域に住民を立ち退かせて大工場を構えたが、働いていた看護婦の証言では、「わけのわからない奇病」があり、「〃興南病〃という名で片付けていた」という。〃興南病〃はところを変えて〃水俣病〃となった。水俣病が発生したから差別が生まれたのではない、差別があったから水俣病が起きたのだ――とは水俣でよく言われることだが、そのずっと以前に、おそらく同じ病と思われる事態が、植民地・朝鮮で発生していたのである。

著者は、日本で公害が問題にされたのは戦後もしばらくたってからのことだから、戦前の植民地で起きるのは当然ではないかと思う人もいるだろうが、戦前にも国内には工場法はあり、公害規制のための規定もあったことをあげ、しかし、朝鮮には工場法が施行されていなかったと指摘する。工場法にもとづく公害規制はきわめて不十分なものであったが、それすらも朝鮮には適用されなかったのである。

日本本土と植民地朝鮮との「落差」は、チッソが手がけた水力発電所の建設にもあった。チッソは、流域変更方式と巨大ダムを建設して落差を利用する大ダム方式をとったが、この方式は、林業などの生業への影響が大きいことや土砂崩れやダム崩壊の危険が大きく、いずれも日本国内では住民や技術者の反対を受けて霧散したものだった。植民地だからこそ有無を言わせず強行し、巨大ダムの一つ水豊発電所の発電量は最大六〇万キロワット、戦前の日本国内で最大の信濃川発電所が一六万五千キロワットだからいかに大きかったかが分かる。それは反面、それだけ犠牲になったものが大きいということを物語っている。もちろん朝鮮人は黙ってはいなかっただろう。

植民地支配とは漠然とした現実ではない。巨大ダムだって、狩り出された労働力は朝鮮の人民一人ひとりである。父母、兄弟の家族がおり、友や親近した人とつながった個々の人間である。支配が彼らに与えた傷であるなら、嫌韓にあおられる前にその歴史の事実を謙虚に受け止め、さて、自分は何をすべきかを考えたい。一〇〇年にもならないのに歴史事実は知られないまま埋もれていこうとしているのであるから。

2021/12/13

一二月一三日に南京事件をえがいた小説を読む

榛葉英治『城壁』

ふと立ち寄った書店で榛葉英治の『城壁』を見つけた。昨年六月に新装出版されていたらしいが、気づかなかった。私はこの本が南京大虐殺をえがいたものだとまったく知らず、榛葉英治か、八木義徳さんから昔、あなたは榛葉を読んでいますかと訊ねられたことがあったなと思っただけだった。

だがこの本、南京大虐殺をえがいたまれにみる好著だった。不明をほんとに恥ずかしく思ったのだが、それよりも、この本を読み終えたのが一二月一三日の早朝であったことに、まったく不思議な思いにとらわれた。八四年前の一九三七年のその日、日本軍は南京への先陣を争い、城壁を越えて襲ったのだった。

南京大虐殺をめぐっては、死者の数をめぐってやそれ自体をなかったものにする議論が盛んであるが、それほど口の端にのぼりながら、事件をえがいた小説は数えるほどしかない。知られているのは、石川達三「生きてゐる兵隊」と堀田善衞の「時間」くらいだろう。ただ、「生きてゐる兵隊」は南京をえがいたものでなく、討伐、略奪、強姦に加わった兵からの聞き書きを、南京以

文学通信　46判並製
2020年6月　2400円

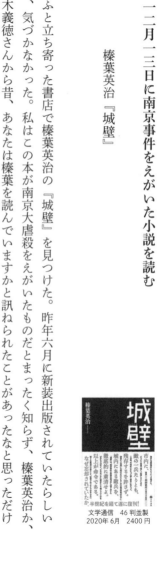

前の別の戦線に生かしてえがいている。「時間」は中国人の視点でえがいたもので、深い思索・思考へと導いてくれるものの、一人称の日記に拠るという手法は、南京事件の全体像を浮かび上がらせるまでに至っていない。物語を拒否するこの作品が問うのは思想である。

その点、榛葉のこの作品は、日本の個々の兵士から現地司令部、参謀本部などにおよぶ将兵と南京安全区国際委員会のドイツ人ジョン・ラーベや米国人宣教師ミルズ、さらに現地に派遣された新聞記者たち、といった多角的な視点から、一体そこで何があったのかをえがき出している。一九五八年に「赤い雪」で直木賞を受賞していた榛葉だったが、この「城壁」執筆の過程では、収入ほとんどなし、発表のあてもない、という日を過ごしながら、これを完成しなければ次の仕事をする気になれない、「城壁」にすべてをかけている、というほどの打ち込みだったという（巻末の和田敦彦「榛葉英治の難民文学」）。

和田に言わせれば、「時間」が拒否した物語を、榛葉は逆に物語にすることで広くこの事実を知って欲しいと一念を貫いたということになる。少し事実を踏み越えたところもあるが、確かに、南京で何が起きたのか、そのときの各人各様の苦悩、葛藤がよく分かる。小隊長から強姦の禁止を厳命されながらも抜け出して襲う古兵が馬喰出身であることなど、日本において蔑みの対象にされてきた差別意識の裏返しが行為に現れるなどのことも、見落とさずにえがくところなど、この作家の資質の十分さもうかがえる。もちろんその批判も、それがもし自分の妻や子であったとしたらと、きびしい。戦争に狩り出された無惨、命令に抵抗することのむなしさ、国際委員会という名の無力。

現地に派遣された新聞記者も例外ではない。目の当たりにしながら、書けない、あるいは書けないと判断するむなしさ。長いものには巻き込まれずにいることだけで精一杯の忸怩たる焦燥………榛葉が問いかけるのは、戦争それも侵略戦争という歯車が一旦回転してしまったあとのやるせなさである。だから、始まる前に、その気配を少しでも感じたときに、もてるすべてで食い止めないといけない。

この「城壁」もまた、紆余曲折しながら、一九六四年に出版されたが、その後ついぞ日の目を見ることはなかった。ウィキペディアではいまだに紹介もされていない。「生きてゐる……」を除けば、「時間」も「城壁」も文庫になるどころか、まったく無視されるように置かれてきた。「生きてゐる……」が戦時下にすでに発表されたということもあるのかもしれないが、本質的には、作家のモチーフと主題、なぜこれを書かねばならなかったのかの違いであるのかもしれない。戦場はこんなものだと知らせようとする者と、戦争とは何かを問いかけその愚かなくり返しを峻拒しようと呼びかける者との違い、とでも言えばいいだろうか。

親しくしてもらった八木義徳さんが胸襟を開いた作家のひとりに榛葉英治をあげたのも諾《むべ》なるかなという思いがした。

2021/12/20

「伸子」に感心した、おセイさん

田辺聖子『田辺聖子　十八歳の日の記録』

本年最後は、『田辺聖子　十八歳の日の記録』。新聞各紙で、おセイさんの戦時中の日記が見つかったことが報じられて、早く読みたいと心待ちにしていた。興味は二つ。一つは女学生の戦時中の過ごし方、その日々の思いをのぞいてみたいという下世話なもの。もう一つは、その頃から作家になりたいと思っていたという女学生のものの見方とその表現方法、そして、書くことへの執着心の有無。などと言えば格好はいいが、要するに若い日のおセイさんを知りたいということに尽きる。

　昭和二〇年四月一日から日記は始まる。

　新しいノートを降ろし日記を書こうとずっと思っていたが、キリが悪いので四月からにしようと心待ちにしていた、と冒頭にある。それくらい〝日記〟に執着を持っている、日記は好きだ、書けば書くほど心の中が整理され、頭も澄み渡ってくる、反省ができ、奮発心が起こる、日記はいいことだ、とつづく。

　分かると思うが、この日記は、確かに自分に言い聞かせているのだが、どこかで人に読まれる

文藝春秋　A5判上製
2021年12月　1600円

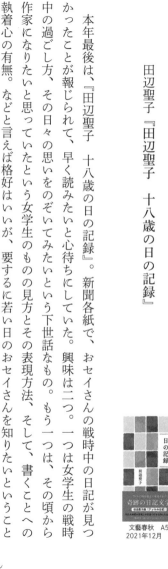

ことを期待していると。書くということを自慰行為にしていないといえばいいのか、外へ向かっているのである。そのことに本人はまだ気づかない。樟蔭女専二年生は、歴史学者か国文学の研究者になりたいと思っている。言うことがふるっている。一生、作家で終わる心算はない、だと。

だが、人への観察眼というか、大阪の女の目は鋭いし、ちょっといけずである。

就寝前のこと、具合の悪かった同室の田原さんがややよくなり、いろんな話をしだす。小野さんが田辺と宇賀田さんの仲の良さを嫉妬していることだの、彼女は食べ物がでると機嫌がよくなるだの、目がぎょろぎょろしていて感じが悪いだの……。そういえば小野さんは今日、田辺が安藤先生に小説のことを言われたとき、「そうですねん、田辺さんはいつも小説書いてはります。わたしなんかとてもかないませんねん」と得たりかしこと横から口を出したことを思い出す。

そしておセイさん、小野さんをこき下ろす。「その皮肉さ加減、厭みの調子、古今を絶する意地悪さであった」

言いすぎたと思ったのか、「女というものは、噂話については先天的に感じる興味、本能的な喜びを持つものだ。いい喜びではないけれど」と、誰に言うのかたしなめる。

この辺りの言葉のたたみかけ、そしてスッと引く呼吸……、後年の田辺文学の真髄と言っていいものの萌芽が見てとれる。

もちろん戦時中のことである、小磯内閣の総辞職に、この重大時機に何と言うことか、ルーズベルトもチャーチルも、スターリンもヒトラーも、世界の指導者は誰も代わっていないのに、責任回避のようで潔くない、と悲憤慷慨する。大阪空襲に遭って大阪東南部の女専から西部の実家へ悪い足を引きずりながら帰宅する顛末の緊張感。「何事ぞ！」の一文で始まる八月一五日。天皇に向かって、これ以上民草を苦しめるに忍びずと言うが、「日本民族の栄誉にかけて三千年の伝統をそのままに、玉と砕けんことをこいねがう」とどこまでも勇ましく戦闘意思を表明したものの、翌日には、天皇の仰せの通りに、と態度をやわらげ、九月に入って授業が再開されると、「勉強はどんどん身体の中へ吸収されるようで快い」と綴り、世の変遷から目をはずそうものならたちまち没落する、と世界を見つめ、家を焼失し身寄りを頼って分宿生活する家族を見つめる。

大学へ行けるか、事情は許しそうにない……悶々と葛藤しながらも、本を読む。物語を考え、書く。昭和二二年一月二七日の日記の終わりにこうある。〈大事をとって、今日も休んだ。日本晴だ。私は炬燵に入って英語を勉強し、中條百合子の「伸子」を読んで感心した。〉

「感心した」のは、主人公・伸子にだろうか、書いた中條百合子にだろうか。まもなく二〇歳を迎えるおセイさんの新しい出発を期す言葉のように私には思えた。

2021/12/27

二〇二二年

（前半期）

「書き言葉」に接することの意味

古田徹也『いつもの言葉を哲学する』
今野慎二『うつりゆく日本語を読む――ことばが壊れる前に』

新年、例によって二日早朝、啄木の「時代閉塞の現状」を読む。一九一〇年に書かれたこの論考が古びることなく現代に突き刺さってくるのは、どうしてだろうと考える。強権に正面から立ち向かう文学、批評あるいは精神の必要、というテーマが変わらず有効であることが一番だろうが、私は加えて、文章あるいは言葉の力というものを思った。それも、書き言葉の力である。年末から年始にかけて、古田徹也『いつもの言葉を哲学する』、今野慎二『うつりゆく日本語を読む――ことばが壊れる前に』を読んだせいかもしれない。

啄木の文章はせいぜい一一〇年前、それくらいの時代のことばなら分かって当然、というかもしれないが、では、「きゅうりをはやす」、「老いた豆のばさけた味を厄介する」、ひとり囲む食卓は「われながらそぼんとしたものである」の、はやす、ばさけた、そぼん、は分かるだろうか。前者の新書に紹介された幸田文の随筆によるものである。幸田は一九〇四年生まれ、啄木からやや遅れた時代に生きた人だが、これらのことばはほとんど死語といってよい。

「はやす」は「切る」の忌み言葉で、そういう表現を避けるということばの習慣のなくなったことが死語に追いやったのだろうし、旬をすぎてバサバサになった枝豆に手をかけて旨くし、そうして夏を終わらせるという意気や工夫がもはや生活からなくなってしまったことが、言葉を失わせていったのだろう。「そぼん」はまったく情景表現だが、寂しさ、わびしさ、静かさ、不安……それらすべての入り混じった心持ちをもしみじみ伝える。

こういうくだりを読むと、なるほど言葉は生活とともにあり、生活の流れのなかではじめて意味を持つということが分かる。とはいえ、生活がそうであればそのような言葉を遣い、文章で表現できるかというと、そうはいかない。後者の著者・今野はそこで、「思考」が大事だという。言葉は思考の器であり、思考と言語表現は一体のもので、たしかに思考が先にあるのだろうが、それは言語表現を通してしか整えることができないから、言語表現、つまり書き言葉が乱れ混濁しているということは、思考が混濁していることにほかならない、という。

啄木の文章が一一〇年余を経ても伝わり、なお現代に問題提起するのは、思考と文章表現のみごとな整合にあるといえる。思考が明晰だから、言葉もまたあいまいさがない。だから一〇〇年の時間などものともしない。

そこで問題なのは、この書き言葉に接触する機会と時間が減っていることだ。書物を読まないことの重大な意味がここにあると思う。源氏の世界も、ギリシャ哲学も中国思想も文字化されて時空を越え、現代に伝わってきている。ネットでも読めるという人がいるが、それはヒットした結果だ。ウィキペディアも便利だが、プロセスがない。今野もいうが、プロセスを大事にするということは時間を意識し、過去に目配りし、歴史を尊重するということ、つまりはそことつながる自分という存在に自覚的になるということだ。

批評家の大澤聡は、「ＳＮＳが人びとの判断や思考のプラットホームになった結果、ストックでなくフローですべてをとらえるモデルに切り替わった。『今・ここ』しかない。深層や奥行きの発見が『近代』であり『教養主義』であり『歴史』であり『人間』であるとすれば、新たなメディア環境はそれらをのっぺりとフラットに均してしまいました。ピンポイントでたまたま拾い上げた情報だけをたよりに考える」と指摘している。

今野はこれを引用し、何をどれだけ貯蔵しているかではなく、現在時においてどれだけモノを流せるかが問題になり、未来のために、がなくなる。「ストック」が「書きことば」なら、「フロー」は「話しことば」と「打ちことば」だという。

「書きことば」の存亡は、つまりは人間としての存在にもかかわっていると、あらためて出版人として肝に銘じ、新しい年に向かっていこうと思う。どうぞ遠慮なく叱咤くださるようお願いする。末筆ながら、どうぞみなさまにとっていい一年でありますように。

2022/01/03

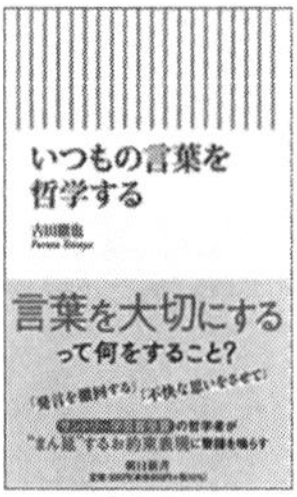

朝日新書
2021年12月　850円

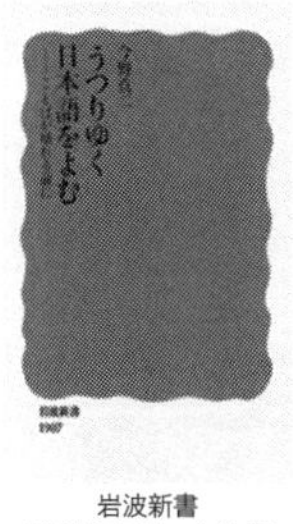

岩波新書
2021年12月　860円

「心の虫歯」はあなたにあるか

丸山　豊『月白の道　戦争散文集』

――私たちはおたがいに心の虫歯をもっていた方がよい。ズキズキと虫歯が痛むたびに、心の奥の一番大切なところが目ざめてくる。でないと、忘却というあの便利な力をかりて、微温的なその日ぐらしのなかに、ともすれば安住してしまうのだ。さえざえとした一生を生きぬくには、ときどき猛烈な痛みを呼び込む必要がある。――

丸山豊『月白の道　戦争散文集』の冒頭「虫歯」と題された一文の書き出しである。福岡で医師として働くかたわら詩作にいそしんだ丸山は、フランスの詩人アラゴンが主宰する『フランス文学』誌上で一九六七年、「十人の日本詩人」に選ばれている。

アジア太平洋戦時、丸山は歩兵団司令部付き軍医少尉として中国の奥地・雲南省に配属される。「雲南の門」の章では、龍部隊とよばれた屈強部隊の将兵たちが復員後に自選句を集めてまとめた句集の話がある。丸山の句は、「月白の道は雲南省となる」だが、「月白とは、いま月が出ようとするときの空のしらみのことで、逃げ惑う中国兵を追うて、はじめて雲南省に足を踏み入れたときの感懐である」と説明される。

中公文庫
2021年7月　1000円

丸山たちはここから、ビルマ北部の日本軍の要衝ミートキーナへ、一九四四年五月、中・英・米の連合軍に包囲された龍部隊の兄弟師団・菊部隊の一個連隊の救出に向かう。率いるのは水上源蔵少将。第五六師団の歩兵団長だが、与えられた将兵は歩兵一個小隊と山砲二門、砲兵、工兵ほかを合わせても二〇〇名足らず。歩兵団長といえば一個師団一万五千名の中核九千名の長だが、常識外の小兵力にも黙して従った。

二〇倍の敵兵に囲まれたミートキーナの菊部隊が待つのは実力兵以外ではない。が、そこへ少数の手兵の上級者が行って指揮を執る。現地の連隊長のふくれっ面が目に見え、胸奥の苦悩はふかい。が、その温容にはいささかの変化もみられなかった、と丸山は書く。丸山はそういう水上の飾り気のない人柄に惹かれる。

ミートキーナの菊・龍の混成部隊三〇〇〇人は、七月初旬には一六〇〇人に半減する。戦死近しと見てか、南方軍総司令官からかもう一段上からか暗号電報が届く。「貴官ヲ二階級特進セシム」。水上は、「妙な香典がとどきましたね」とにっこりする。二日後、また電報が届く。「貴官ヲ以後軍神ト称セシム」。水上はこんども「へんな弔辞がとどきましたね」と微苦笑するだけであった。

水上は、「ミートキーナ死守」の命令が「貴官ハミイトキーナ附近ニアリテ……死守スベシ」と、部隊にではなく水上一人への命令になり、しかも、「付近」とあるのを見のがさず、全軍に撤退命令を出し、自決する。丸山は水上の左手首を切り落として胸に抱き、峻険な山岳地帯をかき分けてタイのチェンマイへ、二千キロにおよぶ逃避行に入る。いわゆる「白骨街道」である。

本書『月白の道』は、その全行程の記録であり、感懐である。

「わかれ道」という章では、少人数に分かれてそれぞれ進むものの、米も塩もつき、すき腹を抱えて情けない顔をしている丸山たちの前に、同じ龍部隊の衛生隊の一行が現れる。高橋軍医の一隊は、みな元気いっぱいで小銃もになっている。彼らと同道すれば自分たちも高山踏破ができるかもしれない、申し入れようと口を開きかけたとき、「じゃあ丸山くん、俺たちは先を急ぐ。さようなら、武運を祈る」と高橋軍医は言い捨てて出立した。

高橋軍医のかすかな冷たさに恨みはない。立場がさかさまだったら、私も同様のエゴイズムを示したかも分からない——丸山はそう書く。が、何が運命をわけるか分からない。三週間後、やっとのことで彼らとは別の道を下山した丸山たちは、ナロンの渡河点を無事に通過したが、高橋隊は同じ場所で全滅した。「河をおよいで逃げてきた伝令一名のいのちをのこして」。

水上少将といい高橋軍医といい、戦場の極限で露呈する人のありように対して、丸山の目はやさしく、且つ、きびしい。「戦争」のもたらすものから視線をずらさないからだし、さえざえとした人生を生きぬきたいと願ってやまないからだろう。

2022/01/10

文章に聞く人生の変調、順調

砂原浩太朗『黛家の兄弟』

空を覆うように咲ききそった桜が、堤の左右に沿ってどこまでも伸びている。その果てには、溶けのこった雪をかぶる峰々が、切り立つ稜線をつらねていた。

息を吸うと、甘やかな匂いが胸にすべり込む。黛新三郎は土手の下へまなざしを落とした。杉川の水面が春の光をはじき、まばゆい照り返しが並木のあいだを擦りぬけてくる。

——デビュー二作目の「高瀬庄左衛門御留書」で直木賞候補になった砂原浩太朗の新作『黛家の兄弟』の書き出しである。何でもない日常の一光景であるようでいて、「切り立つ稜線」「光をはじき」「照りかえし」「擦りぬけ」と、これから起こるであろう返事・変調を予見するかのようにことばを選んでいる。心憎いといえばよいのか、文章の細部にまで目を行き届かせた時代小説作家である。ただし、今作も斬り合いや道場での試合など剣技の場面は物足りない。粗いのである。おそらくそれは、剣さばきの問題でなく「気」のありようのように思える。気組みに緩みのあるような、感じである。とはいえ、それはほとんど趣味嗜好のようなもので、それ以上ではない。

冒頭の文章にその後の変調の兆しを読むなら巻末の以下の文章はどうだろうか。

講談社　46判上製
2022年1月　1800円

――どれほど刻が経ったか、聞かなくなったと感じていた鶯のさえずりが、空のどこかから下りてきた。その響きへ引きずられるように、清左衛門はゆっくりと眼差しをあげる。高く繁った松の梢を透かし、濃く蒼い空が広がっていた。ところどころに、湧き立つような白い雲が浮かんでいる。夏がはじまろうとしていた。

これから先、当分は順調にいくであろうことを思わせる。専権をふるい藩政を掌中に収めようとした家老を倒して藩を守ったのであるから当然としても、文章ひとつでそれをあらわすのはそれほど容易ではない。後者の清兵衛は新三郎ののちの名だが、若い新三郎の「まなざし」は下へ落としているのに対して、中年になった清兵衛の「眼差し」は蒼い空を見上げさせる、しかも漢字で書いて強い印象を与える。

心憎いというのはこういうところだが、隅々にまでこのような文章の気配りを、時代小説だからと小馬鹿にしてはいけない。靴を履いて出かけたのに下駄で帰って来て平気な「純文学」は少なくないのだから。

ともあれ、「黛家の兄弟」は神山藩で代々、筆頭家老を務める黛家の惣十郎、栄之丞、新三郎三兄弟の物語である。長兄は家を継ぐように育てられ、二、三男は他家への婿入りの身。三人三様とはいえ三男新三郎の気軽さに比べると二兄は微妙。やがて、青春期を過ぎ新三郎は大目付を務める黒沢家から請われて婿に入り、織部正を名乗って政務にもかかわるようになる。

そのような折、二兄の栄之丞が藩主家とふかいつながりをもつ家老漆原の宰領息子を斬り捨てる。漆原は「喧嘩両成敗」として処断を求める。与ったのは大目付の織部正こと弟の新三郎。漆原はこの一件からさらに、娘が藩主とのあいだに妾腹とはいえ一子をなし、それを次期藩主にと画策する。画策には藩主の意向も働き、そのうえ新三郎らの父親も同意して進んだ。

漆原は自分の血筋を藩主にするだけでなく、筆頭家老の地位を得て、藩政を恣にしようとする。そのために、惣十郎が継いだ黛清兵衛の失脚を狙って動く。新三郎こと織部正は漆原の片腕とみられるほどに接近していく……。

事件がどのような顛末に到るかは本作をどうぞというところだが、この作品のテーマが「家族」とは、を問うところにあるといえばおよその察しはつくだろうか。親と子、また兄弟、妻や子……それは心を通わせて成っていくものであって、所与であるからそうだとはいえないものであると、あらためて思いつつ、昨今のいとも簡単な虐待や殺人の、そこに至らしめている闇のふかさを思わずにはいられなかった。

2022/01/17

薑経の性は、老いていよいよ辣なり

幸田文『幸田文　老いの身じたく』

平凡社　46判上製
2022年1月　1800円

『幸田文　老いの身じたく』（青木奈緒：編）を題に惹かれて読みすすめた。幸田文さんは一九〇四年の生まれだから、当然、「老い」を何歳ごろから意識するようになるかは現代の私とは違う。それでも、身につまされる話が多いのは、「老い」というもののもたらすものが、時代は変わっても身体的にはもちろん、それまでの人生上の妄執など、似通っているからだろう。

七章に区分された五〇近い小話で、なるほどと同感したのは「ひりひりする言葉」と題された一文。こう書き出される。

――薑経《けいきょう》の性は、老いていよいよ辣なり、というのだそうな。生姜や肉桂は、古くなるほど辛さが強まる、というのである。

これは明けくれお惣菜ごしらえをする女によっては、なるほどなあ、と身にしみる言葉だった。一度でおぼえた。たしかに新生姜よりもひね生姜のほうが辛く、枯れた肉桂の皮を嚙めばよだれのでるほどぴりりとくるのは、台所をするものなら誰でもよく承知のところである。身近のことでいわれれば、相当おぼえの悪い頭でも、しみこみやすい。

幸田は、ところでこの言葉のほんとうの心はどういうことか、褒めていったのか、それとも貶したのか。慨嘆、揶揄の言葉と受けとっていたが、もう一つはっきりしない、とつづける。

昔はこわいお婆さんがいた。うすくなった白髪に毎朝、油をつけてきりりと束ね、後れ毛など見せたことがない。半襟はいつも清潔、足袋のつぎは刺繡のようにみごと、いささかもボケることなく目に力あり、声に勢いあり、壮なる息子夫婦にも容赦のないお小言を言う。その刺激つよきことまさに辣なり、みんな辟易して太刀打ちできる者がいない——こういう人のことをいう言葉だとずっと思ってきた。

ところが幸田は、どうもそれは間違いではないかと思い始めて迷っている、と言う。揶揄慨嘆の言葉ではなく、多少の皮肉とともに、立派だと認めて言っているのではないか、と思う。ものが老いて古びれば、性が抜けて使い物にならなくなるのは当たり前のことだ、それが、老いても本性を持ち続けるばかりか、ますますつよい発揮力をもつとは、並々ならぬ立派な精神だ、という含みでいわれた言葉のように思えてきた、というのである。

小さい頃から、お前は強情だと言われつづけ、じっさい、くだらない我を張って、自分でも困ったおぼえがつい数年前まであったが、いつなくしたのか、強情も消え消えの影だけがおぼろになっている。そうなって、本性とは大切なものだと知る。本然もっている人の性とは、つまりは力だったと知る。あの強情を取り返せないものか、と本気で惜しく思っている。

このとき六五歳の幸田はこう書き、つぎのように締める。

――こんな思いでおもえば、しきりにひりひりとしみわたるこの言葉である――薑経の性、老いていよいよ辣なり、とは立派である。

七〇代の半ばになろうかというわれわれの年になってくると、多くは言いたいことを手控え、もの分かりよい年寄りに「転向」したがる。枯淡の味だの円熟の域だのと言われて目尻を下げる。かくいう私でさえ、ワンテンポ、ツーテンポ遅らせて、誰も言わないので堪らず口を開く、ということが少なくない。そうすると、よく言ってくれた、と声をかけてくる。前に出ようとしない連中にも、出るのを一瞬ためらった自分にも、いささか嫌悪をおぼえる。

そういう心境のときだから、感じ入ること一入だった。やっぱり、自分らしく、みんなに可愛がられる年寄りなど、まっぴらごめん蒙って、進んできたように死んでいこう。あらためてそう覚悟した一文だった。幸田さんのやさしい文章には、そう心組みをうながす決然、凛としたものがある。もはや使わなくなった言葉と出逢う楽しみもあり、達意の文章は読み手の心を丸く、しかしキリッとしてくれるものだと痛感した。

2022/01/24

食卓に珈琲の匂い流れ……

平凡社編集部編『作家と珈琲』

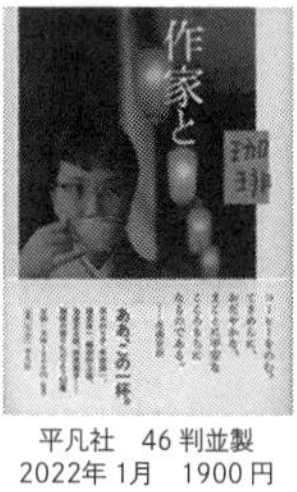

平凡社　46判並製
2022年1月　1900円

茨木のり子に「食卓に珈琲の匂い流れ」と題した詩がある。『作家と珈琲』の巻頭におかれている。

ふとつぶやいたひとりごと
あら映画の台詞だったかしら
なにかの一行だったかしら
それとも私のからだの奥底から立ちのぼった溜息でしたか
豆から挽きたてのキリマンジャロ
今さらながらにふりかえる

米も煙草も配給の
住まいは農家の納屋の二階

二〇二二年

下では鶏がさわいでいた
さながら難民のようだった新婚時代
インスタントのネスカフェを飲んだのはいつだったか
みんな貧しくて
それなのに
シンポジウムだサークルだと沸きたっていた
やっと珈琲らしい珈琲が飲める時代
一滴一滴したたり落ちる液体の香り

静かな日曜日の朝
食卓に珈琲の匂い流れ……
とつぶやいてみたい人々は
世界中で
さらにさらに増えつづける

もう、何も言いたくなくなる。心静かに、この朝を迎え……世界中の人びとがそのようであるようにという詩人の思いがひろがる。

茨木のり子がこの詩を書いて半世紀以上が経つ。二一世紀にこれを読む私は、「とつぶやいてみたい人々は」以下に、詩人とはちがう感慨を持つ。詩人の願いもむなしく、日曜日の朝の食卓に、珈琲ではなく硝煙の臭いがただよう人々の何と多くなってしまったことか。

私はこの間、なにをしてきたのだろう、と考え込む。

私が喫茶店で珈琲を飲むようになったのも半世紀ほど前、二十歳のころだ。大阪駅からやや南、梅田新道と御堂筋が交わるあたりにあった、小さなカウンターだけの店。すてきなママがサイフォンで入れてくれた。私より二〇くらい上だったか、会いたくてしげしげと通ったが、大学紛争などという無粋きわまりない渦中に放り込まれて足が遠のいた。

新聞記者になって、小林久三さんとは松竹本社そば築地の、千田夏光さんとは両国駅前の、高橋治さんとは銀座の……と、会う店は決まっていた。千田さんはそこで執筆もしていたから、行けば会えた。

珈琲にも喫茶店にも、楽しい思い出があれば苦いそれもある。本書はそれやこれやの五二編を収録。故旧の思い出話があれば、蘊蓄《うんちく》を傾ける向きもあり、作家たちの素顔がうかがえて面白い。カバーの写真は有吉佐和子。有吉の家では、ブラジル二対モカ一の自家ブレンドを飲んでいたという。後年、世界中を旅した有吉は、タンザニアの珈琲がことのほかお気に入りで、テレビ番組に出演したとき、緑色の豆を自分で抽出したと紹介されている。

しばし世上の煩わしさを逃れ、珈琲を淹れて珈琲話の本を読む。ああ、この一杯。

2022/01/31

美しい話にしてもらっちゃ困る

平井未帆『ソ連兵に差し出された娘たち』

平井未帆『ソ連兵に差し出された娘たち』を読む。1945年の日本の敗戦時に満州で起きた「悲劇」を、生存する人たちへの聞き書きを中心にまとめたものだ。開高健ノンフィクション賞を受賞した。胸が痛くなったのは、「悲劇」のひどさとともに、あのときの女性たちへの「目」がいまもこの国の至る所で生き続けていることを突きつけられたからだ。

敗戦時に満州にいた開拓団がどのような目に遭ったかについては、多く書かれてきた。本書がそれらとちがうのは、日本に帰国してからのその後についても丹念に取材をし、現在、被害に遭った彼女たちがどのような思いでいるのかを、実名で書いていることだろう。

岐阜県から送り出された黒川開拓団がその舞台である。満州のほぼ中央部、満州鉄道の新京（長春）とハルビンの中間あたり、陶頼昭に入植した一団は、引き揚げ船が出るまでそこにとどまることにしたが、暴徒化した現地民による襲撃を受ける。頭を悩ました団の幹部は、駅に進駐してきたソ連軍司令部に助けを求める。下級兵が派遣されて見回りに来るが、こんどは彼らが時計などを略奪し、〝女漁り〟をはじめる。

集英社　46判上製
2022年1月　1800円

団長たち頭をめぐらせ、未婚の女性たちを選んでソ連兵への〝接待〟を強いる。約一五人がこうして犠牲になった。なかには、妹や年下の子をかばって数多くの犠牲を引き受けた者もいる。しかし、悲劇はそれにとどまらなかった。避難生活中にも、満洲人の男が金を出して買ったとばかりにやってくることがあった。本人の知らないところで、売られていた。売られる女性とそうでない女性という差別が厳然としてあった。また、帰国してからは、蔑みの目が注がれた。誰もが沈黙してそのような事実に口を閉ざしたが、ふとした折に、汚らわしそうに見る。それによって結婚がかなわなかった者もいる。

それにしても、「接待」とは言い得て妙と言えばいいのか、著者も言うように、レイプと呼べば犯罪行為だが、「接待」には客人をもてなす行為が浮かぶ。子どもへの性被害を「いたずら」とするように、実態がぼかされ矮小化される。「接待」を人間としての尊厳を傷つけるものと告発する声は出しにくい。しかも、それを決めたのは団の幹部たち、男たちの一方的な判断。

まるで人身御供のように、集団を守る、といえば聞こえはいいが、あたかもそれが唯一の方策であるかのようにして、性接待を強要したのである。生きるため、ほかに方法がない、非常時だ……男社会の論理は、ありとあらゆる便利な言葉を探して女性たちに強いた。にもかかわらず、便利な言葉は実態を抽象化し、「満州史から生身の女の声が消えていく」と著者は指摘する。

犠牲になったひとり、玲子はこう訴えている。

「いまになって話す言葉もやわらこうなって、あの事件から遠ざかっている。時間が経って、色がついているところもあるし、作文になっているところもある。いっさい、私はそういうのは払いのけたい。『団を救うために』って言われても、私はあのとき一七歳で、そういう受け止め方はできなかった。涙が……、血の涙がよう出なかったと思うくらい泣いた。美しい話にしてもらっちゃ困る」

玲子は、自分はなんで覚えているのか、と頭を叩くときがあるという。「生身の人間が踏みつけられた苦悶」は、死ぬまで痛みの消えることはない、と著者は言葉を加え、そして問う。当事者にとって過去でないのであるなら、私たちも安易に過去にしてはいけないのではないか、と。

本書の結びの言葉を紹介したい。これにどう応えるかは、どう生きるか、でもあると私は思う。「言わないとわからない、のではない。私たちの社会が、耳を傾けることを忘れてしまっていたのだ。聞こえる声、聞こえない声を峻別しながら……。」

2022/02/07

今宵はしみじみ周五郎

山本周五郎『大炊介始末』

新潮文庫
2015年4月75刷 750円

NHKBSで「だれかに話したくなる山本周五郎日替わりドラマ」をやっている。三〇分番組でどこまで原作の味が出せるかはあるが、骨休めにはなる。番組は多く武家物だが、それぞれに人の情というものが絡んで、ついほろりとさせられる。武士というものは半年に一回くらいしか笑わないものだ、と新井白石をえがいたのは藤沢周平だったが、山本周五郎はそういう「しゃっちょこばった」武士気質をときに笑い飛ばし、ときにその心底にたまった苦渋をのぞき見、解放してみせる。

武家社会をえがいても町人や女性の視点を当て、一途をつらぬくまごころを大切にするが、それが無惨に壊されることも忘れない。それでも生きてゆくのが人間と、ひと押しふた押しする。手練手管、大衆小説の慣れた手法、などといってしまえば身も蓋もないが、しかし、それだけで何百という小説がえがけるものではない。ほとんどの作品にそれが底流するというのは、つまりは、人生がそこに重く生き座っているからにほかならない。

「よじょう」という短編がある。晩年の宮本武蔵を題材にしたものだが、これを読んですっかり山本ファンになったのが作家の戸石泰一。太宰治の戦中から戦後をともにし、小説を書き、東京都の高等学校教職員組合の役員をやった戸石は、『新読書』という雑誌に「樅の木は残った」を中心に山本周五郎論を六回にわたって連載している。最終回のロングインタビューもふくめて他の山本論とは少し味わいの違うもので、「ユニーク」との評もある。

「よじょう」は熊本城でのこと。たとえ名人でも不意を襲われたらどうしようもあるまい、などという言い合いから、それならと腕自慢の料理人（といっても武士）が、物陰に隠れて武蔵を背後から襲ったところ、武蔵はただ一刀で斬り倒し、あとも見ずに立ち去った。

料理人には息子がいた。武士が嫌いで家を出、親戚中の鼻つまみ者になっている。おやじの馬鹿野郎、斬られて死んで満足だって思ってやがる、剣の道がおごそかだあ、侍はえらくって料理人はゲスだあ、何もかも気に入らねえ、おらあ乞食になってこの蒲鉾小屋から世間のやつらを笑ってやる、などとほざいている。

ところが、蒲鉾小屋を取り払いにきた小役人が男の名前を聞いて驚き、そして感動するあたりから話がおかしくなる。旅館の隠居が現れて大枚の金子を置いてゆく。愛想づかしていた者までが……。やがて彼らの誤解がわかる。蒲鉾小屋は、武蔵が登城する道順にあった。世間は彼が仇討ちをするものと錯覚したのだ。

一度は逃げようと思ったが、こんなうまい話がよそに転がっているわけはない、どうかして逃げずにすむ工夫はないか。と、ひょいと気づく。武蔵は見栄っ張りだ。自分から押しかけてくるわけはない。おれが襲いかかるのを待っている。おまけに名人相手のことだから、世間はおれがおいそれと討てる相手ではないと当然おもっている、すると、曾我兄弟の一八年はともかく、一年や二年は世間も応援してくれるだろう、と踏んだ。

案の定、武蔵は朝夕二回、供のものを遠ざけて一人小屋の前に立ち、さあ来いとばかりに睨みつけ、やがて立ち去る。そんな毎日がつづいたある日、突然、武蔵の家来が小屋を訪れ、武蔵が死んだことを告げる。遺言だといって、晋の予譲の故事にならって恨みを晴らすように、とのことだったと武蔵の着物を差し出す。

予譲は、仇を討つことが出来ずに仇の着物を切って恨みを晴らしたという人物。彼はもちろんそんなことは知らない。説明を聞き、やがて一人になった瞬間、ひっくり返って笑い出す。死ぬにもただ死なないで、こんな気取った見栄を張って……と笑いころげる。

これを読んだ戸石は、周五郎はなんて皮肉な人かと思うが、剣の道といわず「しゃっちこばった」姿勢で書いたものが横行し、いわゆる純文学にその傾向が強いと気づく。〝古武士的風格〟ともいえる風潮がもてはやされるなかで、「よじょう」はすがすがしかった。「そして、私はギラギラするような反骨を感じた」とむすぶ。

反骨に感じ入ったのは、戸石もまたそうだったからだが、その反骨の方向に注文をつけたのはさすがに戸石だったといえる。

さて、今宵はしみじみ周五郎と参ろうか。「よじょう」を収録した『大炊介始末』なら、「山椿」も「おたふく」も、「こんち午の日」もいいぞ。

2022/02/14

障害者は天蚕の腹食い破るキョウソではない

水上　勉『くるま椅子の歌』

中公文庫
1977年6月7刷 360円

二〇年前に出版された『日本文学のなかの障害者像―近・現代編』（明石書店）の「おわりに」に次のような一文がある。

――最近の障害者像に変化が現れている、障害そのものをマイナスとして意識するのではなく、備わった特色？　くらいの感覚で取り込み、むしろそれを活用して生きてゆく人々が増えている、障害を持つことが特別な才能をもたらすきっかけになっている、といえそうなのだ、障害をとりまく環境がそれだけ好転してきていることもあるだろうが、障害者自身の意識も明るく屈託がないものになってきているのも否めない――

編著者の花田春兆が述べたもので、花田自身も脳性麻痺で四肢・言語に障害を持ち起立不能だった。それでも花田は『しののめ』という同人誌を創刊し、彼自身は俳句をたしなみ、障害者運動でも中心をになった。

花田が実感するように、一九八一年の国際障害者年以降、わが国の障害者への対応は目に見えて変わったと言える。花田がこの「おわりに」で「もし、一〇年後、五〇年後にこうしたものが

書かれたとしたらどうなっているのか……」と閉じたのには、すっかり様変わりしているだろうという大いなる期待が込められていたにちがいない。

しかしここに来て、とくにコロナ禍が日本社会に溶け込ませ、沈殿させてきた差別と偏見を攪拌し、ひょいと表出させてしまうことがあるようだ。安田浩一はそれを「非常時レイシズム」といったが、ある文芸誌に、脳性麻痺者を「人間なのか」と書き、それが結末に到っても一顧だにされない小説が発表されたのもそれだろう。友人からの電話でそれを知った私は、その小説を読み、何とも悲しく、やりきれなくなった。

それで、書棚の奥から田辺聖子の『ジョゼと虎と魚たち』（角川文庫）と水上勉の『くるま椅子の歌』を引っ張り出して読んだ。前者は、「脳性麻痺」といわれ（そうではないという医者もいると作中にある）、車椅子生活を余儀なくされている二五歳の女性をえがいており、後者は、脊髄破裂で生まれたわが子に対する若い夫婦の葛藤をテーマとしている。どちらの作品にも作者の思いが投影され、おかしみのなかに哀しみが、悲痛と絶望に打ちひしがれそうになりながらも心を立て直し、社会への働きかけをも見すえて前へ向かおうとする姿をとらえている。

後者には、繊維業に従事する夫が、生まれた娘を、山繭と呼ばれる天然の糸を出す天蚕に巣喰うキョウソ（営繭期がきていよいよ糸を吐くかというときにキョウソは成長した蛾になって天蚕の腹を食い破って出てくる）に例える話が出てくる。自嘲まじりにそれを取引先で語ると、彼は批判される。岐阜の山中へ山繭によるネクタイ製造の話に訪れると、そこには座敷牢然とした設えのなかに身体不自由の娘が隠されていた。障害者をどう考えるか、また、自分の身の回りに案外、障害者が多くいることを知った彼は、やがて、妻ひとりが懸命に娘の成長を願って東奔西走していることを反省し、また、障害者を持ちその成長を図ることが個々人の家庭まかせにされるべきことではないことを理解するようになる。

彼をそのようにさせていく力は妻にあり、彼女はつよい。一瞬の悲嘆はあったろうが、そこにいつまでもとどまってはいなかった。背中の瘤の手術に始まり、歩行のための措置、それでらちがあかないとみるや、同じような境遇の人を訪ね、また集まりにも参加し、今でいうリハビリテーションにも通う。障害者の対策にもっとも熱心なのが共産党であることを知るが、共産党がついているから行政は動かない、などという不可思議な実情もわかっていく。正しいことをやっているのになぜ共産党だからダメとなるのか、そこへも思いが伸びてゆく。

先に紹介した『日本文学のなかの障害者像』でこの作品を紹介した一文は、障害者とともに生活することが普通の日常になるとき、「くるま椅子の歌」は昔話になるだろう、だからこそこの作品はいまも力を持ち続けている、と述べている。障害者はキョウソでも何でもない。人間なのである。それをえがくことこそが文学なのだ。文学を騙って障害者の「障壁」をつくってはいけない。つくづくそう思う。

2022/02/21

「忘れてもらっては困る」などといわないために

曾根博義『私の文学渉猟』

ウクライナにロシアが攻め入った。二一世紀に来てこれかと、中国の香港弾圧、ミャンマーの軍事クーデター……に次いで、世界の人々が見ている前で公然と起きた「侵略戦争」に何ともやりきれない思いがしている。救いは、逮捕を事前に通知されながらも起ちあがったロシアでの反対の声であり、一人の呼びかけに応えて渋谷ハチ公前広場に終結した人の思わぬ多さ。サッカー界はじめスポーツ界の反応の早さ、ひろがりも加えよう。

「あなたたちは誰、何しに来たの」とロシア兵を詰問する婦人の姿がたちまち世界に流れるなかで、まったくの理不尽がどこまで通用するか。次はバルト三国、フィンランド、ノルウェー……と、縄張りを求めて段平ならぬ「核」をふり回すこのチンピラヤクザ然の男に、少し前、「同じ未来を見ている」と仲良しを誇ったあの人は、何か言うだろうか。

そのなかで、曾根博義の『私の文学渉猟』を読む。伊藤整研究で知られ、二〇一六年に亡くなった曾根の遺稿集であるが、近代文学諸作品の探索、資料・文献蒐集の苦心や作品発表時期の確定作業のエピソード、『L, ESPRIT NOUVEAU』にまつわる怪、そして伊藤整……と、小品の集積

夏葉社　46判上製
2021年12月　2300円

とはいえ曾根の業績を語って余る一書になってる。なかでも圧巻は、小林秀雄が真珠湾攻撃に際して発表した短文「三つの放送」に関しての論評。

「一二月八日―真珠湾―知識人と戦争」と題されたエッセイは、二〇〇三年に開かれた昭和文学会秋季大会のシンポジウムにおける、細谷博のレポート「いま、〈小林秀雄〉とは？」をめぐってのものである。小林秀雄が真珠湾攻撃をどう受けとめたのか、それを六〇年後の今日どう評価するのか、という点に曾根は鋭く迫っている。

小林の一文は、「来るべきものがついに来た」と言われるが、開戦の放送は一種の名文で、自分はいつにない清々しい気持ちで上京し、これを聞いた、心は静かで、比類のない美しさを感じた、やがて帝国海軍の戦果発表があって驚いた、名人の至芸といえるようなものだ……と、日米開戦とつづく戦果に心を震わせたものである。

細谷は戦後生まれだが、これを、自意識を放棄した美しさがあり、魅力がある、問題は思想でなく美なのだ、「〈もう終わりですよ〉といわれてはっと身の引き締まるように、われわれにも伝わってくる」と報告した。

曾根は、会場には自分と同じ戦前・戦中の人々が大勢いるのにほとんど黙ったままなのに驚き、司会であったがたまらず発言を求め、小林の持った感慨は当時の文学者や知識人がこぞって発表した千篇一律の文章に過ぎず、「小林よお前もか」を出るものではない、ここでいう緊張や決意が美しいというなら、ほとんどすべての知識人・文学者の文章もみごとで美しいといわなければならない、と発言したという。

いかにも文献実証者の曾根らしい発言といえる。ところがさらに驚くべきことが起きた、と曾根は、一九三三年生まれの松本徹が『文学界』(二〇〇四年一月号)に、細谷の「三つの放送」の朗読に「皆頭を垂れ、直立してゐた、眼頭は熱し、……」などと書き、「ここで最も大事なのは、厳しい時代の渦中、誠実に生きようとした人間の姿を見ることであろう。そして、そのことが、アメリカ占領軍によって与えられた考え方に沿うかたちで進んできた戦後を、真に相対化することになるはずである」と述べていることを紹介する。

侵略戦争を誠実に美しく受けとめたことを想起することがアメリカ的価値観の「戦後」を相対化することになる、と言うのだから恐れいる。曾根も、開いた口が塞がらなかったと言って、誠実だとか美しいとかだけではすまされない傷ましい問題がそこにある、なぜ知識人や文学者の大半が申し合わせたように同質の戦争賛美の言葉を発してしまったのか、しかも戦後はそんな発言をみずから忘却、隠蔽してものを書き続けたのか、そのことを考えてみなければならない、と先のシンポで述べたと綴る。

曾根はこの文章の終わりに、戦争賛美が当時の多数の感想だったとするそれらの発言に猛然と反駁した荒正人の言葉を引いている。

「〈十二月八日〉を〈来るべきものが来た〉ではなく、〈来るべからざるものが来た〉という衝撃を持って受け止め、闘うべき敵は、アメリカやイギリスではなくて、日本そのものを含めた世界的なファシズムにほかならなかった、そのことを忘れてもらっては困る」

あのときでさえ、ファシズムを相対化し、ささやかにも抵抗しようとした圏外者は、少数であるがいた。しかしいまの私たちはそうではない。ならば、目の前で起こっている「戦争」にどうするか。「忘れてもらっては困る」言葉は、いまや堂々と言えるときである、と信じたい。ロシアでは声があがり、ミャンマーでもひるんでいない。

2022/02/28

「関西弁」なんてありません

山田庄一『京なにわ 暮らし歳時記——船場の「ぼん」の回想録』

岩波書店　46判上製
2021年12月　2200円

京の着倒れ、大阪の食い倒れ、神戸の履き倒れ、奈良の寝倒れ……といわれる。京都、大阪、神戸は地元の産業・商売と結びついているから分かりいいが、奈良の寝倒れは、奈良には観光客が多く、寝ていても暮らしが成り立つ、ということかららしい。また、京都のイケズ、いらちの大阪、気取った神戸、ケチな奈良……などとも言われる。事ほどさように、関西四都とそのまた周辺はそれぞれちがう。当たり前のことだが、いつのころからか、京言葉も大阪弁も、神戸弁も大和言葉も、みんな「関西弁」などとけったいなもので包み込まれてしまった。

東京の人が、イントネーションが似ているし、吉本の進出で大阪弁が席捲した煽りから微妙な違いなど横に置いて言うなら分からないでもないが（ついでに言えば、東京進出芸人の代表である明石家さんまの言葉は奈良弁である）、先日ラジオを聞いていたら、神戸出身の俳優が大阪出身の女優と共演して、「関西弁」でおしゃべりできるから楽しかった、などというので唖然とした。と思っていたら、大阪船場の旧家（今は店を畳んで仕舞屋になっている）、一九代目にあたる山田庄一さんまでがそう言っているので、いささか落ち込んだ。

山田さんの近著『京なにわ暮らし歳時記―船場の「ぼん」の回想録』の最終章「失われた船場言葉」にある。もっとも、「関西弁」は冒頭の数行に出てくるだけであとはきっちり「大阪弁」「京都弁」「船場言葉」と書かれているので胸をなでおろしたが……。ともあれこの本、今ではすっかり消えてしまったと思われる、船場旧家の四季折々の行事、風習などがたどられ、私などにはなつかしさが匂い立ってきて、あれこれ思い出してしまった。

たとえば京都祇園祭と大阪の天神祭り。私らの高校時代は、学期末試験が終わると数日の休みがあった。採点や通知表の作成のためなどと言われたが、理由はともかく休みはうれしかった。その上、一学期の試験最終日は祇園祭とかさなり、終業式の日は天神さんだった。クラスの何人かと連れだって出かけ、祇園祭などは山鉾巡行を見終わったあと琵琶湖まで足を伸ばしたものだった。

学生運動をやっていたころは、七月になると九月の自治会連合の大会準備にとりかかり、上本町にあった大阪外語大の教室で議論したり議案を書いたりした。ところが、大阪の七月は毎日どこかで祭りがある。一日の愛染さんに始まり、七日の生玉さん、一七日が御霊さんで一八日が高津さん、二二日が坐摩さんで二四日が難波神社、二五日が天神祭で最後が晦日の住吉さん、という具合。これは、たとえば祇園祭がほぼ一ヶ月、毎日いろいろな行事をやるのとはちがって各神社ごとに競い合いようにやるので、今日はどこへ行くかという楽しみもある。

このなかで大会の議案書を起草するのだから、だれが考えても、いいものができるわけがない。つい、抜け出して祭り見物に行く。業を煮やした委員長が、今日からオレのところで書く、などと言いだして合宿になった。が、案の定、書けない、書けないと言い出すのが出てきて、ついに夜な夜な麻雀大会となった。

そんなこんなを思い出しながら本書を読む。大阪弁の基本は船場ことば、つまり船場・島之内・雑魚場・堂島あたりの大店の主人たちの社交用語で、みずからを謙《へりくだ》り相手を奉る丁寧な話し方なのだが、これが町の変化とともに廃れてしまった。町が変わって言葉がなくなり、人の関係が壊されたのである。暮らし（風習、行事）と言葉が密接であったよき時代を、ひととき味わう。懐旧のなかに失ったものの大きさや意味を考える。

先に書いた、京のイケズは戦乱政争に巻き込まれる都の人が外から来る者を警戒したところから出てきたもので、大阪のイラチは何でも一番先にやったり買ったりしないと気が済まないで始終イラついている新物食いをいい、外に開かれた港神戸では気取ってでもいないと外国人に見透かされ、奈良は大様でいて締まり屋のそれを言いあらわしている。船場あたりで婿をもらうなら大和の人といわれたのも諾《むべ》なるかな。今は遠い話。

2022/03/07

欲しいから買うのじゃない、買うから欲しくなるのだ

平川克美『共有地をつくる　わたしの「実践私有批判」』

ミシマ社　46判並製
2022年2月　1800円

読みたいと思いながら、躱すように避けてきた著者や著書がある。たぶん、同じようなことを思っているのではないか、と感じながら、結論するところが微妙にちがうから、いまは置いておこうと思うのか、私にもよくわからない心理が働く。そのようなひとりに平川克美がいる。『共有地をつくる　わたしの「実践私有批判」』を出した。

ある書店で一度手にしたが、今日はやめておこうと戻した。『小商いのすすめ』『「消費」をやめる』のころから気になって仕方がないのに、ちょっと、とそっと指で押し戻す。何となく、いまはまだそのときではない、などと言い聞かせて。それが、帰りの車中に読む本がなくなって書店をのぞいたら、目が合ってしまった。おいでおいでとは言わないが、もう読んでもいいんじゃないの、くらいはささやかれた気がした。

開いたエピグラムのお終いにこんな文章がある。

「私有するものがなにもなくとも、『その日暮らし』で生きていける社会を想像してみる。

私有の反対概念は、無有ということではなく、共有ということである。私有を制限することは

共有を拡げるということに他ならない。資本主義の歴史は、共有から私有への移行の歴史だった。個人の権利の拡大は私有化と歩調を合わせてきた。本書で書き進めることは、その意味では資本主義の進展に対する逆行であると言ってよい。」

目を留め、だから言ったじゃない、逆行ではなく止揚し乗り越え前へでしょう、などと呟きつつページを繰る。心が共振していくのがわかる。これだけ資本主義のひどさが言われ、気候変動、SDGsが言われても相変わらず成長だのつよい経済だのという言葉を聞くからよけいである。

平川は、大雑把に言えばとして、近代を特徴づけてきたすべてのシステム、会社、国家、法、貨幣、私有制、資本主義経済というものは、永遠の現在、あるいは永遠の成長を前提として考案されてきたと述べ、それがゆるやかに終焉を迎えるいま、代わるプランBを考えるときだと指摘する。本書は言うならその試案だが、ユニークなのは、平川自身の体験――実家を継ぐのを嫌い、山の手へ移って小洒落た先端技術開発などに携わり、その失敗・挫折からもう一度、人と人とのつながりを求めて下町に戻り、「隣町珈琲」店を開いて、出来るならそこが地域のたまり場であったり文化の発信地であるような「共有地」づくりをすすめるまでを展開していることである。

こんな問題提起がある。「現代の資本主義の特徴は、必要ないものの増加ということです」。通常、私たちはそれが必要だから買うと思っているが、これはじつにあやしいものだ。スーパーに行っても、つい、必要ないものを籠に入れてしまう。欲しいから買うのでなく買うから欲しくなる。そうしないと経済が回らないから、資本の戦略は私有への欲望を限りなくドライブさせる方向で動く。人はつい、それに乗せられる。不要なものが欲しくなるのは、必要なものの欠落によるのではなく、不要なものの過剰によるのだ。——平川の言うところはじつに気持ちがいい。

「この時代、確かに日本は総体として労働から消費へ、倫理から収益へ、プロセスから結果へ、努力から効率へ、家柄からお金へと価値観の足場を移していきました」、平川はその結果、どういう人間が生まれ、どういう社会になって来たか、を問う。そこから、「共有地」づくりへを真剣に摸索した。

この本を読みながら、その摸索こそ人が人として生きていく道探しであることに気づかされる。そう思った瞬間、ウクライナの悲劇を思った。ソ連崩壊後のＮＡＴＯの一方的な拡大、プーチンの逆襲・侵略。いずれも経済と領土の掌握・分割、占有とその欲望の果て。ひとつ手に入れたらもっと欲しくなる、資本主義の行き着く裔とでもいえるだろう。泣かされるのは人民、子ども、女性……。

これをどう絶つか、人類歴史の正念場かもしれない。「共有地」論は小さな議論のようでほんとは奥がふかく、また、雄大なスケールの問題提起でもあるのだ。

それはともかく、こんど「隣町珈琲」に行ってみよう。

二〇二二年

2022/03/14

その「正義」って何だ

角田光代『タラント』

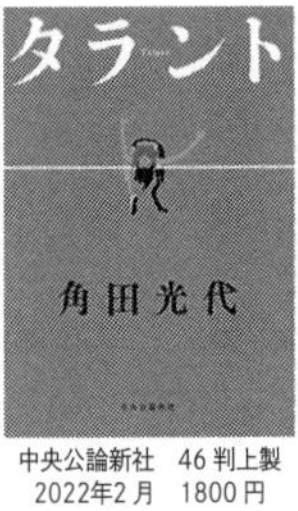

中央公論新社　46判上製
2022年2月　1800円

ウクライナの国内外の難民が一千万を超えたという。およそ四人にひとりが住むところを離れたことになる。ロシアの侵略はつづくが、南の町では市民が手に手にウクライナの国旗を持ち、戦車を押し返したと伝えられてもいる。がんばれ、と声援を送りたくなるが、さて、その声援はどういう性質のものか、とふと思う。ウクライナから遠く離れた日本にいて、命を標的にするなどということのまったくない安全地帯で、その言葉を口にする、その意味、また私という存在……。

ロシア国営テレビのニュース番組に、「NO　WAR　プロパガンダをやめて　あなたはだまされている」と書いた紙を持って抗議した女性職員がいる。みずからと家族の危険を思ってもそうせざるをえなかった彼女を、すごい、よくぞ、と賞賛する。何のためらいもないはずが、どこかで胸が痛む。私はモスクワから遠く離れた日本で、何をしているのだろうと思う。

どこかで何かを取り違えたのか。ソ連・東欧の「社会主義」が崩壊したとき、資本主義の勝利ではない、とは言ったが、その後の事態――NATOの存続と拡大、それに伴って引き起こされた、たとえばユーゴスラビアの民族紛争……などを私はどう見ていたのだろう。顧みて記憶のあいまいなことに気づき、愕然とする。

しかしだからといって、プーチンの苛立ちを分かろうというのではない。諸事情を汲んでもなお、この狂気の沙汰を認めるわけにはいかない。……

そんなこんな、ぐちゃぐちゃした思いを堂々めぐりさせているのは、たぶん、角田光代『タラント』を読んだからだろう。香川県高松市のうどん屋の娘・みのりが大学進学に伴って上京し、ボランティアサークルに入り、友を得、ネパールでの学校づくりにかかわるなどのキラキラした日々から、結婚し、何となく流されて洋菓子店に勤め、責任を持たされないようにしている中年までをたどっている。

世評に惹かれたわけでなく、何を書いているのだろうとページを繰ったら、帰省するみのりの話があった。「戻《も》んだでー」「じいちゃん、変わりないんな?」と高松弁。これは高松出身の家人に読ませなくてはと買った。帰りの車中で読み始めると止まらなくなり、ぐちゃぐちゃと考えてしまったというわけである。

たとえば、3・11のあと、みのりはサークルのOBとして現役学生たちといっしょに被災地を訪れる。いつものように活動記録として写真を撮ろうとすると、中年男性に怒鳴られる。「人の不幸をあんたたちの思い出作りに使うなよ」——肺腑をえぐられる。みのりたちのショックは大きい。帰途、かつていっしょにサークル活動をした仲間にそれを言うと、それでへこたれるなら初めからやらない方がいい、と返されさらに心痛が増す。

覚悟もなければ使命感もない、何とはない流れに押されて出向き、実家に頼んで差し入れたうどんを「本場の讃岐うどん、美味しいですよ」などと声をからした。あれは何だったのか。難民キャンプで正義だと思ってやったことがとんでもない間違いだったのかもしれないと思わせられることもあった。

心が上下左右に揺れるなかで、みのりはもう一つの物語である片足を失っている祖父の秘密に触れていく。戦争で足を失う前は有数のハイジャンプ選手であったこと、その祖父のもとに来る手紙の差出人が、ハイジャンプのパラアスリートであること、不登校になっている甥のこと、ボランティア仲間が傷つきながらもその志を持ちつづけて活動の場をひろげていること……みのりは徐々に心をひらき、自分が本当にやりたいことを見つけようと一歩を踏みだす。映画を作る夫の温かい支えも見逃せない。

タラントとは聖書に出てくる言葉で、才能とか賜物、あるいは使命などといわれる。ここでは、生き甲斐とでもいう方がいいような感じがするが、そのものの前ではいつも当事者であること、それを見つけてこその人生、といえるようなものである。正義にも組織にも寄りかからず、個として向き合う。でも、それが容易でない。傷つくことなく反対と叫ぶ、がんばれと声をかける。その正義って何だ。凡人はやるせなく堂々めぐりをくり返す。

2022/03/21

「佐久乃花七号純吟」と「垂氷」

南木佳士『猫に教わる』

味読という言葉がある。文章を味わいながら読む、という意味である。が、文章を味わう、というのが分かるようで分からない。本を読むとき、私などはつねにそうしているわけではない。あるときにはざっと読んで、なるほどと思う。引き込まれて読んでいるからといって、文章を味わっているとはいえないものがある。

かと思えば、馥郁とした香りが立ちのぼってくる、などと評言する人がいる。もちろん、紙面に鼻をすり寄せても紙の匂いしかしない。

短編小説の魅力を、人、場面、思想、と指摘した作家がいる。なるほどと思う。その三つをきちんとえがいた文章がたぶん、味があったり匂い立ってきたりするのだろう。きちんと見て、聞いて、短く分かりよく書く。それに尽きるのだろうが、大事なのは、書いた人と読む人の波長なのかもしれない。たとえば思想という場合、同じ世界観なりをいうのではなく、対象の捉え方、感じ方とでもいえるものである。

人生の歩みも、日々の暮らしも、目にする光景もまったく違う作家の文章に、また、面識も手

文藝春秋　46判並製
2022年3月　1500円

紙のやりとりもまったくない作家の書くものに、それでも心惹かれるのは、作家の文章力ももちろんあるだろうが、それよりそこに流れる作家の心根に共振するものを読む方ももっている、ということなのだろうと思う。

私にとってそういう作家の一人に南木佳士がいる。「破水」以来の愛読者である。小説もいいがエッセイもいい。新刊の『猫に教わる』を読む。ひととき、世間の喧噪を遮断する、つもりで読みすすめるが、どうして、ウクライナを考え、ロシアを哀しみ、パレスチナに飛び、コロナを思う。昧読というのは、正確な文章によって心が解き放たれ自由であることかもしれない。そういう事象が書かれてはいないのに喚起されて心が飛ぶのである。

たとえば、帯裏に採られた一文。

——歩いていると、いまに至る様々な過去の出来事が脳裏をよぎってゆく。それらはもはや独自の色やかたちや重さを持たない。幼いころの母の死も、大学入試の不合格も、長男誕生の夜も、たまの善行や多くの悪行もすべて等しく浮かんでは消える透明な泡。そういう安直な認識を抱くようになってしまった薄っぺらな「わたし」。——

ああ、と思う。「安直な認識」「薄っぺらな『わたし』」、そうだな、オレもだな、オレはなお悪いことにその「薄っぺら」を何とかごまかそうとする。若い日には、「安直」も「薄っぺら」も気にせず、一片の「正義」に全重量をかけるような走り方をしていたのが、知識の量が増えると訳知りになって評論的「正義」に立ち、嫌みしか言わなくなった、などと自嘲する。

しばし本から離れてぼやき呟いて、聞いてくれる友に会おうと墓参りをする。早く逝きすぎだよ、と手を合わせる。

本書に戻る。

南木の愛飲酒が、「佐久乃花七号純吟」と「垂氷」だと知る。どちらも信州佐久の地酒である。高速の上信越道を下仁田で下りて内山峠を越え、下って少し行った辺りにあるメーカーだ。私が月に一、二回通る道の途中にある。医者の警告はそれとして、うまい酒を教えてくれたのに飲まぬわけにはいかない。

文章を味わうには読み手の修練も必要なのである。ことに、食べ物、飲み物は必須である、などと自己弁護につとめる。いやじっさい、信州の冬が明けて山桜が咲き、ヤマツツジの花がほころび、フデリンドウが可愛く咲くのを見ると、いっぱいやりたくなるのである。春だ！　そういう感じ、が私は好きだが、たぶん、南木佳士もそうに違いないと思う。

装幀も洒落ていて、表紙とカバーを合わせて一〇センチほど折り返した小口折り。猫の装画とともに作家の心をうまく掬いあげている。

2022/03/28

五〇超えたら〈自費〉で接する？

開高　健『生物としての静物』

パソコンに向かって原稿を書くようになって、万年筆は年賀状の宛名書きか特別にしたためる以外に使わなくなってしまっているが、それでも、何とはなく指に馴染んで、キャップの締まり具合やペン先を補修しながら長年使っているものがある。ある著書の出版記念に家人が贈ってくれたものだ。高校生のころから何本も買い、使っては捨てして残った一本である。

開高健に「この一本、モンブラン」というエッセイがある。

「こんなに長年月いっしょに同棲すると、かわいくてならない。可愛いというよりは手の指の一本になってしまっている。つねに手もとから離さないように心がけているが、何かのはずみで見つからなくなると、不安で不安でジッとしていられなくなる。くすんで、ボケて、手垢と古インクにまみれた一本のエボナイトの細筒に心身が託してあるのだ」

どんなに一本の万年筆を愛したか。先ごろ復刊された『生物としての静物』にある。気持ちが分かる。だが私のそれは、中指のペンだこが薄くなりやがて消えてしまったいまでは、キーボードがそれに代わってしまっている。何代目かというほど変えているが、まだ、自分の指ほどに思

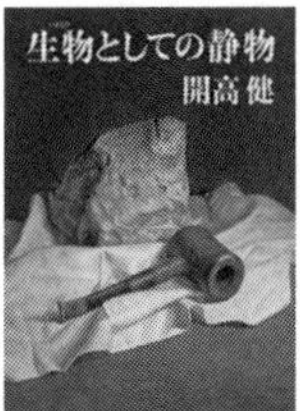

河出書房新社　46判上製
2022年1月　1920円

えるものに出合っていない。

むかし、ある女性作家が思うように文章が書けないのはこの万年筆のせいだと壁に投げつけたという話を聞いたことがあるが、私も時々、つまらぬ文字変換をして以心伝心といかぬこのキーボードに悪態をつくことがある。喧嘩しても始まらぬと思い、猫なで声で、私も老いて、頭のなかのものがすっと指に伝わらぬのだから、短いとはいえ選んでいっしょになったのだし、少しは忖度して打ち出してくれよ、といってみる。もちろん、それで動く相手ではない。それではと撫でようものなら、××××、〇〇〇〇……である。

相性なのだ。開高は、パーカーのうるし仕上げの一品をいう。メキシコ、ペルー、アルゼンチンでせっせと書いては東京に送ったので、「たいそう恨み、つらみ、深夜の嘆息、夜明けの戦慄を含有しているはずの一品だが、細字で、鋭いのはいいとしても、やっぱり紙と争いあうところがあり、……どうも、今後何とかして折り合いをつけようという気が起こってこない」と書く。「一流品だとわかりきっているにもかかわらず、たまたまこちらと波長が合わないと呟いているだけのことである」と加える。

万年筆一本とはいえ、ただの静物ではない。まさしく生物《いきもの》なのである。

開高はある画家の話をする。彼の慣用語句に「今日ハ絵具ガヨクノビテクレタ」というのがあるそうだ。このレトリックを借りて開高がいう。

「小説家にもおなじことがいえるのであって、今日は万年筆がよく動いてくれた、モンブランがいい仕事をしてくれた、クモが切れ目なしに糸を紡ぐように今日はモンブランがとまることなく動いてくれたといえる日を、持ちたいのである。そんな日をこそ持ってみたい。……このモンブランと知り合いになり、何百枚、何千枚の紙をこすって金属をすりへらす仕事に従事して、じつに久しくになる。この一本に変えられるもう一本のモンブランを見つけようという気は起こらないし、根気もない。そうだとわかったのは使いだして何年もたってからのことだった。無量の深夜の呻吟、沈殿、奔出、腐蝕のあげく、やっと、おぼろげに、これが、その一本だとわかったのだった。無数の駅を過ぎてからやっと行先がわかったようなものであった」

まるで夫婦関係のようなものか。五〇歳を過ぎたらおたがい慈悲で接し合えるようになる、と打ち込んだらこのキーボード、〈慈悲〉を〈自費〉と打ち出した。何という見透かし方、忖度も極まれり、というところ。

慈悲で接するには、静物としてではなく生物としておたがいを尊重することが要。ましてや人と人とのこと、それ以上の心配りが必要だろう。序はもとより筋目も立てなくてはいけない。

キーボード子、本日は快調とみえる。〈快調〉を〈諧調〉とはまさに以心伝心。

2022/04/04

「かすみ」というやさしい美しさ

有松遼一『舞台のかすみが晴れるころ』

能楽師・有松遼一のエッセイ集『舞台のかすみが晴れるころ』を読む。能を鑑賞することなどほとんどない私には、ことごとくが新鮮で、考えさせられることの多い本だった。著者は四十歳、サラリーマンの家庭で育ち、大学で能に出合い、国文学研究と両立させつつワキ方のプロになったという。私などから見ると子ども世代の彼らが、その専門知をとおして何をどう見、考えるのか、興味津々に頁を開いた。

たとえば、タイトルにある「かすみ」。「そもそも霞とは、細かい水滴やちりが空気中に広がって、向こうがぼんやりとする現象をいう。霧や煙の薄い帯のただよいは、古典では山や桜、月にかかり、春は霞、秋は霧と呼ぶ」と、有松は「かすみ」を説明する。ちょうど今ごろの山間の味わいか。「春霞色のちぐさに見えつるはたなびく山の花のかげかも」と藤原興風の歌が添えられて、変わりなくその季節をまとう「かすみ」を愛でる。そしてこういう。

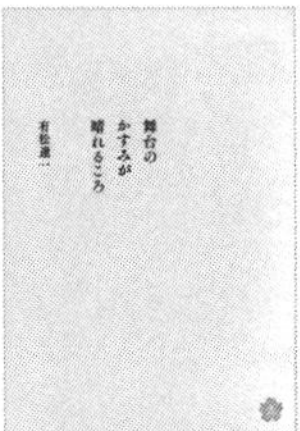

ミシマ社　46判上製
2022年3月　2700円

「心の悩みやわだかまりを表すこともある霞だが、古典ではそのあいまいさを、愛しているようにさえ感じる。ほのかではっきりしないことは、無条件に悪いことのようだが、隠微で、情趣に富み、やさしい美しさの表現にはむしろ霞が欠かせない」

あいまいであることは悪いことではない、あいまいが秘める美しさを排除してはいないか、と問う声が聞こえる。

有松は、「能の劇は、この世とあの世のはざま、あわいに身を置き、いにしえの記憶を、観客がいま起きている事件として目撃することである」と説く。ならば、能そのものが「あいまい」のものであるのか、と思う。だからこそ、歌舞伎のような設えを不要とし、見る人の想像力を頼みに、それを十二分に引き出す演技力が求められるのだろう。有松の書いているところでは、演技についての注意書きみたいなものはあるらしいが、ほんのト書き程度だという。シテ方ワキ方の解釈しだいともいえるが、そう簡単なものでもないらしい。

「徒花」と題された文章がある。「舞台は、それまでの稽古の徒花のようなもの」とベテランの先生から言われたという。有松は得心できなかった。徒花とはむだ花ともいう。実を結ばぬ花、これが稽古の結実でよいのか、と疑問は去らない。

ところがコロナ禍に日を送り、稽古に励むうちに、果てしない能の芸道を牛のように遅くとも一歩ずつ、自分の芸を育てていけば、長い道のりでやまない雨などないのだから、いつか訪れる舞台の充実につなげられる、そういう不思議な信念が生まれた。師匠から授かった芸を磨き、後世に伝えていくのが使命であるなら、ふだんの舞台公演がなくなって浮き足立つより、日々の稽古をつづけていくことの方が大事で、むしろ本義なのかもしれない、舞台のためだけの稽古よりも、もっと大事なことがある、と気づく。「徒花ということばが、肚のなかで疼いた」と有松は書く。

能という芸道にだけの話ではないと思う。

有松は「稽古」ということについても書いている。稽古は、練習というよりも「古《いにしえ》を稽《かんが》える」というところにあるという。昔のことを吟味しつつ、現代・いまと引き合わせて考える行為を「稽古」というのだ、という。過去と現代を引き合わせるには、調べる、教えを乞う。人であれ、書物であれ、頭を下げ礼を尽くす。それが継承されてきたかたちに真正面から向き合わなければ、そこにねむる内容、教えや思想をくみ取ることは出来ない。中途半端な稽古では、新しい知見は得られない、と有松はいう。

そしてこう言う。

「稽古という『古を稽える』おこないは、単純な反復練習とは一線を画す。／極端ないい方をすれば、稽古は、本番のための準備ではない。すべての稽古は本番である」

私は文学の末席を汚しているが、心して受けとめたいと思う。一芸に精進する息子世代の言葉は、私には痛快であり、また重いものがあった。とはいえ、芸でなお身は立たず、苦境を家人が支えてくれたとある。彼のその精神があっての家人の身の沿わせ方であるのだろう。

2022/04/11

「境界」とはそもそも敵を作り出すもの

ジェニー・エルペンベック『行く、行った、行ってしまった』

白水社　46判上製
2021年7月　3300円

モスクワではいまQRコードをつけたビラが店の陳列棚などにそっと置かれ、スマホなどで読みとるとウクライナの映像が流れるという。ほかにも、プーチン批判の豆ビラが街のあちらこちらにこっそり置かれているという。テレビのニュースでそれを知り、ずいぶん前の映画「ヒトラーへの285枚の葉書」を思い出した。

原作はハンス・ファラダの「ベルリンに一人死す」、みすず書房から完全無削除訳本が出ている。ナチスのフランス占領に沸くなかで、息子の死を知らされた老夫婦が、ヒトラーへのささやかな抵抗を試みる。はがき大のビラをつくり街中のたとえばオフィスの階段にそっと置いていく。ゲシュタポの捜索は猟犬のように夫妻を追い詰めてゆく。ナチスの狂気を下支えするドイツ市民の狡猾、密告……。

「個人で出来る抵抗はたかが知れているが、余命を捧げる価値はある」というのが老夫婦の思いだが、現代の若い人たちが率先するモスクワなどロシア各地の抵抗には、みずからの今日と明日をひらこうという強い意志を垣間見る。

読み終えた『行く、行った、行ってしまった』(浅井晶子:訳) に出てくるアフリカからの難民たちも、おそらくそういう意志の持主だろうと思う。だが、行き着いたところがドイツとはいえ、彼らはすんなりと社会に受け容れられない。大学で文献学を教えていた教授リヒャルトは定年退職後、アレキサンダー広場で彼らがハンガーストライキをしていることを知る。彼らが手にしたプラカードには、英語で「We become visible」(われわれは目に見える存在になる) とあった。

どういうことなのか。リヒャルトは彼らに関心を抱き、話を聞く。といっても言葉はわからず、人と複数の言語を介し、少しずつわかる英語の断片を通し、またジェスチャーを交え、見知らぬ男たちと関係を結んでいく。「象牙の塔」の住人だった年配のドイツ人が、市井で生活することさえ未知のことであったろうに、彼はそこに異世界の人との交流をからめ、右往左往しながら、しかしそれだけに生き生きと日を送ることになる。

シリアの内戦で追われたこと、最初の上陸地がイタリアであったこと、ドイツで難民の指定を受けて職を見つけ暮らしていくことがどれほど苦難のことであるかを、リヒャルトは、「東」で生まれ「西」の波に呑み込まれて過ごして来た半生と重ねて思いを沈める。自分もそうであったが、アフリカから逃れてきた彼らもまた、いくつもの「境界」線によって分け隔てられ、なくてもいいもの、ないものにされようとしていること、しかも、彼らがようようの思いでたどり着いたベルリンにおいてそうであること、に愕然とするのである。

「そうだ、とリヒャルトは思う。目の前のこの光景は、まるで劇場のようだ。実際、劇場なのだ――現実に存在する別の場面を隠す人工の場面。観客は合図とともに犠牲を求めてわめき、剣闘士たちは合図とともに闘技場に出て、彼ら自身の真の生を懸ける。境界とは、敵の大きさによって決まるのみならず、そもそも敵を作り出すものだということを、ほかでもないここベルリンで、皆がもう忘れてしまったのだろうか？」

「境界」はたとえば37度線、ベルリンの壁、ヨルダン川岸の壁、トランプのメキシコ国境の壁……過去も今も、至るところに目に見えてあり、目には見えないが、男女の性、長幼、障害、民族、宗教……などをもちだしてのことさらな「境界」線の引きようは、人の心をふかく傷つける。

平時ではそれを不当、理不尽と批判も出来るが、疫病の流行や戦争などの大危機時には、国家への収斂と不同調異分子の摘発が大手を振る。それに抗うのは、心の中でも難しいことだろう。ドイツの元大学教授リヒャルトが実感したのは、「境界」線を幾重にも張り巡らして受け容れを拒否する国家とはいったい何なのだ、だった。

ロシアの若ものたちを中心としたこころみがどうなるかはわからない。ただ、彼の国ほどの勇気を示さない日本の私たちでいいのか、とは思う。目も口も心さえも塞がれている、と言ってもオーバーではないこの国のように思うのだけれども。

2022/04/18

〈アメリカ世《ゆー》〉は昔のことか

宮城　修『ドキュメント〈アメリカ世《ゆー》〉の沖縄』

今年は沖縄が日本に復帰して五〇年にあたる。いろいろなイベントが企画されているようだが、心は晴れない。南の小さな島に日本にある米軍専用施設の七〇%を背負わせている苦しさにいたたまれないからだ。

私が沖縄にはじめて行ったのは一九六八年の秋。パスポートを取り予防注射などをし、鹿児島から船で向かった。友人と数日を過ごしたあと、ようやく実現した主席公選の選挙応援に入り、琉球大の学生と寝起きをともにした。首里城跡に大学があり、大学裏にバラックの学生寮があった。八重山から来ているという学生が選挙活動の合間に玉御殿などを案内してくれた。

帰阪した直後にB52が嘉手納基地で墜落炎上する大事故があった。その直後に再訪したが、そのときは、基地にカメラを向けたとたんに巡回していた米兵がカービン銃を肩から外して銃口をこちらに向けて来るという、何とも恐ろしい体験をした。

その翌七〇年は初の国政参加選挙で、こんどはコザ市で沖縄国際大学の前身、国際大学の学生と活動をともにした。早稲田大学の山村政明が大隈講堂の前で焼身自殺した直後で、これをめぐ

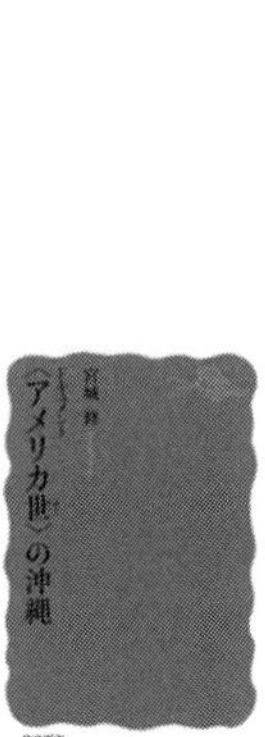

岩波新書
2022年3月　980円

って革マル派が民青同盟を目の敵にしていたこともあり、革マル批判のビラをまいたら追いかけ回されたと学生たちは逃げ帰ってきた。もうちょっとおとなしいビラを作りましょうね、と血気盛んな私をなだめてくるのだった。

　そんなあれこれを思い出しながら、『ドキュメント〈アメリカ世《ゆー》〉の沖縄』を読み、あらためて、「屈辱」という言葉を噛みしめた。昭和天皇のアメリカ統治の要請、銃剣とブルドーザーによる土地強制収容、琉球において自治は神話だと言ったキャラウエイ高等弁務官、そして、自分は戦後生まれだから沖縄の歴史はわからないと言い放った菅義偉官房長官（当時）……、情けないやらみっともないやら腹立たしいやら。それが沖縄の戦後史である。とりわけ菅発言は、冷酷以外ではないと私は思う。

　ポツダム宣言を読んでいない首相のもとの官房長官とはいえ、普天間の代替は辺野古が唯一というのなら、そもそも普天間基地の成り立ちにはじまり、アメリカ統治のものとで何があったのか、米軍犯罪の頻出、ベトナム侵略の前線基地化……、拾って読むだけでも沖縄の戦後史を理解することは出来る。戦後生まれだからわからないなどというのは、わかろうとする気がないからであり、文句を言うな、黙ってお上の言うことを聞け、という傲岸な為政者の言でしかない。

　私には、金網越しではあったが、嘉手納基地で銃を向けたきた米兵を思い起こさせる。主権者のはずの私が、気に入らないからと日本でアメリカ兵に銃を向けられる、どうにもおかしな主権者の逆転状況。沖縄の戦後史などわからないという官房長官の背にも、べったりと日米同盟、アメリカ第一が貼りついている。

二〇二二年

いったい国の政治は誰のためのものなのか。本書は沖縄の戦後史であるが、そのことがほんとによくわかる。沖縄でおこなわれてきたこと、現にいま進行しつつあること、それはアメリカにとっての日本という存在を余すところなく語ってくれている。沖縄を読む、知る、語る……は、日本をよく知ることでもあるとつくづく思う。ハンディでわかりよく、しかも、視点がぶれていない。

また、本書をよりわかりやすくしてくれていることに、人間ドラマが重ねられていることがある。三人の政治家＝沖縄教職員会会長から初代公選主席、日本復帰初の県知事になった屋良朝苗、うるま新報社（のちの琉球新報）社長から立法院議員、那覇市長、衆院議員を務めた瀬長亀次郎、そして沖縄ヘラルド社を創設したのち立法議員、那覇市長、衆院議員を務めた西銘順治＝の歩みが、歴史事実の合間にたどられているのだ。

翁長雄志を担いだのが「オール沖縄」であったことは記憶に新しいが、源流は、この三人の政治家に発していることを痛感させられた。復帰五〇年を前にぜひご一読をすすめたい。

2022/04/25

「命」と「いのち」、あるいは「生命」

多胡吉郎『生命《いのち》の谺　川端康成と「特攻」』

現代書館　46判上製
2022年2月　2700円

川端康成という人はよく分からない人だ。ノーベル文学賞受賞の記念講演で「美しい日本の私—その序説」と題して、四季折々に目にし心に映るしみじみとした情感、「もののあはれ」といわれるその美を日本的真髄として語り、そこに彼の心底を覗かせたが、その王朝文化の美の賞賛は、天皇賛美に通ずるとも思われる。ところが三島由紀夫とは同調しない。二人の親近度を思うと不思議であったが、その関係を絶ってまでもの拒否だった。「楯の会」を川端は認めなかった。

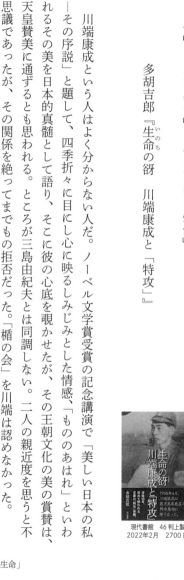

戦争と平和をめぐっては、たとえば朝鮮戦争時には戦禍拡大を憂えて国際ペンクラブを動かしたし、また、核兵器使用の禁止を求めて国会議員に要請をおこなったこともあった。かと思えば、亡くなる前年の東京都知事選挙では、革新共闘の美濃部亮吉に対抗して自民党から立った元警視総監の応援に、遊説カーに乗って演説までするという、誰も想像できない行動に出た。

毀誉褒貶は世間のつね、人を政治的態度だけで評価するのはきわめて卑俗なことと思いつつも、川端をどことなく保守あるいは右翼的な人間とみて、なかなか本質を探ろうという気がしなかったのは事実である。だからずっと以前に、八木義徳さんが「雪国」を評して、この小説のすごいところは、書き出しの「国境の長いトンネルを抜けるとそこは雪国であった」の次、「夜の底が白くなった」にある、といわれた意味もふかく考えずにきた。

こんど、多胡吉郎の『生命《いのち》の谺　川端康成と「特攻」』を読み、その認識は根本的にあらためないといけないと思った。

本書は一九四五年四月に海軍報道班員として鹿児島県鹿屋の特攻基地に赴いた川端が、そこで何を見、聞き、考えたのか、それは川端文学にどのように居着いたのかを考察したものである。読み始めは、ちょっと川端に肩入れしすぎではないかと思ったりしたのだが、読みすすむうちにへそ曲がりな見方がとれていく。とくに、飛び立つ直前の特攻隊員たちとの交流が川端に影響したものの大きさと、特攻隊員たちの胸に刻まれた川端と出会ったことの喜び、それらの考察のふかさである。

川端が鹿屋基地にいたのはほんの一ヶ月ほど。同行した山岡荘八がその後いろいろと書いたにもかかわらず、川端は特攻を語らず、書くこともないように世間には映った。それ故だろう、川端と「特攻」はほとんど顧みられることのないテーマだった。だが、多胡が川端の小品を含めて読みこんだところ、短篇では「生命《いのち》の樹」、長篇では「虹いくたび」があるほか、点景としても鹿屋のことが見え隠れする作品を見つけたという。なにより、川端は「特攻」体験を引きずり、癒やしがたい心の傷としてそれを抱えて戦後を生きたと多胡は分析する。

つまり、川端は確かに戦前から戦後を生きた大家には違いないが、それだけではなく、戦争という多くの死を重ねたそれを体験した日本人は、戦後をどう生きなければならないのか、また生

きたのかをえがきつづけようとした作家だと捉えるのである
　川端が特攻を書いた小説のタイトルは「生命の樹」だが、川端がハンセン病者の北条民雄の作「最初の一夜」を「いのちの初夜」と手を加えたのは知る人ぞ知る話である。代表作「古都」には、「命」「生命」「いのち」と使い分けてくり返されているともいう。「命」が生命体としての寿命をいえば、「いのち」は血の通った生命体が持つエネルギーのようなものとして、そして「生命」は永遠の輝き、不滅の個性を語るようである、とは多胡の分析である。
　私は、そうやって使い分けてもいいたかった人間の生きる意味を、川端はつかみたかったのではないかと思う。特攻に「生命」、ハンセン病者に「いのち」を考えた川端は、あるいはそういうものの輝く「戦後」をこそ、といいたかったようにも思われる。
　ともあれ、川端もそうだが人間は複雑である。単純ないい、悪いの二分法に陥らず、複雑なものは複雑なままに、まるごとを愛おしみ、包むこむように人間を捉えることがだいじなようである。

2022/05/02

羊飼いの娘とクモの糸

小川万海子『ウクライナの発見　ポーランド文学・美術の十九世紀』

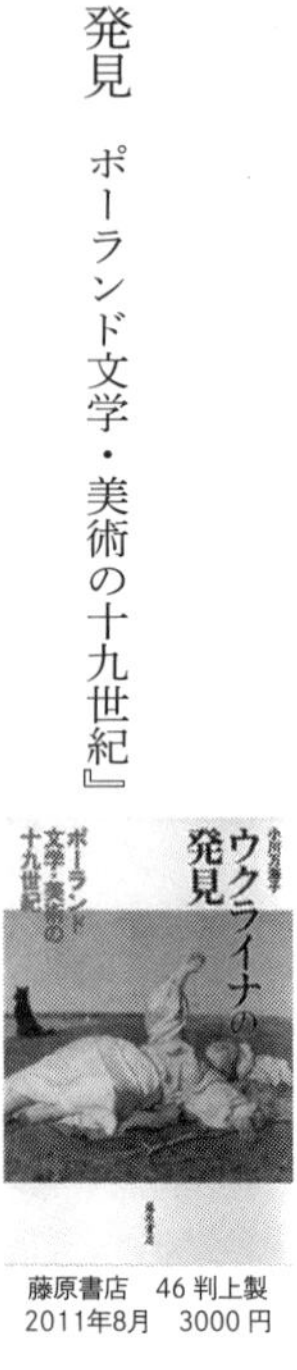

藤原書店　46判上製
2011年8月　3000円

ウクライナの首都キーウで高さ八メートルのブロンズ像が解体されたという。二人の労働者が寄り添って立つウクライナとロシアの友好を象徴する像だ。壊れたのは像だけではない。報じられるところでは、ウクライナに住むロシア人で侵攻が始まった二月末以降、ロシア語を話すのをやめ、すべてをウクライナ語に切りかえた人がいるという。

自分の名前もウクライナ語発音に変えたという記事を読みながら、その悲しみのふかさを思う。発音の違いとはいえ、生まれてずっと親しんだ名前を捨ててまで表現したい怒りであるのだろう。

彼らはしかし、その怒りを鎮め、悲しみを畳んで、ウクライナ人としてウクライナで生きようとする。決然とした決意を称えるのにやぶさかではないけれど、命だけは投げ捨てないでと切に願うばかり。それにしてもプーチン・ロシアを食い止める手だてはないものか、地団駄を踏みながらしきりに思う。

『ウクライナの発見』を読む。著者は小川万海子という外務省職員の経験を持つポーランド美術研究者で、本書の副題にも、「ポーランド文学・美術の十九世紀」がついている。カバー画に採られたのはポーランド写実主義の最高作品といわれるユゼフ・ヘウモンスキの「遊子」である。小川は次のように解説する。

ヘウモンスキが描いた牛飼いの娘からは生のエネルギーが溢れ出しており、土に汚れた素足を投げ出し、空中に舞うクモの糸を手に、はちきれそうな赤い頬を輝かせる娘は、何ものにも縛られることのない自由の象徴といえるだろう。「自由と夢物語の魅惑の地」ウクライナを幸福感みなぎる娘は体現している。

小川はさらに、娘と画面左の犬とを対比し、構図、色彩とともに全身から力を抜いて恍惚としている娘と、背筋を伸ばしはるかな羊の群を忠実に見守る犬と、その妙を指摘する。娘が手につかみまたその体全体のまわりを舞っているのが「遊子」である。日本でいう「雪迎え」、晩秋の小春日に青く澄んだ空を飛び舞いつつ流れるクモの糸である。中国五世紀の詩賦で「遊子」の名で読まれたという。「雪迎え」については、鏡三郎の名著『飛行蜘蛛』がある。機会があればぜひご一読を。蜘蛛が愛おしくなることまちがいなし、と私を例外としていいたい。

それはともかく、私が書店に並ぶこの本に惹きつけられたのは、画の娘が右手につかむ白い糸だった。クモの糸、つまり雪迎えであるとしたら、季節はまもなく冬、羊の放牧も終わりだろうその時期に、大地にふわっと伸びる娘の何というふくよかさ、あどけなさだろうと思った。察すれば、今年の収穫はよかったのだろう。いや、今年だけではなさそうである。

日本の「雪迎え」が言葉の優雅に反してどことなく嘆息まじりで、ああ冬が来る、というような感じを抱かせるのにくらべて、ゆったりとしている。冬にも彼女は多くの恵みを受けるのだろうと予感させる。あるいは、洋の東西を問わず「箸が転んでも……」の年頃のこと、と言えなくもないが、それでもこれほどの無邪気、天真爛漫は貧窮を背に負っているとは思われないし、束縛されているとも考えられない。

肝心なことは、それがウクライナだということだろう。彼女は、羊飼いの娘であるが、ウクライナを象徴しており、ポーランドの画家にはそのように映ってしまったということである。「自由と夢物語の魅惑の地」「夢の地」「お伽話から抜け出たような光景」と一九世紀ポーランドの画家たちは賞賛したというが、画家たちの祖国は分割の果てに消滅し、独立を求めてたびたび武装蜂起したものの鎮圧されていた。その彼ら彼女たちが、国家は分割されたものの「誰のものでもない」地として厳然と存在するウクライナに憧れたのである。

ウクライナはヨーロッパをアジアから隔てる地であり、また、自由と進歩に立脚する文明と強権支配への隷属・諦観の文明との境界地域という説がある。さもありなんと思うし、そこを今プーチン・ロシアが攻め立てていると思うと、さて、この羊飼いの娘に何と声をかければよいのか。そのままで、とも言えず、さりとて、立って銃を取れとも言いがたく、悩む。

2022/05/09

ナチス占領下のパリ、アメリカ図書館

ジャネット・スケスリン・チャールズ『あの図書館の彼女たち』

東京創元社　46判並製
2022年4月　2200円

ジャネット・スケスリン・チャールズの『あの図書館の彼女たち』（高山祥子：訳）を読む。一九四〇年から四四年まで、ナチス・ドイツの占領下にあったパリのアメリカ図書館の話である。ご多分に漏れずさまざまな文化活動は制限され、諸外国の図書館が封鎖されるなか、アメリカ図書館はかろうじて活動を続けたが、ユダヤ人の利用は禁じられた。

図書館長や職員たちはそこで、戦地の兵士たちに図書を送るのと並行して、図書館に登録しているユダヤ人利用者たちに本を届けるという、秘密のサービスをはじめる。「一九四一年にリーダーがアメリカに帰国したのちは、シャンプラン伯爵夫人がそのあとを継いで、この図書館は占領下のパリにおける〝自由な世界への窓口〟であり続けた」（訳者あとがき）。その通りなのだが、ドイツ軍やゲシュタポが市中を見回り、パリ警察が監視の目を光らせているなかでのことである。

ある日、いつものように「教授」に本を届けるが、教授は玄関に出て来ない。同僚は、自分が届けているユダヤ人登録者のうち三人が姿を消したと言う。彼らは、陰険な監視下のパリから逃げ出したのか、それとも何かあったのか。

図書館に新しく採用されたオディールの父親は警察署長だった。父の仕事先に出向いたオディールはそこでおびただしい手紙の束を見る。〃カラスの手紙〃だという。密告だった。

「……は、正真正銘の純粋なユダヤ人です。彼が連れ去られたら嬉しいという事実を隠すつもりはありません。……彼の逮捕を容易にしてくれれば、感謝に堪えません」

「あれらの汚いユダヤ人を是認するだなんて言うつもりじゃないでしょうね。もうたくさんです。……われわれ貧しく愚鈍なフランス人は餓えて死のうとしています」

最後の手紙には、住所と仕事の肩書とともに名前が一覧になっていた。最後に〃七十四人のグロ・ジェイフ〃とある。七十四人の重要なユダヤ人——オディールはそれらの手紙をゴミ箱に投げ入れる。父親は、その手紙の内容が正しいかどうかをたしかめるのが仕事だ、という。おまえたち家族のためだ、と。

密告を受け、そこにその人物がいれば尋問し、ユダヤ人と分ければ逮捕して送致する。どこへ送るかは知らされていないが、やがてそれも判明する。

オディールはその後しばしば父の部屋を訪ね、手紙を持ち出して焼却するが、それも分かってしまう。自分の出した手紙の件はどうなっているのかと問い合わせが来るのだ。

だが、そうしたオディールの行為、つまり密告があとを絶たないことを承知してしまうことは、あるとき、密告という行為への嫌悪感を弱めてしまうことに気づくべきだった。オディールは、自分の友人がドイツ兵と恋に落ちたと密告の手紙を出す。

占領はまもなく終わり、パリは解放される。街角では、頭を刈られた女性が何人もいる。集団による吊しあげもある。ドイツ兵と親しくした、優遇された……罵声を浴びせられる。だが、行き過ぎたそれを取り締まるのは、あの警察である。

本と図書館をめぐる話は、ナチス占領下のパリと現代のアメリカとを往復しながら、あの日々をどう考えればよいのかを問いかけてくる。ユダヤ人たちへ届けようとした書物はたしかに善意と正義のなせるところであったが、その善意と正義はどこまで信じられるものであったのか。ナチスとその協力者を嫌悪しながら、いつまで続くかわからぬ占領と圧迫に耐えきれず、つい流れに同調してしまう心理と行為。

要は「思想」なのである。「思想」はナチス批判を声高にいうところにあるのではなく、日常の生活のひだひだ、立ち居振る舞い、人としてやってはいけないことはやらない、そういう些細なところにあるものだ。だが、心してそれをおこないつづけるところにしか身につかないものでもある。そんなことを考えさせられた。

2022/05/16

京都府宇治市ウトロというところ

中村一成『ウトロ　ここで生き、ここで死ぬ』

三一書房　46判並製
2022年4月　2800円

ウトロと聞くと、観光遊覧船の事故でさわがれている知床半島の付け根、斜里町の港を思い浮かべるかもしれないが、ここでいうのは京都府宇治市伊勢田町ウトロ、朝鮮人が集住するところである。本来の地名は宇治市の入り口を示す宇土口だったが、「口」をカタカナと思い込んだ役人の誤記で通称になったらしく、宇治市発足の一九五一年までには正式な地名となったという。

朝鮮人の集住の地といえば、今はその名がなくなってしまったが、大阪市生野の猪飼野が有名である。猪飼野は、朝鮮人が日本で最大に集住した、その規模で知られるが、ウトロは環境の劣悪さ、そしてそれをもたらした政府、行政、企業そして司法の、悪意としか思われない差別のすさまじさで知られる。たとえば、水道である。

この地域に朝鮮人が集まってくるのは一九四〇年。軍事飛行場建設のために各地から朝鮮人が集まり、あり合わせの材木、トタンなどで飯場をつくった。敗戦時には、約一三〇〇人がここで暮らしていたという。が、ここに水道が引かれたのは一九八八年である。総面積二・一《ヘクタール》、南北約九〇《メートル》、東西三三〇《メートル》、六五世帯二〇〇人（二〇二一年）が住むところにである。四八年間、ウトロ地区の人たちは水質も定かでない「水」で生活させられていた。

水道だけではない、インフラ整備もまったくされず、台風が来れば低地のために水に浸かり、汚水が溢れた。生活用水は井戸水に頼った。水道は人がそこに住んでいるところならどこでも引かなければならない。住民の安全もあるが防疫のためでもある。伝染病を発生させないためにも行政が第一にやらねばならないことになっている。それを、地権者の同意がいるなどと言って行政は半世紀近くも放ったらかしにしてきた。こんなところは、日本でここだけではないだろうか。

「在日」三世のジャーナリスト中村一成が二〇年余かけてここを取材し、このほど『ウトロ ここで生き、ここで死ぬ』を出した。彼といささか交流があり、真摯な仕事に注目させられている私は、待ちかねて手にした。一世、二世らへの聞きとりを中心にした本書には、声を荒げるわけではないが、怒りがある。とてつもなく大きな、人間なら当然持つべきそれ、である。中村はウトロ地区の朝鮮人を「人間」扱いしないで平気でいられる、その日本人の心性とでも言うべきもの、それを植えつけ醸成してきたもの、それらを問う。いまも生き、あるいはさらに大きくなっている、そうさせているものが何かを問う。

ウトロの歴史は、言うならそういうものに翻弄されてきたのである。ここに住んで働けといわれて住まいを建てたが、明かりもなければ水もない。それでも助け合って暮らしてきたら、いきなり立ち退け、という。訴訟を起こされ、なぜここに住むようになったのかの「歴史」を主張すると、「飯場」の痕はどこにある、ここに住んでよいといわれた証明はできるか……土地の所有をめぐる問題に矮小化された裁判で勝ち目はなかった。

二〇二二年

ウトロの「土地問題」の背景にあるものこそ、問題にされないといけないことだった。日本政府にとっては、歴史的責任の放棄、税金は取っておきながら暮らしは勝手にと放置してきた行政、「密造酒」摘発に一〇〇人を超える警官を動員してあたかも犯罪の巣窟のように扱い、マスコミは輪をかけて「危険地帯」とえがき出し、学校では教員が率先して「臭い」などと排除を煽る、官民一体となった構造的暴力……。それに抗して住民たちは肩寄せ合って生きてきた。

最高裁での住民敗訴のあと、手をさしのべる人たちがつぎつぎに現れてきた。韓国の盧泰愚政権からも援助があり、当初の予定通りにはいかなかったが土地の取得もでき、家屋放棄と引き換えに建てられた「市営住宅」に移り住むようになった。本書「まえがき」の最後に中村はこう書いている。

「住民たちの記憶と願いを撚りあわせ、今後の闘いの肝を記した宣言『オモニのうた』は、この言葉でむすばれた――『われら、住んでたたかう』。止めどなく後退していくこの世界で、様々な位相で、とどまって、闘い抜いた者たち。本書はその記録である。」

自分の心をどう打つか、どうぞご一読のあと自問を。

2022/05/23

言葉は「境界線」を乗り越える

坂上　香『プリズン・サークル』

坂上香の『プリズン・サークル』を読む。島根県の刑務所でおこなわれているＴＣ（Therpeutic Community、回復共同体）の取り組みと、出所後の姿を追った、監督自身の手になる同名映画の撮影記である。舞台は、「島根あさひ社会復帰促進センター」という名の、島根県浜田市朝日町にあるＰＦＩ（Private Finance Initiative、官民混合運営型の刑務所）で、犯罪傾向の進んでいない、初犯で刑期八年までの男性が収容されている。

日本の刑務所は従来（多くは今も）、懲罰を科すことで矯正しようとしてきたが、ＰＦＩは更生の場と位置づけられ、矯正教育や職業訓練、就労支援プログラムなどがすすめられている。欧米のように個人の人権を尊重するとまではいかず、軍隊式の行動や厳重な監視体制をとっているが、刑務官らは受刑者を「さん」づけで呼び、丁寧語で対応する。日本の刑務所特有の沈黙を強いることはなく、会話があり、笑い声も起こる。

ＴＣを説明するのは簡単ではないが、一つのグループとして、刑務所での生活をともにしながら、それぞれが自分自身で犯罪行為に向き合い、行為の意味を考え、なぜそこに至ったのかをふ

岩波書店　46判上製
2022年3月　2000円

かめる、それを相互に支援し合う取り組み、といえる。やっているのは今のところ「島根あさひ」だけで、四〇人ほどを二グループに分け、週三日、一二時間程度、「授業」としておこなわれる。「担当さん」の刑務官一名と民間の社会復帰支援委員四名が参加する。一日の終わりには全体会がおこなわれ、各自の関心事や趣味などを語るショートスピーチ、他の人のよいところを褒めるアファメーションなどがおこなわれ、坂上は学校のホームルームのような感じだという。

「授業」では、椅子を円形に並べ、生い立ちから事件まで、自分を見つめて語り合う。何をやったかという加害のことだけでなく、親からの虐待やいじめ、排除のことなど被害も語る。だが、それを語れない者がいる。育つ過程で、「言葉」がなく、気がついたら暴力が「会話」であった者だ。その育ちをどうするか。暴力が「会話」や「言葉」などでないことを学ばなくてはいけない。学んで、身に染まった「暴力」を削り落とし、「言葉」を獲得して、人と人との関係が「会話」によって成立することを身に鎮めていかなくてはいけない。

「学び落とし」と「学び直し」を、個々人がうまくすすめられるように、他の者が意見をいう。自分の体験を話す。話すと自分で気づくことがある。それがこんどは自分の「学び落とし」と「学び直し」になる。

ＴＣは、「規則」や上意下達の「絶対」に服従することで「更生」「社会復帰」しようというのではなく、一人の人間として自分を誇れる存在にして生きていこうというプログラムだ。だから、一通りでうまくはいかない。あきらめが生じ、投げ出す受刑者も出てくる。だけどめげない。少し進んで大きく下がる、それをくり返しつつ進んでいく。

坂上は、『プリズン・サークル』の舞台は刑務所だが、これは「刑務所についての映画」ではない、という。「語り合うこと（聴くこと／語ること）の可能性、そして沈黙を破ることとの意味やその方法を考えるための映画だと思っている」と述べている。

読みながら、これは犯罪者の更生プログラムとしてだけではなく、いまこの時代を生きる者すべてに求められていることだと思った。一つは自己省察のために、もう一つは他者とともに生きていくために。さらに、戦争をやめさせ、しないために。戦争は、たとえば敵か味方かという「境界線」をつくる（杉田敦『境界線の政治学』）。つくらなければ殺せないからだ。今ロシアでプーチンが引いた「線」への疑問を口にする人が増え始めているのは、本来の人間を取り戻しはじめていることだといえる。「境界線」をあいまいにし、やがて消してしまうこと、そのために必要なことは語ること、言葉だ。

戦争といわず、コロナパンデミックがそうであったように、危機を迎えると人はつねに「境界線」を引く。抑えていた、不同調や異質なものへの嫌悪、差別と排除が頭をもたげる。ふくよかなはずの言葉が粗野に変わる。上代文学会が学術会議任命拒否問題に抗議した一文を思い出す。「頼むから日本語をこれ以上痛めつけないでいただきたい」

自分のなかにもある「境界線」を乗り越え、あるいは消し去るのは、「言葉」しかないとつくづく思う。

2022/05/30

愛、人、生という言葉の源は同じ

李良枝『ことばの杖　李良枝エッセイ集』

韓国語で、愛は사랑（サラン）と言い、人は사람（サラム）と言う。

そして人の生そのものを삶（サルム）と呼んでいる。

この世界の成り立ちと、この世界を引き受けていかざるをえない人間にとって、なによりもかけがえのない愛、人、生という言葉が사（サ）-ㄹ（ル）という同じ音から始まっている。

同じ音でとらえずにはいられなかった祖先たちの思いを、私は信頼し、尊敬したい。そして同じ音が繰り返される中で、言葉そのもののためにためこまれてきた力、としか言えない何かを、これからも確かめ続けていきたい。


――これは、三七歳で亡くなった李良枝が芥川賞を受賞したときの言葉である。出たばかりの『ことばの杖　李良枝エッセイ集』の帯にもとられている。

彼女が小説を文芸誌に発表しだしたころ、私も批評を書くようになったのでよく覚えているのだが、突如現れ、あっという間に姿を消した、それでいて忘れられない強烈な印象を残したとい

新泉社　46判上製
2022年5月　2200円

う感じを持っている。発表した小説もほんの数編でしかないが、たとえば芥川賞になった「由熙《ユヒ》」など、日本生まれの在日朝鮮人二世が、朝鮮名を名のって生活するようになったものの、母国語の習得のために韓国の大学に入学してもなじめず、さりとて日本人に戻るわけにもいかず、その宙ぶらりんの葛藤が読んでいてつらくなった思いがある。

母国語と母語のきしみ合うような葛藤は、あらためて、自分が知り合ってきた「在日」朝鮮人の友人たちの胸の奥を突きつけられたようで、いったい自分は何を見てきたのだろうと思ったものだった。彼女やまた彼らの苦悩を、幼いときからいっしょに遊び、いたずらをし、喧嘩をしてきたからといって、分かったような気になってはいけないのだと痛感したものだった。

このエッセイ集に、彼女が二〇歳のときに書いた「わたしは朝鮮人」という文章が収められている。それを読むと、彼女が朝鮮人二世であることを意識しだしたのは高校三年生のころだという。これは、この世代にはめずらしい遅さである。そしてこれがおそらく、苦悩のふかさの要因であろうと私には思える。

両親は朝鮮人であることを隠し、係累のいない山梨で貧乏と格闘するように生計を立てる。日本に帰化もする。生活が上向くにつれ夫婦仲がこじれ、喧嘩が絶えなくなる。やがて離婚が言い出される。身の回りから「朝鮮」は遠ざけられ、匂いもしないが、大阪の親戚にいくと、不潔で野蛮な朝鮮人がいる。

思春期に悩み、突然学校を辞め、京都に出る。伝手を頼って旅館で働いているうち、高校に編入学する。朝の通学電車の中で、朝鮮学校の生徒たちのチョゴリ姿、屈託のないおしゃべりに出会う。拒否し遠ざけていたいものが、まったく別の姿であらわれる。自分のなかの「朝鮮」、そして祖国、を調べる。日本史は幸いレポートか筆記試験かの選択だったから、「朝鮮」をテーマにレポートを書いた。歴史を知り、そのなかに自分や親たちのいることを確認していく。……

田中淑枝《よしえ》はこうして李良枝《イヤンジ》になった。いや、なっていこうとした。それはきわめて意志的なものだが、同時にまったく個的なこころみだった。親たちから祖国とその一員であることの誇りを聞いたこともなければ、兄も妹も朝鮮人の気配すらない。日本人の可愛い娘で育った彼女には、当然、小さいときからの朝鮮の友人など一人もいない。要するに、彼女の決断を支える存在はないのだった。

自分一人を支えに、彼女は大学へ進み、一年で辞めてソウルの大学へ行き、韓国の舞踊、音楽から文化、文学へと歩みをすすめた。頼りは、ことば、である。愛、人、生がハングルでは一つの源から生まれていることを知ったとき、彼女は何を思っただろう。ことばを語る、綴る、聞かせる、ささやく……生きること、人と人とをつないでいくこと、そのかけがえのなさを思ったのではないだろうか。

2022/06/06

文学はいま決定的に不足している

奈倉有里『夕暮に夜明けの歌を　文学を探しにロシアに行く』

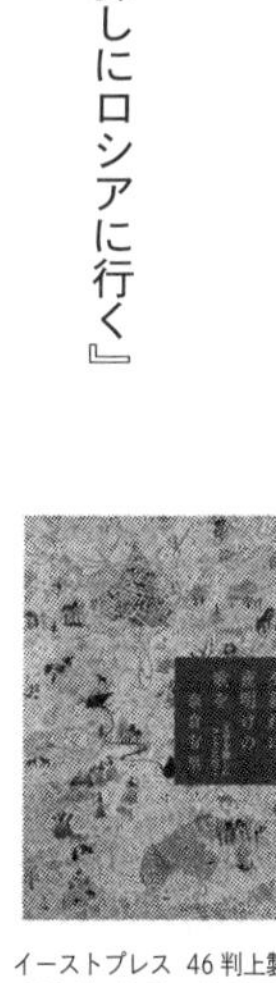

イーストプレス　46判上製
2021年10月　1800円

奈倉有里の『夕暮に夜明けの歌を　文学を探しにロシアに行く』を読む。昨秋に出され、新聞各紙の書評などで好評のエッセイである。二〇歳でロシアに留学する始まりから現在のロシアとウクライナの戦争に至る直前までを、ロシア語の習得と文学勉強の日々をたどり、得たものを綴っている。

語学はある種の才能だと私は思うけれども、それにしても著者のそれはどう言えばいいのか、たとえば本書には教師の講義が再現されている。講義を速記的に書き取り、整理し、翌年、その講義をもぐりで聞いて正確を期す、というものだ。ノートは、著者が大学での講義や新訳に向かうときの心構えを確認するために再読、三読するという。日本文学の日本語による講義でさえノートなどろくにとったことのない私は、ただ啞然、茫然とするばかりだ。

本書の魅力は、その初々しさである。授業はおろか、人もまちも初めて出合うことばかりの日々が屈託なく書かれる。と言って、右に左に揺れるわけではない。自分が何をしにロシアに来ているのかを外さない。授業で出てくる作家、評論家たちの作品を図書館で探して読む。その一

二〇二二年

端が、三〇の小節に分けられた話のなかにちりばめられる。著者の邦訳も好評だと聞くが、本書の短い作品紹介もすばらしく味があって、つい読みたくなる。

このエッセイはしかし、ただロシア文学の勉強の姿だけを綴ってはいない。そこがもうひとつの魅力といってもいい。ロシアの変貌がいろいろな角度からえがかれるのである。たとえば、ウラジミール・ギリャロフスキーの『モスクワとモスクワっ子たち』の紹介。一九世紀末から二〇世紀初頭のモスクワをえがいたこの作品は、作者が自分の足で歩き続けて集めたルポルタージュで、数え切れない浮浪者や日雇い労働者が群像劇のように登場する。プーシキンやトルストイとはひと味違う帝政時代のモスクワである。

だが、ギリャロフスキーがえがいたモスクワは、スターリン政権下のソ連がおこなった「新しいモスクワ」建設計画でことごとく壊されてしまう。ギリャロフスキーは一九三五年に亡くなってそれを見なくてすんだが、その一年前に改訂版のために書いた一文では、ほぼ千年にわたってそれぞれの地域が思い思いに築いてきた古いモスクワのうえに新しいモスクワを建てるとなると、「特殊な未曾有の力が必要になるだろう」と記していた。公に批判などできない時代に、ギリャロフスキーは文学の名で警告し批判したのだった。

ところが二〇一六年、モスクワのまちから小さな売店が一夜にして一斉に破壊された。小さな売店は、なかにはいかがわしい店もあったが、新聞・図書・惣菜・煙草・パンなど失業者や障害者、移民など貧困層の働き口になっていた。それがまるで汚いものを一掃するように撤去された。背景がつながるかどうかは分からないが、ロシア正教会が力を伸ばしあらゆる場面に顔を出すようになった。宗教が政治と結託して社会がよくなった試しなどない。プーチンの世に何が進行したのか、著者はチクリチクリと大ロシアの「復活」をとらえる。

本書の魅力はもうひとつ。文学への「愛」である。私は近年読んだ本のなかで、これほど文学が好きだという言葉、心……を感じさせてくれるものに出合ったことがない。だから「あとがきに代えて」で次のようにいうことがほんとうによく分かる。

「文学の存在意義さえ分からない政治家や批評家もどきが世界中で文学を軽視しはじめる時代というものがある。おかしいくらいに歴史のなかで繰り返されてきた現象なのに、さも新しいことをいうかのように文学不要論を披露する彼らは、本を丁寧に読まないが故に知らないのだ——これまでいかに彼らとよく似た滑稽な人物が世界じゅうの文学作品にえがかれてきたのかも、どれほど陳腐な主張をしているのかも」

文学が記号のままでなく人の思考に近づくために、これまで世界中の人々がそれぞれに想像を絶するような困難をくぐり抜けて、いま文学作品と呼ばれている本の数々を生み出してきた。だから文学が歩んできた道は人と人との文脈をつなぐための足跡であり、記号から思考へとつづく光でもある。もしいま世界にその光が見えなくなっている人が多いのであれば、それは文学が不要なためではなく、決定的に不足している証拠であろう。

いまこそ、文学、なのである。

2022/06/13

「人間」が差別の分水嶺

高賛侑『ワタシタチハニンゲンダ！』

ライフ映像ワーク
A4 判並製
2022年6月　1000円

畏友・高賛侑が心血を注いだ映画「ワタシタチハニンゲンダ！」が完成し、過日はＤＶＤが、昨日は上映パンフレットが送られてきた。大阪・京都などではすでに上映されているらしいが、ぜひ東京はもとより全国で上映して欲しいと願っている。

映画は二時間近い力作である。前作の「アイたちの学校」は朝鮮学校の歴史と現状をえがき出し、日本がいかに社会制度的に在日朝鮮人を差別してきたかを問いかけたが、今作は、日本に在留する外国人にたいする差別政策のほとんど全貌を浮き彫りにしている。といっても、日本の差別政策は欧米人を絶妙に対象から外していて、そこに日本の差別政策の本質が透けて見える。つまり、人種差別なのである。そこに、排外・排他主義が絡まっている。

平野千果子『人種主義の歴史』（岩波新書）は、「人種」なるものの歴史や学説・主張をたどり、それが人種主義《レイシズム》と結びついてきたこと、人種主義があってはじめて「人種」なるものが成立していることを教えてくれる。一読の価値ありと思うが、ともあれ、スリランカ人女性ウィシュマ・サンダマリさんの死亡事件をめぐって名古屋地検が名古屋入管元局長などの不起訴を決めたいま、あらためて彼女はなぜ死ななければならなかったのか、入管とは何なのか、いったいこの国はどうなっているのかを考えるうえで大事な映画だと思う。

パンフレットはA4判六二頁、オールカラーで、映画に添ったプロローグから各章の解説にくわえて監督へのインタビューや関連年表、そして、弁護士やジャーナリスト、研究者など六人の寄稿という読みごたえあるもの。とくに六人の寄稿は、国際人権法と日本の法制度、日本社会の構造的差別、クリーニング工場での火傷をバーベキューと偽った労災隠し、単純労働力でも移民でもない「技能実習制度」なる拘束制度、送還忌避者を犯罪人扱いする日本、ウィシュマさん事件の真相解明を求める運動のめざすもの、という内容で、日本における外国人差別の淵源や実態を知るコンパクトな入門編になっている。

映画を見る機会に恵まれない方にはこのパンフレットだけでも手にとって欲しいと思う。

現在、日本には約二九〇万人の在留外国人がいる。生まれてくる子どもの二七人に一人は外国人の親を持ち、日本で働く親に呼びよせられてくる子も少なくない。日本社会の隅々に外国人は暮らし、彼や彼女らの存在なしにこの社会は機能しないまでになっている。しかし、彼・彼女らへの処遇はもとより、その存在をどのように考えるかの点で、日本ほど「遅れた」国はない。まず、包括的な差別禁止法がない。というより、差別と同化を基本とする法や社会制度が現に生きている。大相撲の親方株が日本国籍を持たないと得られないなどというのが卑近な例だ。

難民認定率の低さもある。難民条約締結国で見てみると（二〇一九年）、カナダの五五％やイギリスの四六％をはじめ主要国のそれが二〇～五〇％であるのに比べ日本はわずか〇・四％である。

入管で「不法在留」を問われ、帰ったら殺される、と訴えるとそれを証明しろ、という。一時的な在留を認めても、働くな、移動するな、と命令する。どうやって生きろというのか。

こういうことをあげていくと、日本人であることが情けなくなってくる。何とかしなくてはいけない。私は、在留外国人へのこういう社会制度がつくり出す「空気」のなかで生きていることに無自覚でないようにしてきた。いまも当然そうである。

朝鮮高校無償化裁判で証人に立った日本人のお母さんが、あの子は日本人のうちの子と何も変わらない、同じだ、何で差別されないといけないのか、と発言した。まったく善意の塊のような発言だ。だけど、そこに日本という国がつくり出した「差別」の、底ふかい浸透を見のがしてはいけないと思う。

日本人と在日朝鮮人は「同じ」ではない、「ちがう」のである。そのちがいを認め、互いに尊重して共に生きる存在なのである。この映画のタイトルはしごく当然なようで、まったくそうでない日本の現実を端的に衝いている。「人間」が差別の分水嶺なのだとつくづく思う。

2022/06/20

あとがき

私は、本が好きだ。読むのも眺めるのも、もちろん作るのも、好きだ。この三年半ほどは縁あってその好きな本作りにほとんど毎日、通勤電車に乗ることになり、おかげで往復二時間近く、読書たまに居眠り、を楽しんだ。読書といってもほとんど読み捨てで、頭に残ればよし、残らなければそれもよしの、なまぐさだったが、どういう風の吹き回しか、タイトルだけでもメモしておこうと思い立った。いろいろ探したあげくに、単行本と同じくらいの値のＥＤｉＴの読書ノートを買った。これなら粗末にするまいと、感想を書きつけ、抜き書きをした。やり出すと楽しみになり、二〇一九年三月一八日に始まったノートはいま、七冊目をまもなく終わろうとしている。

このノートは、一冊で七〇冊強を記録することができ、計算すると毎週二・五冊ほど読んでいることになる。私の場合は、それに加えて種々の原稿も読む。われながら飽きもせずと呆れるが、苦になったことはない。むしろ、通勤電車ではスマホ人たちに囲まれ、ひとり孤塁を守ることにある種の「悲痛な快感」もおぼえていたほどで、まったくアホやなあと思う。

本書は、読書ノートをとり始めたのと同じころに、本の泉社のホームページに何か書けということになり、「先週の本棚」「気ままな読書」として発表したものである。本書には二〇二〇年から二〇二二年前半期までをまとめた。こうやって一冊にしてみると、この間の日本と世界――＃Me Too や Blac Lives Matter さらにＳＤＧs、新型コロナパンデミック、安倍晋三の政権投げだし、また、ミャンマーの軍事クーデター、香港の「民主派」弾圧、そしてロシア・プーチンのウクライナ侵略など、激烈すぎる「現代史」のなかでのことだったと改めて気づかされる。読む量が多くなったのは、時間ができたというよりも、このなかでひとりの人間としてどう立っておればよいのかを求めたからだろう。人と会って話す機会が奪われたコロナ禍では、流れる「情報」よりも蓄えられた「知」のほうが信頼でき、支えになり、刺激になった。

＊

私は特別、本に囲まれて育ったわけではない。高校生のころなどはこれでも運動部に所属し、しかも中途半端に強かったから、練習休みは定期考査のときと年末年始の三日間だけという生活だった。インターハイ予選の決勝で負けてやっと本を読む時間ができた。藤村の「破戒」を読んでいたら父が、「つまらんものを読むなよ」と言った。町工場の旋盤工で、小さいころから体を使って働くことが染みついていた父は、心を遊ばせることを嫌った。何を読んでいるかが問題ではなかった。

それでも私が本を開いたのには、十歳、小学校四年生のときに読んだウインパーの『マッターホルン登攀記』がずっと心にあったからだ。長姉が買ってくれた少年少女向けの世界文学シリーズの一書で、ウインパーが登頂に難儀を極めるときに浮かべるヒクソンの詩があった。

「こころみよ、こころみよ、くり返しこころみよ／これこそは汝が守る教えなり//はじめに勝利を得ずとも／こころみよ、こころみよ、くり返し試みよ//されば勇気は湧きいで／うちひしがることなくば／勝利は汝が手に//こころみよ、こころみよ、くり返しこころみよ」

思い出すままだから違っているかもしれないが、この詩句がずっと心にあって、切所切所で浮かんだ。高齢になってからも何かのときにふと思い出すので、もう鞭打つようなことは言わないで欲しいと願うが、消えてくれない。考えると六〇年以上も同伴してきたことになる。

そんな大事な本だったのに、私はこれを学級文庫に出した。小学校の校舎が焼失し、隣の公園に建てられたプレハブが教室になったときだ。焼けた校舎は木造三階建て。黒光りして風格があり、いかにも「学校」というものだったから、みんなの意気消沈は目に見え、元気を出したかった。だが、本はいつしか文庫から消えた。

本を読むというのは、たとえばそんなこんなとともにあるのではないだろうか。スマホでもタブレットでも文字は読めるだろうけれども、それは学級文庫に並ぶことはない。面白かったわ、おおきに、と声が返ってくることもない。私はこの本のおかげで、マッターホルンに憧れ、詩を知り、同級生のA君やBさん、そしてあの校舎を忘れないでいる。一冊の本だけれども、つながって広がり、いまここにいる自分はひとりでここに来たのではないことを教えてくれる。ちょっとした言葉、文章、一つの場面が胸ふかくに刻まれる。書きことばの紙の本でこそと思う。

そんな悠長なことはしていられない、蹴落とされてしまう、という声が聞こえそうだが、月に一冊も読まない人が多数の社会に、いったいどんな未来があるというのだろう。私は心底から訊きたい。「戦争」や差別、貧困を横目に、株価に一喜一憂し、血眼に投資先をさがす「人生」って、いったい何なのかを。人をそのように追いやって「効率」を上げ、儲けて勝って「成長」する社会が、ほんとうに生きるに値するのかを。私にはどこか間違っているとしか思えない。

本を読もう。読んで欲しい。そこには知りたいことがもちろんあるが、知らなかったこと、知りたくなかったこともいっぱいある。酷薄があれば、無上の温かさもある。歴史はそうやって営まれ積まれてきたのだし、私たちはほんのその先っぽを生きているのだから。

本書は思いがけず大部のものになった。つれづれの雑感、妄言を時間を割いてお読みいただき、お礼の申しあげようもない。社の配慮も嬉しいことだった。多謝。

二〇二二年八月　　　　新船海三郎

新船 海三郎（しんふね・かいさぶろう）
一九四七年生まれ、日本民主主義文学会会員、日本文芸家協会会員。
著書に『歴史の道程と文学』『史観と文学のあいだ』『作家への飛躍』『藤沢周平 志たかく情あつく』『不同調の音色 安岡章太郎私論』『戦争は殺すことから始まった 日本文学と加害の諸相』、インタビュー集『わが文学の原風景』など。

日《にち》日《にち》是《これ》好《こう》読《どく》
マイニチアキズニホンヲヨム

二〇二二年九月二三日　第一刷発行

著　者　新船海三郎
発行者　浜田和子
発行所　株式会社 本の泉社
〒112-0005
東京都文京区水道二-一〇-九 板倉ビル2F
Tel 03（5810）1581
FAX 03（5810）1582

印刷・製本　中央精版印刷 株式会社

定価はカバーに表示してあります。

ISBN 978-4-7807-2218-5 C0095　Printed in Japan